L'arrière-pays

DU MÊME AUTEUR

Voyage au pays de toutes les Russies, Quai Voltaire, 1992.
French Doctors, Robert Laffont, 1995.
La Route de la drogue, Arléa, 1996, réédité sous le titre *Chasseurs de dragons*, Payot-Voyageurs, 2000.
Lucien Bodard, un aventurier dans le siècle, Plon, 1997 (Prix Joseph-Kessel, Prix de l'Aventure).
Soudan, les enfants esclaves, Mille et Une Nuits, 1999.
On ne se tue pas pour une femme, Plon, 2000.
Le Faucon afghan, Robert Laffont, 2001 (Prix Louis Pauwels).
Éternités afghanes (avec Reza), Le Chêne/Unesco, 2002.
Je suis de nulle part, Sur les traces d'Ella Maillart, Payot, 2003 (Prix Cabourg).
Le Grand Festin de l'Orient, Robert Laffont, 2004.
La Bataille des anges, Albin Michel, 2006.
Kessel, le nomade éternel, Arthaud, 2006.
La Mort blanche, Albin Michel, 2007.
Sur les routes de la Soie (avec Reza), Hoëbeke, 2007.
Le Tibet est-il une cause perdue ?, Larousse, 2008.
J'aurai de l'or, Robert Laffont, 2008.
Le Barbaresque, Flammarion, 2011 (Prix Amerigo-Vespucci).
Conrad, le voyageur de l'inquiétude, Arthaud, 2011.
Les Impunis, un voyage dans la banalité du mal, Robert Laffont, 2013.
La Confession de Massoud, Flammarion, 2013.
L'Enchantement du monde, Flammarion, 2015 (Prix des Romancières, Prix du Livre européen et méditerranéen).
Jack London, l'appel du grand ailleurs, Paulsen, 2016.
Frontières, Paulsen, 2016.
Dictionnaire amoureux de Joseph Kessel, Plon, 2019.

Olivier Weber

L'arrière-pays

Roman

CALMANN LEVY

Couverture
Maquette : Olo éditions
Illustration : © Jan Schmuckal

ISBN 978-2-7021-6687-1

AVERTISSEMENT :

Si ce roman a pour toile de fond des faits similaires à différentes affaires survenues ces dernières années, il s'agit cependant d'une œuvre de pure invention, dénuée de toute réalité. Les personnages, leurs actes, leurs pensées, leur biographie, les lieux, les situations sont le fruit de l'imagination. Tout est parfaitement faux mais tout pourrait arriver.

I

Le hameau

Il me fallut encore grimper sur le sentier de Cabanes-Vieilles, au-delà du vallon et des mélèzes. Mes chèvres avaient fait les folles et s'étaient enfuies sur le versant nord, vers la bergerie abandonnée. Sur le chemin pierreux, mes chaussures pourries dérapaient et me rappelaient que j'aurais dû, depuis l'hiver, descendre acheter une paire neuve à Village, la bourgade dans la vallée, à trois heures de marche. Le vent soufflait doucement des sommets, caressait les fougères et courbait la ligne douce des herbes d'un vert tendre qui couraient vers la haute vallée de la Brandasque, enclavée entre une rangée de montagnes et la frontière, tout aussi élevée. Des odeurs de pin et de foin coupé, encore humide, montaient du ruisseau et des planches.

Les bêtes me narguaient au sommet de la piste, des « fadasses » disait le vieux Titin, le seul berger à vivre encore à Cabanes-Vieilles. Je le croisais souvent à l'estive en dessous de la Cime de l'Ange, un long bâton blanc à la main, une barbe de prophète biblique, broussailleuse, abondante, dans laquelle se perdaient les moucherons d'été. J'ai toujours considéré Titin comme un père, un père que j'avais adopté. C'est lui qui m'avait appris à quinze ans l'art du fromage, enseigné le crapahutage sur les hauteurs, la méthode pour engranger le foin et le tasser au pied, la cuisine avec ses soupes d'orties, ses tartes aux fougères, ses gâteaux de sève de pin et de poudre de noisette verte, toutes choses extrêmement importantes, voire vitales dans l'existence d'un homme.

Les chèvres, je ne les avais pas entendues monter vers l'Aurion. Les chevaux, eux, avaient galopé vers le haut du bois, par l'ancienne piste militaire, et je sus que j'allais passer l'après-midi à les rabattre vers Tozza, à gueuler au-dessus de la forêt, à les appâter avec ce cri censé les rapatrier à la mangeoire, là où, par instinct, ils s'assemblaient tous les jours en fin d'après-midi. Je n'aimais pas quand les bêtes s'égaraient dans ces flancs empierrés, emplis de creux et ravinés. L'autre jour, Titin y avait perdu deux moutons qui s'étaient précipités dans le vallon, comme hypnotisés, la tête la première, en bêlant à la vie à la mort. C'est fou comme les animaux imitent les humains, mais en moins stupides.

J'hésitai à me lancer sur le sentier qui mène à Beorou, le sombre arrivait vite sur ces pierrailles. Ce n'était pas un hasard si la masse d'arbres en contrebas s'appelait le Bois Noir. Je mis plusieurs heures avant de rabattre les douze chevaux. Les premiers avaient senti l'odeur de l'avoine et du blé que je leur apportais. Les récalcitrants, éparpillés sur des centaines de mètres de dénivelé, jusqu'à l'ancien refuge de Titin, avaient suivi.

*

Avant la tombée de la nuit, je réussis à rassembler les chèvres manquantes du côté de Beorou. Je devais faire vite, les chiens commençaient à donner des signes de fatigue, moi aussi d'ailleurs. Le vent descendait en douces rafales, apportant un peu de fraîcheur au vallon. Les fromages allaient sécher plus vite. Sur la piste militaire, assez plate à cet endroit, à deux mille mètres d'altitude, je crus apercevoir une ombre, un voile noir tombé du ciel qui s'arc-boutait pour franchir la piste au-delà des sapins, puis j'oubliai aussitôt cette vision. Pour rejoindre Tozza, il me fallait dévaler la sente menant au hameau abandonné de Pouncao, le trajet le plus court mais aussi le plus pentu, à travers les bosquets de fougères et les noisetiers. Le moindre faux pas pouvait me coûter une entorse. Les chiens ramenèrent les bêtes devant moi. Je fermai la marche, m'appuyant sur mon bâton.

CHAPITRE 1

Cela faisait dix ans que Guillaume avait disparu, depuis qu'il avait entrepris l'ascension du Mérache par la voie de la Blanche. Nous grimpions souvent ensemble, sur les falaises de la vallée de la Brandasque ou au-dessus du hameau abandonné, du côté de la Cime de l'Ange. J'admirais son aisance, sa manière d'épouser la roche, de coller à la pierre puis de s'envoler vers la prochaine prise tel un danseur céleste. Nous l'appelions ainsi, Titin et moi. Mon père adopté le tançait souvent : « Oh, danseur, si tu continues comme ça, tu vas t'escagasser ! »

Et Guillaume riait. Il virevoltait de plus belle, s'élançait devant nous. Je sus plus tard qu'il était un grimpeur exceptionnel, connu dans le monde entier, l'un des meilleurs sur roche, et je fis le rapprochement avec son nom, Lacoste, qui m'évoquait quelques souvenirs. Adolescent, je l'avais vu dans une émission de télévision, *Les Carnets de l'aventure*. Son style fascinait les jeunes de la vallée et de l'enclave mais aussi les montagnards échoués sur la Côte. Pionnier de l'escalade libre, idole des alpinistes, il se jouait de la gravité. Maints articles et reportages lui avaient été consacrés, ainsi que des chapitres de livres. On vantait les qualités de ce styliste des parois vertigineuses, de cet « amoureux du vide » dont le destin était suspendu à quelques doigts. Je l'estimais d'autant plus que jamais il ne se prévalut devant moi de cette notoriété et qu'il ne mit nulle barrière entre nous, alors que chaque grimpeur de France et des pays environnants le connaissait et le reconnaissait, l'acclamait parfois lorsqu'il dansait sur une face, équipée ou non. D'entrée, je l'aimai comme un frère, un grand frère qui me montrait la voie, dans tous les sens du terme, qui prenait son temps pour m'expliquer la technique et détailler le matériel, ausculter la montagne et palper la pierre, choisir les relais et aboutir à une belle sortie par le haut, face aux horizons renouvelés car conquis, un frère qui me considérait surtout, moi, le berger d'un hameau perdu dans les hauteurs, à trois heures de marche du plus proche village.

Sa disparition brutale, son évaporation plutôt, allait me plonger dans une grande tristesse.

Quand j'appris bien plus tard que cette disparition inexpliquée était en fait un drame, la tristesse se mua en profonde mélancolie, avec parfois des désirs de vengeance.

À chacune de nos ascensions, Titin fulminait face à ce qu'il estimait être de l'inconscience. Nous prenions finalement peu de risques et Guillaume nous encordait au maximum. Il n'avait pas des doigts mais des griffes. Il ne grimpait pas, il glissait sur la pierre, se hissait sur une main. Il surveillait chacun de mes gestes, me conseillait, n'hésitait pas à s'arrêter une heure sur une vire afin de contempler le paysage qu'il décrivait patiemment, le temps que je me repose. Là, un goulet à chamois, plus loin, un glacier souterrain qui ne demandait qu'à resurgir, de l'autre côté, une voie à tracer, encore inédite, pensait-il, si on la prenait de travers, entre deux voies déjà ouvertes. Sans doute cette danse de conquête était-elle à l'origine du monde, une sarabande de pureté et d'humilité lorsque l'homme se retrouve, infiniment petit, devant les éléments, soumis dès la première arrogance à la colère du ciel : chute de pierres ou orages impénitents, caprices de la montagne. Guillaume le savait et taisait les périls.

Guillaume montait souvent dans mon hameau oublié de Tozza, presque rayé des cartes, pour contempler la montagne en face, au-dessus du Bois Noir, mais aussi pour me voir, discuter ou m'aider aux foins. Il avait été berger lui aussi, l'espace de deux étés pendant les vacances scolaires. La première fois qu'il était parvenu au hameau, une nuit, j'avais cru à une bête, un loup ou un patou. Les chiens avaient aboyé. J'avais pris pour habitude de les attacher le soir, dès que les chèvres et les chevaux étaient rentrés. Je n'avais que seize ans et n'étais pas encore aguerri aux bruits de la nuit que j'amplifiais facilement lors de mes insomnies. En contrebas, une lampe frontale scintillait de-ci de-là. J'avais hurlé, autant pour me donner confiance que pour dissuader l'intrus d'approcher.

— Holà, je ne veux aucun mal, juste dormir avant de grimper demain ! Je m'appelle Guillaume Lacoste !

Il cria son nom comme un sésame, sans doute conscient de sa notoriété. Je me suis approché, toujours heureux de briser la solitude des montagnes et de soigner ma mélancolie par autre chose que de la lecture intensive dans les pâturages ou dans mon casoun. De quelques années plus âgé que moi, il semblait éreinté par le poids de son sac, surmonté de cordes et de matériel d'escalade et alourdi par plusieurs jours de vivres. Je l'avais invité à dormir dans une maisonnée dont le maître des lieux, le docteur Petru, se servait pour accueillir ses hôtes. Le lendemain matin, alors que je préparais du thé, Guillaume m'avait offert un livre qui lui tenait à cœur, *Ascension* de Ludwig Hohl. Le soir même, j'avais commencé à le lire, à la lueur de ma lampe à pétrole car la dynamo du vallon me donnait du fil à retordre et ne produisait de l'électricité que sporadiquement. Lui au moins ne s'étonnait guère de l'aspect spartiate du hameau, sans lumière ni eau courante, sans téléphone non plus. Il disait que l'endroit appartenait à la « France oubliée », celle des arrière-pays, dont les villes se souciaient peu, sauf pour les vacances, et où la vie n'avait guère changé depuis des lustres.

Hohl décrivait dans son court roman l'ascension d'un sommet par deux amis montagnards. En cours de route, l'un des compagnons de cordée, exténué, abandonnait face à la difficulté de la voie, au pied de la muraille minérale. L'autre s'entêtait, décidait follement de poursuivre. J'ai lu et relu ce livre. Hormis Cervantès et Goethe, ce qui représentait déjà une bonne compagnie, je n'avais pas grand-chose sous la main lors de ma bergitude à Tozza. Ce roman-là me fascinait.

Ascension allait me laisser par la suite un goût amer.

*

Quand Guillaume revenait au hameau, nous descendions sur les planches en contrebas, la faux à la main ou avec la petite faucheuse à moteur lorsqu'elle daignait démarrer. Il mettait beaucoup d'entrain dans ces travaux champêtres en altitude, qui lui permettaient de « faire des globules » avant de monter sur le massif du Mérache ou aux alentours. Ce grand frère de cordée était infatigable. Il parlait aussi de son engagement sur la Côte, entre deux ascensions, auprès d'une association de protection de l'environnement. Lui et ses amis militaient pour dénoncer la pollution qui sévissait sur les rivages et l'apathie des autorités locales, totalement corrompues selon lui. Il était convaincu que plusieurs maires et conseillers de la préfecture émargeaient auprès d'entreprises, qui les rétribuaient grassement par des circuits opaques de manière à brouiller les pistes.

Le soir, il m'emmenait dans le bosquet de noisetiers où il avait installé une barre fixe. Pendant une demi-heure, il se livrait à des assouplissements, tractions, pompes, exercices de renforcement des poignets puis des doigts. Il s'élevait à la force des deux doigts des deux mains puis d'une seule, et enfin, grimaçant de douleur, d'un seul doigt. Lorsqu'il retombait au sol, son visage ne présentait plus aucune trace de fatigue, illuminé par un sourire qui lui barrait les joues. L'effort transcendait. Je m'aperçus très vite qu'il était hypersensible. Son corps élancé, endurci, taillé pour la course en montagne et l'escalade en libre, cachait une émotivité à fleur de peau, une grande réceptivité aux autres que trahissaient un rythme de parole syncopé, des phrases en suspens, des mots en retenue aux accents tristes. Il partait vers les cimes pour mieux masquer ses fragilités que je percevais d'autant plus que j'en étais moi-même sujet. Les hauteurs nous protégeraient-elles des échecs subis, de quelques déconvenues à venir ? L'homme croit-il échapper à son destin, se protéger de ses sentiments en se portant vers des sommets plus ou moins inaccessibles, histoire à la fois de se frotter à sa petitesse, d'exacerber ses ambitions et de découvrir qu'elles sont dérisoires ? Guillaume ne disait pas autre chose lorsqu'il avouait qu'il partait pour oublier les folies du monde, et celles de la Côte au premier chef. Était-ce un hasard s'il connaissait le docteur Petru ? J'allais apprendre par la suite que rien n'était dû au hasard, tout comme je suis persuadé que la vie nous réserve bien des surprises qui ne sont pas le fruit de coïncidences mais la résultante d'une construction, faite de chances et de malchances plus ou moins provoquées, obéissant à un ordre qui nous échappe mais dont nous sommes le produit, pour le meilleur ou pour le pire.

CHAPITRE 2

Guillaume ne semblait pas avoir gardé un bon souvenir de ses séjours dans la vallée. Si je l'interrogeais à ce sujet, il esquivait ou se réfugiait dans le silence. Quand je l'observais en train de grimper à la jumelle, alors que je gardais les bêtes, j'admirais moins son style que son sens de la liberté. Il avait l'air tellement détaché de tout. Tant qu'il se trouvait en montagne, Guillaume ne prêtait aucune attention au reste, il préférait passer son temps à ausculter les sommets, à tâter le terrain, au sens littéral du terme. Lorsqu'il revenait de ses escapades pour dormir au casoun, il paraissait serein, comme si la grâce l'avait touché.

Un matin, il décida de gravir la face Léandre, classée difficile et bien connue des alpinistes de la Côte. Je l'accompagnai, bien que la voie fût hors d'accès pour moi, pas assez expérimenté. Au moins pouvais-je lui être utile à garder son sac et à porter les cordes. La voie n'était qu'à trois heures de marche du hameau de Tozza. En partant aux aurores, il était envisageable d'en faire l'ascension dans la journée. Trois autres grimpeurs étaient déjà sur place quand nous parvînmes sur la plateforme de granit qui servait de point de départ à plusieurs variantes. Deux d'entre eux s'affairaient à équiper une paroi avec des pitons tandis que Guillaume entamait le rocher. Un silence impressionnant s'imposa, un silence presque froid, de respect et de reconnaissance. Le spectacle ne faisait que commencer et les trois grimpeurs en restèrent bouche bée. Guillaume s'élança, redressa la tête pour examiner la prochaine prise, hissa un pied puis l'autre. Il façonnait la roche à sa guise. Ses mains creusaient la montagne, trouvaient des failles, des écailles, des aspérités, là où l'œil ne discernait aucune prise, aucune irrégularité susceptible d'accueillir un doigt ou un bout de pied. L'un des grimpeurs, apparemment le plus expérimenté des trois, souffla d'admiration puis se rembrunit. Il n'appréciait guère cette démonstration à quelques longueurs de corde de son aire de jeu.

La voie Léandre était un raccourci vers le bonheur et la frustration. À moitié dans le bleu du ciel, corps en lévitation contre les lois de la pesanteur, Guillaume le danseur poursuivait sa quête d'absolu, sa sarabande incertaine et néanmoins construite, son improvisation des hauteurs. Il enlaçait la montagne, il accomplissait une tâche humble et incroyable, gravir la paroi à mains nues, la tête dans la brise, les pieds dans le vide, le mental au plus fort. L'ange Guillaume Lacoste n'était pas un être humain mais un hérétique, un rêveur de l'impossible, il accomplissait les défis les plus vains, non pas pour afficher ses qualités physiques exceptionnelles mais pour tutoyer les cieux et ainsi rappeler notre petitesse. Il disait que sa manière d'épouser la paroi, sans l'abîmer, en la caressant, avec respect et humilité, était toute naturelle et que l'homme devait se comporter ainsi avec la nature, « et pas comme ces charlatans d'élus sur la Côte, qui massacrent le littoral et qui se couchent devant les gros pollueurs, comme pour cette sale affaire des boues rouges ». Lorsque je lui demandais plus de détails, il esquissa un sourire mystérieux et prétexta de la subtilité de la voie Léandre pour se concentrer sur la paroi. Je restai sur ma faim puis, devant l'enjeu de l'ascension, j'oubliai vite cet évitement.

Chaque pas était mesuré, et pourtant sa gigue paraissait si déliée, sans contraintes, sans fioritures, toute en délicatesse, une danse qui épousait la vie, qui montrait le chemin, là-haut et là-bas, une voie de sagesse qui était aussi une leçon d'humilité et semblait réenchanter le monde.

La main gauche de Guillaume hésita un instant, un fragment de roche se détacha. Je retins mon souffle, les trois autres grimpeurs aussi. Guillaume se rattrapa. Il accrocha un saillant, se rétablit, revint sur la paroi. En fait, il ne s'était pas éloigné de sa voie, il n'avait pas voulu saisir la roche friable, il l'avait simplement délogée. Il avait dégarni la façade, l'avait nettoyée avant d'être lui-même nettoyé. Guillaume avait disparu pour refaire surface au-dessus d'une roche plate, puis pour s'encastrer dans une longue faille, ressortir sur la gauche et bondir sur un surplomb. J'éprouvai un léger frisson à voir cette valse. La montagne ne sentait plus le thym ni le romarin, seulement l'odeur de la peur qui glisse sur la peau et chasse les autres. J'attendais que Guillaume se hisse au sommet, au-dessus de cette voie réputée difficile, en fait très poétique, source d'émois et de questionnements. Je me souvins alors de ses mots : « Quand tu es là-haut, tu as du mal à redescendre dans la mêlée, à te frotter aux saloperies d'en bas, on devrait emmener les petits chefs se ressourcer par ici, ils ne seraient plus jamais les mêmes. »

Entre deux ascensions, j'emmenais Guillaume au lac des Grenouilles, à deux mille trois cents mètres d'altitude. L'eau était glaciale mais le principe était simple : dix minutes d'échauffement en courant autour du lac, quarante pompes puis la brasse et le crawl. J'admirais l'endurance de Guillaume au froid, qui n'était pas donnée à tout le monde. « Ça fait partie de ma panoplie, disait-il, on endure, on serre les dents, on roule en moto l'hiver en bras de chemise, on nage en mer par tous les temps et tout paraît facile ensuite. » Sans doute pour les muscles, les tendons, les articulations, mais pour le reste, pour

Guillaume l'écorché vif, je savais que rien n'était facile et qu'il purgeait sa tête en imposant des souffrances et des efforts constants à son corps. Là se trouvait sans doute le secret de son talent.

Quelques mois plus tard, Guillaume avait grimpé au sommet de la Dent du Chat par l'une des voies les plus difficiles et, au-dessus du Rocher, face à la mer, il avait déversé une caisse de billets de Monopoly, au grand dam des sponsors qui s'étaient assemblés pour filmer l'événement. Au dos des billets, les passants avaient découvert d'étranges libellés : « Argent sale », « À bas le blanchiment ». Les policiers étaient montés à la Dent sur la demande d'un élu. Guillaume avait déjà décampé.

CHAPITRE 3

La nouvelle de la disparition de Guillaume me fit l'effet d'un coup de poignard. Il était parti en montagne avec un coéquipier inconnu de tous afin de gravir l'une des cimes du massif, le Petit Mérache, par la face est. Arrivé la veille de P., il n'avait pas pris le temps, cette fois, de monter jusqu'à mon casoun. Guillaume et son coéquipier avaient été aperçus dans la vallée de la Brandasque, puis ils étaient partis bivouaquer sur les hauteurs de Village, la bourgade de la vallée. Deux jours plus tard, les parents de Guillaume avaient donné l'alerte. Les gendarmes de haute montagne avaient retrouvé des cordes sur le versant sud-est du Mérache ainsi que sur une paroi du Chandelier sans que l'on pût savoir s'il s'agissait de celles de Guillaume. Une enquête fut ouverte. Les gendarmes menèrent des recherches mais, au bout de plusieurs mois, son compagnon de cordée demeurait introuvable. L'absence de corps ne permettait de tirer aucune conclusion. Certains dans la vallée crurent à une disparition volontaire. « Il est parti avec une petite sous les palmiers, il en a eu marre de grimper et il s'est envolé vers les tropiques, il a craqué, c'est tout, ça arrive, non ? »

Les autorités classèrent l'affaire.

Puis on l'oublia.

Jamais je n'ai effacé Guillaume de ma mémoire, son sourire serein, le mystère qui émanait de ses traits le soir à la halte ou lors de nos discussions dans le casoun, ses éclats de voix, ses emportements, ses coups de colère à propos des malversations d'« en bas », sur la Côte. Jamais je ne l'ai oublié, même quand je suis descendu à P. pour entamer des études de droit, dans l'université du bord de mer où je m'abîmais dans la mélancolie en contemplant non pas le large mais les sommets de l'arrière-pays depuis la grande terrasse. La mélancolie précoce, ça vous fabrique un destin que vous n'avez pas voulu.

Étions-nous condamnés à nous hisser sur les hauteurs pour échapper aux forfaitures du monde ? La fuite en avant était-elle la seule solution pour ne plus subir tout ce qui se tramait sur la Côte ? « Les saloperies ne montent pas jusqu'ici », avait coutume de dire Guillaume lorsqu'il pointait les sommets et la Cime de l'Ange en particulier, comme si lui aussi cherchait à se purifier dans les montagnes. Je le moquais en lui montrant la vallée du Pô, par-delà la frontière italienne, lorsque nous parvenions sur la piste militaire. « Regarde, de l'autre côté, c'est pareil ! » On apercevait souvent des ciels gris et rosés, œuvre de la pollution. « Sur la Côte, répondait-il, il y a la pollution morale en plus ! » Guillaume avait raison. Ce que l'on voyait depuis les hauteurs, c'étaient nos propres profondeurs. La solitude exacerbait nos doutes et nos angoisses. Je me demandais si, au fond, Guillaume ne cherchait pas à fuir, plus que les miasmes de la Côte, des affaires de famille, l'implication d'un proche ou d'un parent dans ce que nous appelions « les crapuleries entre amis ». Sur la paroi au moins était-il au plus près et au plus loin à la fois. *Épouse la paroi, et tu oublieras tout.*

J'ai épousé plusieurs fois la paroi et jamais je n'ai oublié Guillaume.

Sans doute sommes-nous tous le fruit d'une énigme collective, qui mêle la création, l'amour et la haine, dans un cocktail détonant dont nous parvenons peu à peu, à force de persévérance, d'échecs, de souffrances et de bonheurs aménagés, à comprendre l'alchimie. Sans doute sommes-nous poursuivis notre vie durant par des chimères et des ombres.

CHAPITRE 4

L'arrivée de Léna Ughetto au hameau bouleversa ma vie. Il n'est pas facile pour un homme de constater qu'il vit très bien avec sa solitude. Le confinement au fond d'une vallée perdue vous assure des jours sinon heureux, en tout cas dépourvus de voisinages forcés. Quelques chevreuils, mes deux chiens, mes chevaux et mes chèvres – plus quelques intrus, buses, éperviers, renards – me servaient de compagnons, sans compter les ombres que je voyais surgir de temps à autre sur le sentier ou dans une anfractuosité, pieds de nez du fantôme de Guillaume ou souvenirs de mes quelques années d'études à P. Gausseries : moqueries, rires sarcastiques. « Ohé, l'arriéré de l'arrière-pays, le provincial de la sous-province, tu viens à vélo à la fac ? Tu ne veux pas plutôt venir en BMW, ha ha ha ! »

Ces gars-là m'avaient dégoûté des études, et pourtant j'avais tenu, même en travaillant la nuit pour financer tout cela : le séjour à zéro mètre d'altitude, la chambre à louer sur la Côte, la nourriture hors de prix. J'avais tenu jusqu'au doctorat, double peine pour un berger en rade, un paysan qui tentait de se faire une place au soleil sur un rivage très encombré, double peine de la pauvreté et du mépris. Ces gens-là ne doivent pas comprendre, sinon ils ne se comporteraient pas comme ça.

Au terme de mon doctorat en droit international dans la ville de P., j'étais remonté à ma bergerie de Tozza, avec sous le bras une thèse intitulée *Principes de l'intangibilité des frontières issues de la colonisation dans les droits africains.* On pourrait croire qu'un doctorat en droit international n'est pas très utile à qui se consacre au métier de berger, fût-ce temporairement, après sept ans d'absence, mais j'avais beaucoup appris sur la nature humaine et toutes ses formes de violence invisible, beaucoup appris aussi sur les frontières, et je pouvais dessiner celles tout aussi efficientes de l'enclave, entre l'arrière-pays et la Côte. Au bout de plusieurs semaines, j'avais vite retrouvé mes habitudes à Tozza. Seule nouveauté par rapport à mes seize ans, un nommé Albert-les-Bretelles gérait désormais la ferme du docteur Petru. Il montait régulièrement d'un autre hameau et me donnait des ordres. Je gardais souvent un œil sur le sentier qui menait à la vallée et sur la piste par laquelle il déboulait à l'improviste. Depuis les terrasses sous le casoun, je pouvais surveiller toute arrivée dans mon hameau déserté.

Léna Ughetto apparut non pas sur le sentier mais par la planche en surplomb. Elle était montée par le ruisseau, en coupant avant le Bois Noir. Un sac à dos léger indiquait qu'elle était partie pour la journée. Il était déjà près de midi, je la voyais mal redescendre dans la vallée.

— Bonjour. C'est mignon chez vous !

Elle me tendit la main, me demanda si cela me gênait qu'elle casse la croûte sur la planche en contrebas, près du ruisseau. Je lui proposai de s'asseoir sur la terrasse du casoun, près du chalet du docteur Petru, là où il recevait ses hôtes. Elle ne cessa, en dévorant une salade sortie de son sac, de s'extasier sur le paysage, l'ubac en face, le vallon du petit ruisseau par lequel elle était montée.

— C'est un petit paradis, ici !

Oui, si on veut. Je n'osais lui parler des contraintes : le froid glacial de l'hiver, la neige qui recouvrait le chemin, la tempête qui vous coupait du monde, l'électricité inexistante, le réseau de téléphonie introuvable. Il fallait monter les bouteilles de gaz à dos d'homme, la nourriture était comptée, hormis le fromage et quelques légumes mis en conserve à l'automne.

— Vous avez tout, ici ! Le soleil, les arbres, le silence !

Une vue de l'esprit. Il manque souvent l'essentiel.

— Oui, on a presque tout.

Pourvu qu'elle reste un peu, qu'elle parle encore.

— Et puis vous devez avoir du passage ! Et les bêtes, c'est une belle compagnie, non ?

— Oui, en effet. Je ne me plains pas.

Que savez-vous de l'amour ? L'amour que l'on imagine, l'amour qui manque ou que l'on ne connaît pas, pas encore, ce qui revient au même, l'amour que l'on a croisé plusieurs fois et que l'on a raté, l'amour dont on rêve pour parer à la froideur des montagnes, à la beauté folle et destructrice de la grande solitude. Je l'observais tandis qu'elle contemplait les sommets face à nous, de l'autre côté du vallon, et n'osais la contredire de peur de la voir partir, vers la vallée ou sur la piste militaire, en amont. Elle avait un sourire constant qui illuminait son visage, bien que celui-ci accusât aussi des strates d'inquiétude, passée ou présente. Une ride verticale au-dessus du nez, une expression de crainte entre deux phrases, yeux plissés, des mains parfois crispées. Elle venait de Quiriez, sur les hauteurs de P., et de sa maison on voyait la mer, à quelques encablures, au-delà de la colline de la Citadelle. À peine plus jeune que moi, peut-être vingt-cinq ans et des poussières, elle semblait déjà avoir beaucoup vécu.

Elle s'aperçut que j'avais du mal à parler, non par timidité mais par excès de solitude, celle qui vous trotte dans la tête et vous fatigue, la solitude à laquelle on ne peut échapper sur les hauteurs de l'enclave, un miroir dérisoire, un reflet de nos vies, exaltées et désespérément ridicules. Quand vous ne parlez qu'aux montagnes, vos mâchoires se crispent. Quand vous ne conversez qu'avec des chevaux ou des chèvres, les onomatopées abondent. Je peinais à aligner un ensemble de phrases cohérentes.

Ses mots, son port de tête, ses gestes trahissaient ses origines. Elle venait des beaux quartiers, là-bas, au-delà du Pentabren, sur la Côte si proche et si éloignée. Des années-lumière me séparaient du littoral alors que, de la vallée et de Village, on pouvait le rejoindre en une heure trente en voiture. Les crêtes constituaient aussi un rempart mental. Et les solitudes s'érigeaient dans nos vies en de fragiles forteresses. Un isolement, à la fois choisi et subi.

Léna regarda longuement le Pentabren, en surplomb de la vallée de la Brandasque et d'une bonne partie de l'enclave, auréolée d'une coiffe de nuages filandreux. La montagne l'intriguait, avec ses orages de roches, ses tourments de strates grises et noires, les vires rouges tranchantes sur son flanc nord. Le cou tendu vers les sommets, elle observait deux éperviers à la recherche de proies – mulot, écureuil, lapin, des bêtes que je m'évertuais à ne pas piéger, contrairement à Albert-les-Bretelles qui aimait braconner et paradait avec son saucisson de lièvre lorsqu'il remontait du hameau de la Gastée.

— Vous ne voulez pas qu'on aille voir là-haut ?

J'avais envie de lui dire que je connaissais le Pentabren par cœur, que je lui préférais la Cime de l'Ange, bien plus haut et qui ouvrait sur la Vallée des Démons. Je n'osais lui avouer que je n'avais plus le goût de regarder la mer depuis ces crêtes, là, en face, dernière barrière avant les miasmes de P. et les avanies qu'ils engendraient.

— Oui, pourquoi pas, c'est une bonne idée, m'entendis-je répondre.

J'avais peur qu'elle s'en aille déjà, qu'elle quitte Tozza pour redescendre de nuit. Depuis des mois, je n'avais plus aucune libido. Le désir physique s'était transformé en désir des sommets, en désir de l'effort. Léna Ughetto venait tout chambouler, d'un coup. L'envie de caresser un corps de femme revenait brusquement. Emmener Léna vers le Pentabren signifiait qu'elle passerait la nuit au hameau. À vrai dire, je la trouvai un peu inconsciente de s'aventurer ainsi dans la montagne.

CHAPITRE 5

Nous partîmes avec un petit sac à dos, une gourde, un couteau, du pain et un bout de fromage. Les bêtes, parquées dans l'enclos, au-dessus du chalet, étaient protégées des loups par Caïus et Gromelus, le patou et le berger allemand. Il fallait redescendre vers le ruisseau, couper par le petit pont, en fait un tronc d'arbre couché sur le cours d'eau, puis remonter par le bosquet, franchir une partie du Bois Noir pour rattraper le sentier en lacet grimpant vers le Pentabren. Je me retournais de temps à autre pour attendre Léna qui soufflait, visiblement marquée par son ascension du matin jusqu'à Tozza. Elle se forçait à sourire, les yeux pétillants, impatiente d'arriver sur la piste militaire pour se reposer avant de grimper au sommet par la face nord-est. Plus nous montions et plus Léna se débarrassait de ses manières de citadine. Elle peinait et perdait dans l'effort les habitudes des collines de P., cette autre enclave avec ses villas à hauts murs, ses petits palais, ses castes invisibles qui irradiaient sur toute la Côte telle une maladie contagieuse.

Léna passa devant moi, sans doute pour me montrer qu'elle ne souffrait pas de la marche en montagne. Je regardais ses longues jambes, ses mollets qui collaient à son pantalon. Sa chemise était imprégnée de sueur et elle s'arrêtait souvent pour boire une ou deux gorgées d'eau, debout ou assise sur une pierre. Nous parlions peu et je crois qu'elle aimait ça, ne rien dire, communier avec la nature, marcher à quelques dizaines de mètres l'un de l'autre, sans entendre ma respiration, de quoi savourer les bruits des hauteurs : marmottes, oiseaux, petits rus dévalant des flancs. Nous serions au sommet dans un peu plus de deux heures et demie. Si nous ne tardions pas, nous pourrions revenir entre chien et loup, quitte à marcher à la lampe frontale, une pour deux, un prétexte pour se coller l'un à l'autre avant un dîner au casoun, dîner étant un bien grand mot.

À la halte, tandis que Léna s'était étendue dans l'herbe, je regardai Tozza en contrebas, de l'autre côté du versant. Son isolement, son environnement sauvage, la perspective en longue ligne de fuite... L'endroit avait du charme, perdu au fond du vallon du même nom, entre bois de conifères et pentes herbeuses. Il était difficile après un séjour sur ces hauteurs de redescendre sur terre. Les trois heures de marche en dissuadaient plus d'un. Sauf Albert-les-Bretelles, qui avait ses combines dans la vallée et pouvait disposer d'un véhicule tout-terrain garé en contrebas. Il énervait beaucoup Titin. Afin de ne pas lui fracasser la tête, le berger avait préféré prendre les devants et partir plus haut, vivre à mi-temps dans les pâturages.

À deux mètres de moi, Léna s'était endormie, les yeux fermés, son perpétuel demi-sourire sur les lèvres. Cela me convenait de la voir ainsi, sereine. Elle rouvrit les yeux un instant, nos regards se croisèrent. Elle s'aperçut de mon embarras et me demanda de l'eau, puis elle porta ses lèvres à la gourde où j'avais bu et je ressentis un frisson. Le soleil réapparut. Elle enleva son pull, découvrant un sous-vêtement noir qui moulait ses seins. Mes yeux, sans cesse, étaient aimantés par ses courbes parfaites, le creux de ses reins, mais je me fis violence. Les femmes étaient rares à cette altitude, les belles encore plus. J'étais fasciné par la beauté de Léna, davantage encore par son charme, sa nonchalance, sa légère inquiétude si désarmante. Rien ne semblait calculé, chacune de ses expressions, ses gestes, ses paroles faisaient le lit de la tentation. Elle qui vivait dans les beaux quartiers de P. ne s'offusquait guère de se retrouver dans un endroit si reculé, un hameau du bout du monde sans eau courante ni électricité, si loin et si proche à la fois de la Côte, comme si elle découvrait à quelques encablures de la mer un morceau de France oublié. Rien ne semblait la gêner. Son charme paraissait tout naturel. Elle avait dû ensorceler nombre d'hommes.

Elle observa à son tour les trois casouns en contrebas et le chalet qui formaient le lieu-dit de Tozza – lieu-dit était beaucoup dire vu la fréquentation et l'usage qu'en faisaient les habitants de la vallée et la place qu'il occupait dans la mémoire collective.

— Vous comptez vivre ici longtemps ?

Suffisamment pour tomber amoureux.

— Oh, ça dépend. Je dois m'occuper des bêtes et il n'y a pas grand monde qui se bouscule pour me remplacer.

Elle rit. Son visage respirait le bonheur depuis qu'elle s'était remise en route. Le sentiment amoureux est une mélancolie qui n'évolue plus. J'avais hâte de redescendre, de lui faire découvrir l'intérieur du casoun. Elle reprit la marche, en tête cette fois encore. Le sommet du Pentabren, gardien de l'enclave, apparut au détour d'une moraine, au-delà d'une face de granit qu'il fallait contourner par le sud, par une faille facilement franchissable. Je ne voulais prendre aucun risque et décidai d'encorder sur quelques dizaines de mètres mon invitée. Elle se laissa faire, émit un gémissement lorsque je lui concoctai un semblant de baudrier en passant la corde autour de sa taille, puis me suivit dans la rocaille et ensuite sur les rochers. Elle fit preuve d'une étonnante agilité malgré sa fatigue et bondissait de prise en prise. Je ne tirai sur la corde qu'une seule fois afin de la soulager. Je me remémorais les gestes que m'avait appris Guillaume et sans cesse me référais à sa technique, son adresse, même si cette face, pour lui, n'eût été qu'un échauffement. Elle m'avoua qu'elle avait travaillé sa souplesse grâce à son frère Geoffrey, désormais gardien d'un camping dans la vallée d'Orgens, qui pratiquait le judo pour sortir de sa dépression. Les longues séances d'étirement sur la plage le dimanche matin, été comme hiver, les avaient rapprochés et Léna en profitait pour confesser son frère, tenter d'expurger la profonde tristesse qu'il portait en lui.

Dans la descente, dont je connaissais chaque pierre et chaque recoin, je songeai à ma vie dans ces alpages et à Titin qui avait si souvent emprunté ce sentier avec ses bêtes ou seul, avant de s'installer au-dessus de Cabanes-Vieilles. Il passait son temps à pester contre les loups des Abruzzes, venus repeupler le parc national et les abords de la Vallée des Démons. Lui aussi connaissait chaque arpent de ce versant, ses grosses roches, ses anfractuosités, les bosquets en aval, les petites cascades qui se formaient dans les failles au printemps. Comme moi, il n'aimait pas le sommet du Pentabren à cause de sa vue sur la Côte et des soirées privées qu'y organisait le docteur Petru.

J'appréciais pourtant ce personnage à la belle faconde qui nous avait pris sous son aile, mon ami Marco et moi. Après s'être aperçu que le fils du sculpteur en bois d'olivier était surdoué, comme Petru l'était sans doute lui-même, à l'origine de tant d'inventions dans le domaine médical ou plus largement scientifique, il avait contribué à le faire sortir de la vallée. Quant à moi, il m'avait invité dans ce qu'il appelait sa « ferme modèle », en fait un vallon de montagne sous la Cime de l'Ange qui abritait quelques cabanons, refuges, casouns, son chalet et une bergerie. Nous avions sympathisé alors que je n'avais que douze ans. J'étais encore au collège mais à deux doigts de le quitter, pour une banale infection qui avait apeuré l'infirmière de l'établissement. La crinière blanche en brosse du docteur

Petru, son port de tête, son verbe chaleureux, sa villa peuplée de sculptures et aux murs couverts de tableaux, la voiture de luxe garée entre portail et jardin, tout aurait dû m'impressionner et pourtant je n'avais jamais été aussi à l'aise. Nous avions parlé de Goethe, de Thomas Mann, de sa *Montagne magique* que j'adorais.

*

Le docteur Petru envoyait de temps à autre dans le hameau des âmes perdues quelques femmes en rupture : une psychologue dépressive, deux enseignantes rescapées de la route des Indes, des fonctionnaires de la préfecture qui voulaient renouer avec la nature à trois heures de marche de Village. « Alors, Jonathan, qu'est-ce que tu attends ? » me lançait-il avec un clin d'œil un brin salace.

Ce fut ainsi que je connus mes premiers émois sexuels, à seize ans et quelques, par ce double mouvement de retour aux sources et d'une imagination féminine qui, je dois l'avouer, fut maintes fois débridée, sans doute en raison de l'ivresse des cimes.

Plusieurs amies de Petru repartirent du hameau avec le sourire et le docteur me confia qu'il s'agissait là d'une bonne thérapie, bien meilleure que celles proposées par la psychologue vieillissante de la vallée qui n'avait pas su endiguer la montée des suicides, l'enclave étant une contrée où l'on mettait facilement fin à ses jours, avec l'un des plus importants taux de mort volontaire de France. À croire que je ne vivais pas dans un petit paradis, loin de là.

« Jonathan, il y a deux solutions quand on est berger. Soit tu restes tout seul, et ça peut durer, soit tu profites du moindre passage. » Au moment où il m'avait dit ça, d'une voix forte, sa compagne Éloïse était sortie du chalet. De vingt ans plus jeune que lui, elle cultivait une certaine élégance et n'hésitait pas à poser longuement son regard sur les hommes, un regard souvent fébrile. Petru l'observa avec un air que je pris d'abord pour de l'amour mais qui n'était en fait qu'une posture de prédateur cynique. Tout Petru tenait dans ce genre d'ambiguïté, qui trahissait, et je le compris plus tard, sa perversité.

« Tu verras, Jonathan, en montagne, il faut s'ouvrir l'appétit. » Le visage de Petru avait alors adopté une expression étrange et il m'avait serré le bras, comme si ces mots étaient une invitation. Quand je revins au hameau, après mes études à P., le docteur avait pris pour habitude d'inviter des personnages glauques, qui semblaient se cacher lorsqu'ils débarquaient de l'hélicoptère ou de leurs voitures tout-terrain de luxe. Des filles les accompagnaient. Il fallait que le vallon soit nettoyé, les terrasses débarrassées du moindre objet encombrant. Je possédais un baromètre de ces soirées privées en la personne d'Albert-les-Bretelles qui, une semaine avant l'événement, devenait très nerveux, s'inquiétait pour son sort, craignait d'être viré à la moindre erreur et m'accusait de toutes les négligences : une planche mal fauchée par-ci, une mauvaise herbe sur le perron du docteur Petru par-là, ou encore un arbre dont les branches gênaient le passage des véhicules en contrebas, avant la Gastée.

Je ne pouvais être partout et Albert-les-Bretelles le savait mais il prenait un malin plaisir à se décharger de ses angoisses sur moi. D'autant qu'avec ses trafics, il était très occupé : vente de parcelles de montagnes aux abords du parc national à des promoteurs, abattage d'oliviers pour fournir en bois de chauffe des pizzerias de la Côte, vols de matériel de chantier dans la vallée. Le docteur fermait les yeux sur les petites combines de son gérant.

CHAPITRE 6

Nous avons marché longuement sur la crête avant d'atteindre la pointe du Pentabren. Léna regardait la Côte que l'on devinait au loin, par-delà la forêt de sapins, tandis que j'observais les sommets du nord-ouest, dont celui du Mérache au dôme enneigé à longueur d'année. Dans mon enclave, nous étions coincés entre le littoral et des sommets invivables. Les paysans, montagnards, bergers et habitants de la vallée se trouvaient relégués dans un espace restreint, une sorte de zone tampon servant de réservoir de main-d'œuvre à P. et au Rocher. Des frontières visibles et invisibles nous séparaient, celles de l'argent et du rang. Les nantis de la Côte montaient pour un week-end, guère plus, et redescendaient galvanisés par leur séjour dans les alpages, l'air du pays profond et le plaisir d'avoir croisé quelques autochtones.

Le Pentabren était un sommet pelé, auréolé d'une couronne de granit plus ou moins escarpée sur le flanc sud. On ne pouvait distinguer P., cachée par la brume qui flottait sur ses abords, cependant on apercevait distinctement la mer au loin. Léna s'assit, grignota nos derniers restes de provisions et scruta patiemment l'horizon. Puis elle se retourna, me demanda de quels sommets il s'agissait. Je lui détaillai longuement la liste des pics et des cimes, l'égrenage de ces noms étant la seule litanie qui me permettait de ne pas bredouiller. Là, le Mérache, plus loin, le mont Viso, en deçà, le Grand Couplet, l'Aiguille des Crins, le

Croc de l'Esclosé, le Pic du Tourmenté, à ses pieds, le lac des Mille-Fonts et le ravin de Figaïrasse. Je ne m'arrêtais plus et j'aimais que Léna pose son regard sur ces crêtes lointaines grâce à ma voix. Je lui expliquai aussi que nous étions assis précisément sur une frontière. Ah bon, frontière de quoi ? Frontière entre la Côte et l'arrière-pays, ou du moins l'arrière-arrière-pays, le plus reculé des trous, le plus enfoncé dans l'oubli. Léna m'écoutait et me surprit, j'avais brusquement renoué avec la parole, comme si j'avais retrouvé une amie et abandonné mes onomatopées de berger. Elle plissa le front, me posa quelques questions, dit que la Côte ne considérait pas la vallée comme une réserve d'Indiens, puis elle se leva, s'approcha de moi et m'embrassa.

Elle me poussa doucement sur le rocher plat, me déshabilla et je compris que les crêtes alentour étaient proches du paradis.

À la lampe frontale, entre chien et loup, nous nous hâtâmes de redescendre afin d'échapper à l'obscurité totale. Je décidai d'éviter le couloir rocheux de l'aller, trop dangereux, et ce détour nous prit une demi-heure de plus. Je sentis que les flancs noirs de la montagne commençaient à devenir angoissants pour Léna. Nous arrivâmes au chalet de Tozza à la nuit, exténués. Elle se contenta de ma soupe aux choux, d'un bout de saucisson d'âne et d'une tomme de brebis, agrémentée du vin de la vallée, celui que prisait Titin et qu'il entreposait à Cabanes-Vieilles. Elle me parla de son quartier de Quiriez à P., de son père aussi, Raymond Ughetto, qu'elle détestait même si elle lui était reconnaissante de l'avoir aidée dans ses études. Il méprisait sa mère, l'humiliait, la trompait allègrement, molestait parfois son frère Geoffrey en proie à une profonde dépression, et surtout, il trafiquait. Elle évoqua brièvement ses agissements, ses combines d'alcool et de fausses cigarettes sous couvert de ventes de machines-outils et de préfabriqués, ses arrangements avec le maire de P. en matière de permis de construire et de contrats de jeux pour casino.

*

Juriste formée à la faculté de droit de P., comme moi, dont elle disait qu'elle délivrait le diplôme le plus difficile au monde en raison de la perpétuelle tentation de contempler la mer depuis les salles de cours, et j'étais bien d'accord avec elle sur ce point, Léna avait travaillé pour la société familiale de conseil en immobilier puis, révoltée par les pratiques paternelles, en avait démissionné pour rejoindre une association d'aide aux migrants. Au bout de quelques mois, elle avait intégré une autre organisation non gouvernementale, Intégrité Sans Frontières, spécialisée dans la dénonciation de la corruption, qui publiait régulièrement des rapports fracassants et organisait des conférences de presse sous bonne protection. Basée à P., Intégrité Sans Frontières était cependant davantage connue à Paris, à Londres, à Berlin et à New York que sur la Côte.

Léna avait honte d'habiter l'appartement acheté par son père, un deux-pièces à quelques rues de la villa familiale qui jouxtait le conservatoire de P. et un vaste jardin de pins maritimes. Le nom de son père me revint alors en mémoire. J'avais lu plusieurs articles dans *Le Canard enchaîné* et dans *P. Matin* sur Raymond Ughetto, un intermédiaire très connu des hommes politiques locaux. Il semblait à proprement parler intouchable.

Léna se montrait de plus en plus volubile, sans que je puisse savoir s'il s'agissait des effets de l'alcool, de la fatigue, de l'altitude ou des trois à la fois. Elle me posa maintes questions sur ma vie de berger et sur mon retour à la montagne, sur les chevaux courtauds de Petru, sur le médecin lui-même, sur les chèvres et les manières de fabriquer du fromage. Avant même que j'évoque le craquement du figuier dans l'âtre de la cheminée, le doux parfum qui envahissait le casoun, les terrasses et les planches, elle se leva, me prit par la main et m'entraîna vers ce qui me tenait lieu de couche, un matelas posé à même le sol audessus du petit escalier de bois, en mezzanine. Je la couvris de baisers auxquels elle répondit sans un mot, les mains alertes, les lèvres offertes.

Les volets restèrent ouverts toute la nuit, mes yeux aussi, et je vis à travers cette lucarne ouverte sur l'espoir scintiller toutes les étoiles du monde.

CHAPITRE 7

Léna repartit le lendemain après le déjeuner. Elle m'embrassa et s'élança sur la piste qui menait au vallon par le Bois Noir sans un regard en arrière. De l'enclos, je la vis s'éloigner sur deux ou trois virages, côté ubac. Je la regrettais déjà. Les bêtes, ce jour-là, partagèrent mon émotion.

Au cours de l'été, elle revint me voir plusieurs fois. À chacun de ses séjours, elle s'émerveillait de l'endroit, de la solitude sauvage de Tozza, et moi de sa tendresse mélancolique, de son énergie, de sa volonté de gravir d'autres crêtes, au-dessus de la piste militaire. Je m'arrangeais pour qu'elle montât lorsque Albert-les-Bretelles se trouvait dans la vallée. Je le supportais de moins en moins. Il m'avait donné des nouvelles de mon père biologique avec une pointe de mépris. « Il se traîne de bar en bar, surtout au buffet de la gare. Il tient rarement sur ses jambes l'après-midi. » Albert-les-Bretelles avait pouvoir de vie ou de mort sur moi. Il pouvait me couper les vivres, me virer de la ferme modèle, dire au docteur Petru que je plantais mal les légumes bio dans la serre, que je donnais trop de liberté aux chevaux, que mon fromage avait un goût d'arsenic. En retour, il savait que je pouvais le dénoncer pour ses sombres négoces dans la vallée, son passé d'homme de main et de garagiste clandestin. Il avait volé des voitures pour les revendre en Italie à de petits mafieux convoyant les véhicules vers le Monténégro et l'Albanie, avant de tremper dans le négoce de cigarettes de contrebande dans la Brandasque. Pour toutes ces raisons, il évitait de me chercher des poux dans la tête.

Léna m'apportait les journaux et des nouvelles de la Côte. Les affaires continuaient de plus belle sans que les médias y prêtent attention : blanchiment d'argent de la drogue, banquier pris la main dans le sac, places de ports de plaisance négociées par la mairie une fortune avec une commission en liquide, terrains déclassés afin de devenir constructibles… Au fond, la Côte avait fini par s'habituer à ces passe-droits et malversations. Le père de Léna disait : « Nous ne sommes pas en République, nous sommes sur la Côte. »

*

Un matin, Titin débarqua des contreforts de la Cime de l'Ange. Il savait que je voyais Léna, je ne cachais pas grand-chose à mon père adopté, et puis il devinait tout. À force de garder les bêtes, on finit par mieux connaître les hommes. Léna l'avait apprécié d'emblée, avec sa faconde, ses expressions d'ours solitaire. Ils parlaient beaucoup tous les deux, moins de la Côte que de la vallée, un territoire qui intéressait encore Titin, bien qu'il y aille peu, pour les grandes occasions, un mariage, un festin ou quelques courses dont ses paquets de tabac à rouler. Il n'avait pas besoin de grand-chose. Il mangeait les légumes qu'il cultivait, les miens dans lesquels il se servait au passage, des conserves l'hiver, de la viande séchée ou du saucisson de sanglier. Il troquait avec les paysans, sous le Bois Noir, ses provisions d'huile d'olive contre quelques morceaux de mouton ou de fromage.

Titin me proposa à plusieurs reprises de garder les bêtes et de nourrir les chevaux du docteur Petru pour que je puisse randonner avec Léna. Nous partîmes ainsi elle et moi vers les hauts pâturages et les sommets environnants. Le jour où nous escaladâmes la Cime de l'Ange, à près de trois mille mètres, Léna vit mon air soucieux et m'interrogea du regard.

— Qu'est-ce que tu as ? Tu as peur pour la météo ?

— Non, c'est ce glacier en face de nous…

— Eh bien, qu'est-ce qu'il a, ce glacier ? On ne va pas y aller de toute façon !

— J'y ai perdu un ami.

Elle me demanda qui était le disparu, je le lui expliquai longuement. Elle ne parvenait pas à croire à cet évanouissement. Comment un alpiniste pouvait-il disparaître sur une montagne, même difficile d'accès pour les secouristes et la gendarmerie de haute montagne ?

— La famille croit à un assassinat.

— Et les gendarmes, que disent-ils ?

— Ils ont classé sans suite le dossier. « Pas de corps, pas de victime », ont-ils répondu à la famille. Un enquêteur a même évoqué une disparition volontaire. Pfuit ! Envolé !

— Un peu facile. Ça veut surtout dire qu'ils ne veulent pas s'en occuper !

Je lui racontai pourquoi cette disparition hantait mes jours et mes nuits. Les amitiés étaient rares dans la vallée et encore plus sur les hauteurs. Léna comprenait, elle comprenait le besoin de solitude qui ne pouvait que grandir, elle comprenait la rareté non seulement des relations vraies mais aussi des mots, qui devenaient précieux, loin du théâtre de la Côte où l'abondance de phrases cachait souvent le vide. J'aimais sa douceur, sa manière de voir le monde. Elle me raconta comment elle aidait les migrants, des Sud-Soudanais et des Érythréens échoués sur la Côte et qui avaient fui la guerre ou la dictature de leur pays, deux créations récentes dans le giron des nations, deux désastres. Elle avait écrit un mémoire de maîtrise sur le mandat de l'ONU en Érythrée à la fin des années quarante et elle estimait que la communauté internationale n'avait pas perçu la montée en puissance du chef de la guérilla marxiste devenu dictateur en chef, Issayas Afeworki. « Cette indépendance s'est soldée par l'exode de trois cent mille Érythréens qui n'en pouvaient plus de ce joug. » Elle disait aussi que le littoral se portait très bien car il faisait mine de ne pas s'apercevoir de ce qui se tramait de l'autre côté de la Méditerranée : Libye, mouvements islamistes, migrations interminables.

— La Côte danse sur un volcan. Elle préfère continuer les affaires. Et un jour on verra surgir des cohortes de migrants sur des rafiots, des milliers, des dizaines de milliers de *boat people*, et là on se rendra compte qu'en face de nous certains pays sont devenus des enfers.

Je me sentais loin de tout cela. L'enclave avait tant de frontières formelles et informelles… La Côte, du moins le beau quartier de Quiriez, à entendre Léna, représentait aussi une enclave, débarrassée de la pauvreté, coupée de la réalité.

— Sais-tu ce que ça veut dire, un ami qui disparaît ?

Léna fut surprise par ma question. Elle avait certes connu des ruptures, sentimentales, amicales, mais aucun de ses amis n'avait disparu. Le verbe lui-même ne lui était pas familier. Toutes ses connaissances, des hommes et des femmes jeunes pour la plupart, vivaient dans un périmètre balisé, facilement accessible. Au sein de la vallée flottait ce soupçon d'assassinat ou de suicide. La rumeur avait enflé. Comment raisonner après une rumeur, comment ne pas donner libre cours aux élucubrations ? « Oui, là-haut, il s'est passé des choses, un alpiniste a sans doute tranché la corde. Ils ne devaient pas s'entendre, ou alors c'est une histoire de filles. L'autre ne lui a pas pardonné, il l'a laissé tomber dans une crevasse ou dans une faille, dans une *calanca*, un ravin de misère, et personne n'ira mettre son nez là-dedans, même pas les guides, même pas les gendarmes, même pas les *becamouòrts*, les croque-morts, trop loin, trop haut. Et personne ne saura jamais la vérité, personne ne saura s'il s'agit d'un meurtre, d'un règlement de comptes entre gens de la Côte et de l'arrière-pays, d'un suicide ou d'une fuite organisée. »

Les hypothèses sur la disparition de Guillaume n'intéressaient pas Léna, qui disait avoir enterré sa foi de juriste ; ce qui l'intriguait au fond, c'était bien plutôt mon attachement à Guillaume, comme si un pacte nous liait. Quand je lui dis qu'elle faisait fausse route, elle répondit :

— Non, je ne crois pas, il y a parfois des secrets inconscients que nous partageons, ou nous sommes attirés par une personne qui est proche d'une énigme ou qui l'abrite.

Elle avoua qu'elle connaissait elle-même beaucoup de secrets, sur les affaires de son père, sur les dettes de sa société compensées par des arrangements en haut lieu, des renflouements opportuns qui avaient permis à Raymond Ughetto de rebondir et d'arroser à son tour maints notables, jusque dans la magistrature et la police. Elle avait eu vent d'une tractation avec des investisseurs russes, *via* une société civile immobilière. Son père avait hérité d'une importante somme en liquide, très importante même, plus d'un million qu'il s'était empressé de cacher dans un coffre de banque à P., dont il se servait allègrement, ni vu ni connu, petites coupures par-ci, billets de gratifications par-là, pour acheter des élus de la Côte afin qu'ils ferment les yeux sur une sale affaire de pollution sous-marine par une usine d'aluminium. Cette histoire me rappelait étrangement ce dont m'avait parlé Guillaume avant sa disparition, mais je ne pus en savoir plus ce soir-là, davantage concentré sur mon désir de Léna et soucieux de ne pas la brusquer. Je sentais bien qu'elle était tourmentée par les salades claniques, les implications de son père dans des trafics qui ne demandaient qu'à éclater au grand jour.

— Et la République, me souffla Léna, laisse faire. Elle a même intérêt à fermer les yeux, cela arrange tout le monde. Le peuple aussi y trouve son compte, il aime les faits divers. Plus il y en a dans les journaux, mieux ça vaut, ça apaise les tensions. On se délecte des petites truanderies, des vols à l'arraché, des cambriolages à la petite semaine, pendant que la grande truanderie continue, pendant que le banditisme officialisé s'épanouit au soleil, sous les lambris de la préfecture, dans les palais achetés par les mafieux et les politiques, tant et si bien que la morale en cours sur ces rives n'est pas : « Circulez, il n'y a rien à voir » mais bien au contraire : « Ne circulez pas, il y a tout à voir, on vous offre la lumière, le soleil, quelques faits divers bien gratinés, même pas la peine de regarder la télévision, tout est là. »

Ce climat d'impunité, ce consensus mou entre affairistes, élus et petit peuple, qui tous avaient intérêt à ce que la corruption prospère, à ce que fleurisse la culture du blanchiment, écœurait Léna, parce que la Côte en vivait et faisait vivre une partie du monde, lui donnait en pâture quelques scandales, du sexe, de minuscules esclandres qui masquaient l'essentiel, des miettes qui permettaient aux tireurs de ficelles de continuer, aux marionnettistes de perdurer.

CHAPITRE 8

Albert-les-Bretelles arriva à Tozza le lendemain matin dès l'aube. Il fut surpris par la présence de Léna, parut gêné, pourtant il s'installa dans le casoun pour prendre un café. À six heures du matin, j'étais loin d'avoir entamé ma journée. Il évoqua la grange supérieure à nettoyer, emplie de fumier. C'était déjà fait depuis trois jours. Il me demanda d'aller faucher les planches en contrebas du chalet. Je lui dis que cela ne servait à rien car il allait pleuvoir. Il m'ordonna la fauche, sous prétexte que le docteur Petru allait monter le week-end prochain, et je lui balançais du tac au tac : « C'est pour ça que tu veux te faire bien voir ? Couper l'herbe pour mieux cacher le reste ? » Il savait que je le tenais. Il comprit aussitôt le message, avala son café puis décampa par la piste du Bois Noir pour rejoindre, en contrebas, son tout-terrain pourri.

*

Titin descendit de Cabanes-Vieilles.

— L'hélico s'est posé hier soir dans la vallée, près de Village. Ils ne vont pas tarder à monter, l'agitation règne dans la vallée…

« Ils », c'étaient les invités du docteur Petru : des promoteurs, des commissaires venant de la Côte, quelques banquiers, des intermédiaires divers, de jeunes femmes aussi. Surgissant du vallon, l'hélicoptère atterrit quatre heures plus tard, en fin de matinée, suivi de plusieurs véhicules qui se garèrent en contrebas, sur la vire du Bois Noir. Une quinzaine de personnes débarquèrent. J'avais eu le temps dans la matinée de couper l'herbe sous la terrasse du chalet, de ranger les outils devant la grange et de fermer la scierie au-dessus du sentier.

Le docteur Petru affichait sa bonne humeur, les cheveux en brosse, le visage taillé à la serpe, le corps aminci par les escapades dans la montagne et les heures de natation quotidiennes dans la piscine de sa villa. Devant ses hôtes, Il me gratifia d'une forte tape dans le haut du dos. « Jonathan, c'est comme mon fils, un vrai berger, il ne s'est jamais acclimaté à la Côte, on le comprend. » Sa phrase déclencha l'hilarité générale. La grappe de convives s'éparpilla dans les deux casouns retapés en maisons d'hôtes de luxe et réservés aux invités. L'un d'eux parlait russe et était accompagné de deux filles plus jeunes que moi. La compagne en date de Petru, une ancienne experte comptable de P. qui avait préféré s'installer dans la vallée de la Brandasque, loin du bruit, pénétra dans le chalet avec un épais dossier sous le bras. Le cuisinier dépêché pour la circonstance préparait déjà les plats du soir.

Avec Petru, nous parlions souvent de jeux d'échecs et de mathématiques car j'aimais cette discipline dans laquelle j'avais remporté un concours du conseil général, doté de quelques billets et d'une caisse de livres, au grand dam de mon ami Marco, féru lui aussi de chiffres, de calculs et d'équations. Le docteur Petru savait que mon père biologique était alcoolique. Il m'avait offert un manuel de mathématiques et m'invitait de temps à autre au rez-de-chaussée de sa vaste maison ocre, ombragée, au bord de la route départementale qui se perdait dans l'enclave. Il me parlait de nombres réels, de racines évidentes, d'algèbre géométrique. Trois étés plus tard, à l'âge de quinze ans, je quittai l'école à son grand désarroi, avec l'idée de passer le baccalauréat, l'année suivante ou celle d'après, en candidat libre. J'atterris chez un premier berger, Tavels, à mille mètres d'altitude, qui m'avait alléché avec une offre de travail sans salaire mais « nourri-logé ». La nourriture se composait de deux plats de pâtes par jour, le logement se résumait à la banquette arrière d'une Aronde rouillée ouverte à tous les vents et qui sentait le crottin. Un an plus tard, je me retrouvai à Tozza, dans la ferme modèle du docteur Petru, à trois heures de marche de Village, à mille quatre cents mètres, plus haut que la bergerie de Tavels, signe d'une évidente promotion, au bout d'un vallon, au bout du monde.

Personne ne remarqua la présence de Léna, tant la partie de la propriété attribuée à mon casoun, à l'enclos, à la bergerie et aux diverses dépendances était étrangère aux goûts de la petite troupe. Les filles se mirent en maillot de bain et entamèrent une séance de bronzage sur la terrasse en bois du premier étage du chalet, tandis que d'autres invités s'étaient déjà penchés sur des dossiers volumineux, à l'ombre des parasols. En fin d'après-midi, le docteur Petru me demanda de rassembler les chevaux, de préparer les selles et il partit avec trois de ses amis en direction du Bois Noir, excursion qui comportait son lot de risques dont le franchissement du cours d'eau.

*

Léna riait de ce manège depuis le balconnet de mon casoun.

— Comme c'est étrange. Ça ressemble aux soirées organisées par mon père à Quiriez !

CHAPITRE 9

Léna me parla longuement du week-end dans le chalet du docteur Petru. Elle avait coupé les ponts avec le milieu de son père et voilà qu'il la rattrapait en pleine montagne, à mille quatre cents mètres d'altitude, dans un hameau inhabité, sis sous des versants obscurs l'après-midi.

— Et c'est bien pour cela qu'ils viennent manigancer de temps à autre ici, dans ces montagnes. Ça les régénère, ça les conforte dans le fait qu'ils dominent une partie du pays, et que l'autre leur est soumise, de gré ou de force, parce qu'il y aura toujours des perdants. Les lois n'iront jamais assez vite, eux s'adaptent, ils ont une longueur d'avance, crois-moi, et ils sont bien placés pour le savoir puisque ce sont eux qui font les lois.

Venant d'une juriste, fille d'un homme d'affaires connu sur la Côte, je pris ces propos pour argent comptant. Que se tramait-il en bas ? Pourquoi les intrigues se créaient-elles ici aussi ? Les manœuvriers en chef n'avaient-ils pas assez des palais du bord de mer, des hôtels de luxe, des restaurants acoquinés à la mafia pour se pointer dans les parages, pour narguer les paysans, les éleveurs et les bergers ? Léna était agitée ce matin-là, autant par les images de son père qui se bousculaient dans sa tête que par la crainte que la pieuvre ne se répande un peu plus, comme si le terrain de jeu était devenu trop étroit. Elle devait redescendre dans la vallée pour prendre un train le soir. Nous décidâmes de monter à Cabanes-Vieilles pour déjeuner avec

Titin. L'ascension nous prit deux heures, à bonne allure, en coupant par le vallon de Tozza. Plus haut, alors que les versants commençaient à se dénuder, des marmottes sifflèrent pour prévenir leurs congénères. Leurs cris résonnèrent de versant en versant.

*

La piste militaire était déserte. À Cabanes-Vieilles, les bêtes étaient déjà parties depuis un moment. Titin avait dû bivouaquer de l'autre côté du col et il était trop tard pour espérer le voir aujourd'hui. De là-haut, il veillait sur nous, notre bonne étoile. Sa présence me rappelait les gravures rupestres de la Vallée des Démons que j'admirais durant mon adolescence. J'avais lu Dante tout en observant la gravure du Sorcier et celle de la Diablesse. Puis je m'étais procuré Cervantès et Goethe à la bibliothèque de la Brandasque, dans des éditions bilingues, ainsi que *Le Cantique des cantiques* à l'église, disponible gratuitement en français et en latin. J'en avais appris des passages par cœur, que je récitai plus tard à mes chèvres. Elles adoraient Cervantès et *Don Quichotte* mais détestaient Goethe et son *Faust*, qui me rappelait sans cesse *L'Enfer* de Dante, versant humain. L'Espagnol donnait un bon goût au fromage tandis que l'Allemand faisait tourner le lait. Quant au *Cantique des cantiques*, je ne peux pas dire que mes bêtes aimèrent : elles en raffolèrent. J'avais du mal à comprendre la version latine, n'ayant fait qu'une année de latin au collège de Village, en quatrième, alors que je passais mon temps à jouer aux billes afin de gagner de quoi acheter mes fournitures scolaires et des livres. Les chèvres se révélèrent très sensibles à la musicalité de ces vers, une exaltation de la beauté de l'amour. *Surge, amica mea, columba mea, formosa mea, et veni.* « Lève-toi, mon amie, ma colombe, ma belle, et viens ! » J'apprendrais par la suite au cours de mes incursions dans la bibliothèque de la vallée que plusieurs traductions étaient proposées par les moines. Le mot « colombe » pouvait être remplacé par « compagne ». Je finis par comprendre l'édition latine, et je marquai les accents de *« amica mea, columba mea, formosa mea »*. Le lait était bon à l'issue de ces séances de lecture, et le fromage délicieux. Je lui avais donné un nom, le Canticou.

Je concoctai très vite plusieurs variantes, la version nommée « Hidalgo », exclusivement composée du lait tiré de la lecture de Cervantès, la version « Faust » de celle de Goethe dans la traduction de Gérard de Nerval, la version « Eros-Biblos » avec *Le Cantique des cantiques* commenté. Les clients revenaient de semaine en semaine pour goûter ces fromages littéraires, imprégnés de mythes, de légendes, même si de temps à autre des vers se glissaient sous la croûte, signe de bonne santé de la tomme, m'avait toujours enseigné Titin, et qui plus est source de protéines. Je finis un jour par mélanger plusieurs laits – par métisser, comme disait Titin – le lait Cervantès au lait Goethe, le Cervantès au *Cantique*, le Goethe au *Cantique*, ou les trois combinés, pour un résultat aléatoire nommé « Mesclun de Tozza », ce qui me permettait d'obtenir sept fromages différents selon la théorie des combinaisons.

J'y voyais une consolation à ma destinée de berger retourné à ses pâturages après une incursion sur la Côte. Don Quichotte était un bon compagnon, une fois revenu sur mes hauteurs. Faust aussi, avec sa rédemption, et le grain de folie ajouté par Nerval, à vous dissuader d'avoir un destin. Tout cela me permettait de tenir, de résister à la solitude, à l'odeur de la bergerie, aux bassesses d'Albert-les-Bretelles, aux lubies de Petru, au froid des demi-saisons et de l'hiver, à l'eau glacée le matin pour se réveiller, à la source au-delà du chalet du docteur, à la nuit et à l'ennui.

*

Au marché du dimanche à Village, les femmes adoraient que je leur raconte l'histoire du *Cantique des cantiques*. Je crois qu'elles connaissaient pour la plupart ce passage de la Bible, ou du moins feignaient-elles de le connaître. J'appuyais sur le côté déluré du livre religieux. Ces vers ne sont que désir, il est vrai. Le *Cantique* me paraissait un ouvrage presque érotique, sensuel, la déclaration d'un amour de la bien-aimée pour le bien-aimé, un berger… Une déclaration qui me frappait d'autant plus que la narratrice avait été punie par ses frères pour son teint basané et condamnée à garder les vignes. « Ma vigne à moi, je ne l'avais pas gardée », dit la bien-aimée pour rappeler la perte de sa virginité et défier sa mère. J'aimais le fait que ce chant d'amour fût attribué au roi Salomon.

J'avais appris des passages par cœur, le soir sous le sommet du Bois Noir. « Là, je te donnerai mes étreintes », « Va, mon amant, sortons au champ, nuitons dans les villages » ou « Le galbe de tes cuisses, tels des joyaux, est œuvre de main d'artiste. Ton ombilic, cratère de lune, ne manque pas de brandevin. Ton ventre, une meule de blé. Tes deux seins, tels deux faons, jumeaux d'une gazelle ». Je cherchais dans les pages de ce poème la délicatesse du don de soi, la souffrance de la séparation, et je ne voyais que désir charnel, loin de toute interprétation religieuse. Je voulais les lire, les réciter à Léna et je trouvais cela très beau. Un jour, le curé de Village m'imposa de venir déjeuner au château de Bouscaye. « Vous n'avez pas le choix Jonathan, la veuve Bouscaye s'apprête à donner beaucoup pour l'église. Vous ne pouvez pas vous défiler sinon l'église Notre-Dame-des-Pleurs va s'écrouler, vous savez bien qu'elle est fissurée. Le denier du culte, ça ne rapporte plus rien. Avec cette église, je n'ai que des tuiles, je les prends même sur la tête, alors venez ! »

Et j'étais venu, j'avais écouté, j'avais un peu bu, le curé beaucoup. Lors de ce repas qui rassemblait quelques personnalités de la vallée, le docteur Petru m'encensa à plusieurs reprises.

— Grâce à Jonathan, les bêtes nettoient les versants, les chevaux égaient l'atmosphère et on a des fromages littéraires, que voulez-vous de plus ?

— Là, je suis sûre que c'est du Goethe, soupirait la notaire. Ça sent le soldat teuton de Valmy avant l'influence des poètes persans. C'est du corsé, du viril !

— Et celui-ci, il respire l'hispanique, ajoutait la veuve.

— Oh, Cervantès sans sa Dulcinée !

— Vous auriez encore du mélange germano-espagnol, Jonathan ?

— Vous viendriez bien un jour les goûter chez moi ?

Le curé était reparti avec la promesse d'un gros chèque et moi, avec une commande pour deux mois. Le curé me souffla qu'il lirait à ses ouailles des passages du *Cantique des cantiques*, en évitant cependant certains versets trop suggestifs.

Qui dira un jour l'importance de la poésie sur le comportement animal ? Pourquoi serions-nous, nous, les humains, sensibles au rythme des phrases, à la mélodie des syllabes, à la scansion des vers et pas les chèvres ou les moutons ? Léna me donnait raison, ou du moins me le laissait croire. En chemin, elle évoqua à son tour Don Quichotte, dont elle aimait le côté fantasque. Elle estimait que lutter contre la corruption et les malversations sur la Côte revenait à se battre contre des moulins à vent, et que le mal sans cesse renaissait, sous une autre forme, qu'il était impossible de démêler le licite de l'illicite et que nombre de ses camarades de promotion, devenus avocats ou notaires, œuvraient désormais pour les requins et les mafieux.

Nous réussîmes finalement à croiser Titin, qui partait pour plusieurs jours d'estive avec ses bêtes vers le Mérache. Il portait un sac rudimentaire, était accompagné de trois chiens et précédait le troupeau, qui bientôt allait couper par le versant à l'ouest de Cabanes-Vieilles.

— On voulait te dire au revoir, du moins Léna, qui redescend.

— Va, petite, redescends sur cette Côte loin des bergers et de nos sommets un peu rustiques ! En bas, l'homme y est peut-être un peu plus sociable.

— Plus intriguant surtout. Je reviendrai, Titin. J'ai été enchantée de vous rencontrer. Les hommes comme vous sont rares.

— Il y en a plus que tu ne le penses, même si les bergers sont une espèce en voie de disparition.

Il l'embrassa puis me fit une tape dans le dos.

— Revenez quand vous voulez à Cabanes-Vieilles. La maison vous sera toujours ouverte.

Il prit une autre sente, plus raide, et le troupeau lui emboîta le pas.

Je décidai d'accompagner Léna à Village. Nous y serions dans cinq heures, à temps pour qu'elle prenne son train. Je remonterais de nuit, à la frontale. Je n'aimais guère cela mais je n'avais pas le choix si je voulais rester auprès d'elle le plus longtemps possible, la caresser à la halte, l'embrasser sur le quai, avant qu'elle ne replonge dans ce qu'elle appelait les miasmes de la Côte.

CHAPITRE 10

Léna partit par le train du soir. Au buffet de la gare, je ne pus esquiver mon père biologique avachi sur un tabouret.

— C'est qui cette gonzesse ?

Je passai près de lui et voulus lui décocher un coup de poing mais m'abstins. À quoi bon, après tout ?

— Si tu ne veux pas parler, paie-moi au moins un coup !

Je lançai un billet sur le comptoir et tournai les talons. Le pater marmonna quelques mots, le nez dans son verre, sous le regard narquois du patron. Lorsque mon frère et moi étions enfants, il avait coutume de dire : « Vous n'êtes que des petites gouttes, ha ha ha, oui, des gouttes, je n'ai pas pu me retenir. » Titin m'avait fait comprendre un jour que je n'avais pas à me détacher de lui, que je n'étais que le produit d'un accident et qu'aucun lien, Dieu merci, n'existait entre nous. Je ne devais rien ou si peu au Père-la-Goutte, le si peu étant précisément ce dont il nous parlait, et cela étrangement me renforçait, produit de rien, d'un acte sexuel et de rien d'autre, pas d'affect. Je n'ai jamais pu savoir comment le pater à gouttes s'était retrouvé dans la vallée de la Brandasque, comment il avait rencontré notre mère, comment il avait échoué à Village, comment il lui avait fait deux fils ni d'où il tirait ses revenus. Piochait-il dans un capital ? Avec un air mystérieux, il sortait de temps à autre de son portefeuille des liasses de billets et arrosait les piliers de bar. Notre mère, elle, à force de prendre des coups – joues marquées, yeux au beurre noir, bras griffés –, avait fini par fuir la vallée, sans nous, pour s'installer chez une amie en Allemagne. Elle avait trop longtemps accepté tout ce qui venait de notre père, comme s'il était un dieu, et je me suis maintes fois demandé pourquoi elle se montrait si résignée, comme si son destin était écrit. Puis j'avais peu à peu réalisé combien ils se ressemblaient, par une commune volonté de détruire l'autre, par l'impossibilité d'aimer, et d'abord de s'aimer soi-même. Je découvrais au fil des années que vivre en couple pouvait s'apparenter à une surenchère de violence verbale, à une lente descente aux enfers, jusqu'à ce que l'un gagne. Qu'ils se séparent avait été un bien, pour tous.

Elle nous écrivait de temps à autre, disait sans plus de précision qu'elle avait refait sa vie. Elle s'était remise à enseigner le piano, et de loin en loin nous envoyait un colis de confitures, comme si cela devait suffire.

Titin avait donc pris le relais de la paternité. Il m'avait un peu nourri, emmené l'été avec ses bêtes dans les pâturages, au-dessus de Cabanes-Vieilles, par-delà la piste militaire, et j'avais pris goût à cette aventure, malgré les nuits fraîches, le réveil aux aurores, les repas frugaux : du pain, de la tomme de brebis ou de vache, des olives, un verre de rouge le soir. « Tu verras, Jonathan, ça n'a jamais fait de mal à personne, même si tu es encore un peu vert. » Je m'étais habitué à la solitude depuis l'enfance, faute de mieux. Les livres avaient remplacé les êtres défaillants, les parents. Puis quelques compagnons de route avaient débarqué dans le paysage. La solitude est un vaste désert où le moindre arbuste devient une planche de salut. Et Titin est apparu, et je l'avais écouté – « Oui, un verre de rouge le soir » –, et j'en avais redemandé et, comme il refusait, je me levais la nuit pour me resservir une rasade que je buvais sur le semblant de terrasse du casoun, la petite maison de berger au toit voûté, un belvédère sur le spleen, avec vue sur l'exil infini et la mélancolie renouvelée, sous les étoiles et les morceaux de lune qui dispensaient au vallon une lumière de commencement du monde.

*

Il n'est pas facile de passer de la solitude absolue à l'amour non moins absolu. Les montagnes étaient dépeuplées en l'absence de Léna, j'en avais assez de parler à mes chèvres et à mes chevaux, assez de monter sur la piste militaire pour tenter d'apercevoir un bout de la Côte où elle résidait, un pan de son territoire, un morceau de ses racines, le berceau de ses tourments et de ceux de son frère Geoffrey, que je ne connaissais pas encore et que j'aimais déjà. Léna ne cultivait pas le goût du mystère mais je sentais qu'elle gardait une part d'ombre, qu'elle me cachait ses affres, dues en grande partie, comme je le compris plus tard, au comportement irresponsable de son père, impliqué dans maintes affaires de corruption.

Assis sur mes versants de montagne, je l'imaginais souvent prise d'une rage folle face à la comédie qui sévissait à zéro mètre d'altitude, avec l'envie de tout plaquer et aussi, espérais-je, de me rejoindre pour l'escapade d'une vie.

Je restais ainsi plusieurs semaines sans nouvelles, craignant le pire, accident, oubli, abandon. La torture était la même.

*

Je tombais peu à peu dans une profonde mélancolie que ne parvenaient pas à soigner les virées en montagne ni les week-ends du docteur Petru, généralement bien accompagné. Les versants s'avéraient tristes, les sommets revêches, la brume du matin opaque, persistante. Cette période me rappelait mes années d'adolescence, mon premier séjour sur ces alpages. Il fallait déjà se battre là-haut sur tous les fronts, contre soi, contre le froid, contre le mal de vivre, la peine du corps, les muscles qui crient. Gagner sa croûte, étudier la nuit, lire Cervantès, Goethe, Proust à la lampe à huile, réviser son bac en poursuivant les chèvres, en appelant les chevaux, en gueulant contre les loups dans la montagne qui vous renvoyait des échos cabossés. Résister à la moquerie dans la vallée, à Village mais aussi à P., arriver à l'épreuve du bac les pieds crottés, puant le fumier, les bras blanchis à la chaux, la tête enfarinée, les yeux mal dessillés par ce long voyage de l'enclave à la Côte, croiser le regard des nantis – « Oh, le pauvre, il vient de là-haut. Vous savez, cet arrière-pays qui est en fait un arrière-arrière-pays, une région vraiment arriérée. Oui, de temps en temps, on y va comme on va au zoo, on va prendre des forces, on se dit qu'on n'est pas si malheureux au bord de la mer, malgré nos soucis. Regarde là-haut comment ils vivent, on devrait leur envoyer des ethnologues, on devrait étudier leurs drôles de mœurs, leurs manières un peu primitives. Il paraît qu'ils fauchent encore à la main, et le fromage, vous savez, le fromage, ils le font paraît-il à la main aussi, on se croirait au temps de Cro-Magnon. Les pauvres, ça fait de la peine, des sauvages… À force de vivre dans une enclave, ils vont finir par être un peu demeurés. » Résister à la moquerie représente souvent un enjeu de survie, car la moquerie dénature, elle démolit à petit feu, elle détruit ce qui a été péniblement construit, elle sape les fondations qui n'en sont pas de vraies. On a dit que la moquerie était l'arme des pauvres. Rien de plus faux, venez dans l'enclave et vous comprendrez, vous verrez qu'il s'agit de l'arme des puissants, du dessert de ceux qui ont le droit de rire, qui peuvent narguer, mépriser car ils sont incapables de compassion, car ils croient en l'existence de castes, que l'autre peut être inférieur, bouseux, paysan, campagnard, dégénéré, anti-citadin, cul-terreux, péon, éleveur de primates.

Et c'est ainsi que l'enclave devait se défendre contre le mépris, l'arrogance, le savoir, la connaissance, et c'est ainsi que la réserve du nord devait se débattre, la réserve des indigènes, la réserve d'espoir, de beauté sauvage pour nantis de la Côte, la réserve de dépaysement pour mieux tenir le coup en bas. Un peu d'exotisme, un peu de sensations fortes, canyoning, rafting, moutons et loups, et c'est ainsi que Jonathan criait son ignorance, oui, à coups de Cervantès, de Goethe et de Nerval, lancés en vers et parfois en version originale, de montagne en montagne, entre deux traites de brebis. Et pourtant, je redescendrais sur la Côte pour voir Léna, l'inviter au restaurant avec mes maigres économies, tenter de me réinscrire à l'université avec des fromages de chèvre et de brebis comme provisions, avec la volonté de convaincre un professeur d'ethnologie : « Ne vous donnez pas la peine d'aller chez les Nambikwaras du Brésil ou les Baruyas de Nouvelle-Guinée, venez chez nous, dans l'enclave de la Brandasque, c'est plus près. On vous garantit quelques thèses originales. Je veux bien en faire une avec vous, nous ne sommes pas trop sauvages, et puis là-haut il n'y a pas de maladies tropicales, pas de malaria, pas de moustiques impaludés, seulement de la brucellose, de la fièvre de Malte, pas très grave, ça rend stérile mais vous prendrez vos précautions avant. »

Un livre de Goethe m'avait profondément touché et permis de comprendre aussi ce qui se tramait. *Goetz von Berlichingen* retraçait la vie d'un petit tyran dans son château, faustien puis pris de doute, de culpabilité, et auquel *Le Diable et le bon Dieu* de Sartre allait étrangement ressembler. Le livre de Goethe, en fait une pièce de théâtre, évoquait en creux la démesure humaine, l'arrogance à vouloir conquérir pour détruire, l'inanité de nos gloires et de nos défaites. Et c'était précisément ce qui caractérisait aussi les liens entre l'enclave et la Côte, une succession de gloires et de défaites, un dépeuplement par l'attraction des jeunes pour le bord de mer, loin d'une vallée pauvre mais où le mètre carré devenait cher, concentrant les maisons de jeux et les maisons de plaisir, les lieux de pouvoir et de corruption, laissant croire à la fortune facile, un coup de tampon sur un permis de construire, l'arrière-pays comme arrière-cour pour enfouir les sales histoires, et demain sans doute l'affaire des boues rouges qui salissait tout sur la Côte et ses alentours, même les âmes, surtout les âmes. Je me rappelais les paroles prononcées par Léna en montagne : « On ne fait plus de différence entre l'affairisme toléré et l'affairisme criminel. Ce dernier s'est banalisé, on croit qu'un peu de corruption ne fera de mal à personne, que ça graisse les rouages, alors que ça a déjà tout gangrené. Cet affairisme-là est très dangereux car il est plus fort que la démocratie, il parvient même à créer des lois. »

Léna disposait de nombre d'exemples pour étayer ses propos, à commencer par son père. Raymond Ughetto avait notamment réussi à contourner la réglementation sur le littoral avec la réfection de l'Hôtel Paradis Roc au cap. Une association avait bien porté plainte au vu du projet de réaménagement, qui prévoyait la construction de vingt chambres supplémentaires en bord de mer, au-dessus de la petite falaise longeant l'ancien chemin des douaniers, mais elle avait brusquement été retirée. Des mouvements de fonds suspects, de plus d'un million et demi d'euros, avaient été relevés sur les comptes de plusieurs membres de l'association, sans que l'on ait pu prouver qu'ils avaient été achetés. Le père de Léna était passé par là, avec l'aide d'un avocat et d'anciens inspecteurs des impôts devenus conseillers de patrimoine à leur compte, après une période de latence de cinq ans.

Moi aussi, j'étais en latence, en latence de Léna, de ses mots, de son bon sens, de son brin de révolte, de son agacement à tout bout de champ, de cette envie qu'elle avait de réformer le monde, de damer le pion à tous les corrompus de la Côte et à leurs affidés qui comptaient dans nombre d'institutions, dans les mairies, dont celle de P., et jusque dans les officines parisiennes.

Il me tardait de la revoir sur le quai de la gare, de l'accueillir dans le hameau de Tozza ou de descendre un jour sur la Côte à sa rencontre.

CHAPITRE 11

Caïus donna l'alerte. Le chien, nerveux, dressait ses oreilles et je crus à la présence d'un loup venu des contreforts de la Cime de l'Ange.

Je levai la tête, nanti de mon bâton, la seule arme dont je disposais hormis une hache. Un homme descendait le sentier dans le creux du vallon en amont. Il avançait assez vite, ne semblait pas jeune. Un troupeau de chèvres patientait plus haut, sûrement gardé. Qui pouvait venir par ce chemin, lequel ne débouchait sur rien, hormis mon hameau perdu ? Après deux ou trois lacets, l'homme ralentit sa course, un bâton de marcheur à la main dont il se servait plutôt adroitement.

Je reconnus alors la silhouette de Titin, du moins me dis-je qu'il ne pouvait s'agir que de lui, sa façon lourde de se déplacer malgré une certaine agilité à glisser de rocher en rocher. Il n'était plus qu'à dix ou quinze minutes de marche, de course j'allais dire, cette allure étant rare chez Titin qui ne pressait jamais ou si peu le pas. Il m'adressait de grands signes.

Je montai à sa rencontre et l'entendis crier mon nom, Jonathan, Jonathan, comme il le faisait lorsque nous nous amusions durant mon adolescence à lancer des cris de versant en versant, jouant avec l'écho et l'éternité. Cette fois-ci, le ton était plus grave.

— Que se passe-t-il, Titin ?

Je parvins à sa hauteur, bien au-dessus des bosquets, à l'endroit où le flanc de la montagne était encore dénudé, dans les herbes jaunes et rases. Il était légèrement essoufflé, sans plus.

— On a découvert le corps.

Je m'approchai, lui tendis une gourde d'eau.

— Quel corps ?

— Enfin quoi, mordiou ! Le corps de Guillaume !

Je me mis à trembler.

— Comment ça, le corps de Guillaume ?

— On l'a retrouvé, sur les flancs du Mérache.

Ces mots me bouleversèrent. Titin s'en aperçut aussitôt. Il me prit par le bras et me désigna la direction du casoun.

— Viens, je vais te racontailler tout ça.

Sur la terrasse de sa maisonnée, Titin me raconta longuement ce qu'il avait appris. Deux alpinistes avaient entamé l'ascension du Mérache par la face nord et s'étaient aperçus d'un étrange mouvement de la nature. En raison du printemps inhabituellement chaud, un glacier avait surgi, caché sous une épaisse couche de roches. Une langue blanche sortait ainsi au confluent du pied du versant nord et d'une moraine, inconnue jusqu'à présent. L'un des deux hommes s'était approché de la résurgence glaciaire, avait longuement exploré ses abords puis, assuré par son coéquipier, s'était engagé dans une faille, entre roche et glace. Là, il avait découvert une corde de couleur rouge. Il avait creusé tout autour et son regard avait été attiré par ce qui semblait être une main prise dans la glace. Les deux montagnards avaient pu extraire le cadavre à coups de piolet. Ils l'avaient ramené sur la combe et enveloppé dans un de leurs sacs de couchage pour le convoyer jusqu'au refuge de Nians.

Les gendarmes de haute montagne, alertés dès l'arrivée des deux hommes au refuge, au-dessus du Lac Rouge, avaient envoyé une équipe accompagnée d'un médecin légiste. Titin les avait croisés au refuge, ainsi que les alpinistes, apparemment peu perturbés. Le corps venait d'être rapatrié à Village. Il fallait une journée aux parents de Guillaume pour descendre de la vallée adjacente, celle de Saint-Sauveur, où ils avaient établi leur épicerie.

— J'arrive pas à y croire, moi non plus. Je sais que ça va nous remuer beaucoup, toi et moi, comme la louche dans la soupe de champignons. Ça va nous faire une claque, ça nous la fait déjà.

— Et comment peut-on être sûr qu'il s'agit de Guillaume ?

— Il portait ses papiers sur lui, pardiou !

Titin dit qu'une telle apparition de glacier, en raison non seulement du réchauffement mais aussi de glissements de terrain, était extrêmement rare et que seuls deux ou trois cas similaires avaient été relevés dans les Alpes françaises et suisses.

Le corps de Guillaume... C'était comme s'il vivait encore ou revenait à la vie. Il n'avait pas disparu, il était bien là, présent dans ma tête, souverain, agrippé à la paroi, régnant sur l'enclave, dispensant ses conseils, indiquant les voies sur les falaises et les cheminées pour s'extraire de la morosité, pour oublier les travers de la Brandasque et l'ennui éternel.

— Pardon de demander ça, Titin, mais il n'est pas certain que les parents de Guillaume puissent le reconnaître...

— Si, le corps a été relativement bien conservé par la glace.

Je voulais voir moi aussi le corps de Guillaume mais c'était une idée stupide. À quoi cela servirait-il ? À rajouter de la peine à la peine ? Et je m'interrogeais : que faisait son cadavre sur la face nord du Mérache ? Le jour de sa disparition, Guillaume était censé gravir le versant ouest et les gendarmes avaient retrouvé des cordes sur cette face-là et sur une paroi du Chandelier, redoutable arête que Guillaume connaissait bien. La face nord, elle, nécessitait une autre approche, par le versant italien. Guillaume avait certes pu se livrer à une variante mais gravir les deux voies dans la même journée paraissait dangereux. Même s'il était excentrique, porté sur l'ostentatoire pour cultiver sa réputation, le danseur des roches pariait beaucoup sur la prudence, garante de sa longévité de grimpeur.

*

Je redoutais de voir les parents de Guillaume. Que pouvait réserver une telle confrontation, le mot n'étant pas trop fort ? Fallait-il réveiller autant de souvenirs, raviver autant de plaies ?

CHAPITRE 12

Nous passâmes la soirée à examiner toutes les versions possibles du drame. Que son coéquipier ne se soit jamais manifesté, maintenant que l'on savait que Guillaume avait été victime d'une chute, rendait l'affaire étrange. L'autre alpiniste avait-il eu peur ? Craignait-il qu'on l'accusât de négligence ? L'un des deux hommes qui avaient découvert le corps, croisé au refuge de Nians, avait fait à Titin une étrange confidence : selon lui, la corde n'avait pas été rompue par le choc mais coupée au couteau. Titin lui avait demandé comment un tel soupçon avait pu germer chez lui. L'alpiniste avait alors baissé la voix et dessiné sur un morceau de papier les tresses de la corde, elles n'accusaient pas d'étirement mais présentaient au contraire un sectionnement net.

— Je ne m'y connais pas en matière d'alpinisme, mon garçon, mais ce que racontait ce type me paraissait évident, frappé au coin du bon sens. Guillaume n'est pas tombé par hasard.

Ce fait me plongea dans une tristesse plus grande encore. Qui avait pu commettre ça ? Pour quelle raison ?

— Il faut aller le dire aux gendarmes…

— Ne t'inquiète pas, fils. Ils vont monter là-haut, mener leur enquête, analyser la montagne, comprendre pourquoi ce glacier souterrain, tout juste réapparu, a craché ce corps.

— Ils ne verront peut-être pas que la corde a été coupée.

— Bien sûr que si ! C'est leur métier, autant que le mien consiste à garder les chèvres par tous les temps.

— Ceux du peloton de haute montagne sont meilleurs grimpeurs qu'enquêteurs, ils n'ont pas tant l'habitude que ça des… disparitions.

— Tu peux dire meurtre si la corde a été coupée.

— Titin, j'aimerais une chose.

— Dis-moi, garçon.

— Aller sur place, au plus vite.

— Tu n'y penses pas ! J'en reviens, ou du moins du refuge de Nians. C'est pas la porte à côté !

— Alors j'irai seul.

Titin se raidit.

— Pas question, je t'accompagne ! N'oublie pas la gourde de vin rouge.

Nous partîmes le lendemain matin avant le lever du jour, par le sentier qui menait à droite de Cabanes-Vieilles au-dessus de la piste militaire. La Cime de l'Ange sortait à peine de l'obscurité lorsque nous contournâmes son flanc nord, avant de passer par le col des Pasteurs aux premières lueurs. Nous parvînmes au refuge de Nians un peu avant la nuit. Une belle étape puisque les randonneurs comptaient plutôt deux journées pour parcourir le même trajet. Assis sur le banc de la table du refuge, Titin ne montrait aucun signe de fatigue mais bien plutôt une envie d'entamer sa gourde de vin. Le gardien du refuge, Malaguti, évoqua à peine la découverte du corps de Guillaume. L'apparition du glacier l'intéressait bien plus, il verrait davantage de randonneurs dans les mois et les années à venir, ce qui représenterait une belle perspective en termes de tartes à la myrtille, de vin chaud, polenta et omelettes aux champignons.

Titin lui dit que nous levions le camp aux aurores afin de nous diriger vers la Cime de l'Ours, en omettant de préciser que nous couperions avant le raidillon pour bifurquer vers les contreforts du Mérache et nous rendre sur le nouveau glacier.

*

Je dormis peu ce soir-là, quelques heures tout au plus, préoccupé par la petite expédition comportant une approche peut-être trop technique pour Titin, étonnamment alerte mais qui subissait le fardeau de ses artères, et surtout par ce que nous pourrions découvrir là-haut : des fragments de corde, des pitons décrochés, des aliments conservés par la glace, des souvenirs chamboulés par la chute, aventures perdues et joies que nous ne connaîtrions jamais plus.

Bien avant le lever du jour, nous grimpâmes en direction de la Cime de l'Ours, en vestes chaudes et lampes frontales. Titin progressait régulièrement, le souffle serein, le pas assuré, malgré quelques roches branlantes. Je me dis que Guillaume devait connaître chaque lacet de cette trace, chaque rocher, les vires, les combes, les failles. Je repensai sans cesse au livre *Ascension*, de Ludwig Hohl, que Guillaume avait tant aimé, à la destinée des deux alpinistes promis à une mort quasi certaine, l'un par une chute sur un glacier, l'autre par un accident stupide, en glissant dans un torrent et en se fracassant la tête contre les rochers. Quel drame s'était-il joué sur les flancs du Mérache ou dans les crevasses d'un glacier en réapparition ?

Vers dix heures du matin, nous atteignîmes la combe où avait été découvert le glacier. Il était coincé entre deux couches d'éboulis, adossé au massif, vestige des temps anciens. Cette résurgence glaciaire confrontée à l'air libre allait fondre en quelques années et se transformer en soupe. Pour l'heure, elle était solide, de couleur grise en raison de la présence de terre et de morceaux de rocaille.

On distinguait nettement des pas sur le côté gauche, vers l'aplomb du massif. Ce devait être les traces de l'équipe de gendarmes venus inspecter les lieux, à moins que ce ne fussent celles des deux alpinistes. J'aperçus l'excavation creusée dans la glace afin de retirer le corps. Rien ne traînait, pas le moindre bout de corde, de matériel, de sac ou de vêtements, tout avait été emporté par la chute, par l'oubli, par le temps ou les découvreurs de glacier.

— On remettra ce qu'on trouve aux gendarmes, lançai-je à Titin.

— Ça dépend ! Pour l'instant, on n'a pas grand-chose mais cette chute ne me dit rien qui vaille. Un gars si aguerri…

— Ce qui est louche, c'est que son coéquipier n'ait jamais signalé l'accident.

— Un assassinat, je te dis, garçon !

Titin n'en démordait pas. Nous cherchâmes des heures dans les anfractuosités du glacier, à l'aplomb des rochers et sous la paroi. Rien ne retenait le regard.

— Retournons sur nos pas, dit Titin.

Il voulait maintenant creuser autour de l'excavation.

— On va laisser des traces !

— Personne n'y fera attention. Et puis on a le droit, non ? Dans quelques mois, tous les alpinistes du coin vont venir fouler ce satané glacier.

Titin se mit à creuser au piolet et je dégageai les morceaux de glace. À un mètre de la première crevasse, qui correspondait à l'emplacement du corps, il n'y avait toujours rien.

— On va caver à côté de cette bouillasse.

Titin se remit à la tâche et je le relayai, lentement, afin d'économiser mes forces. La glace, un peu plus dure, ne présentait aucune faille. Comment Guillaume avait-il pu dévisser ? Je redressai une nouvelle fois la tête, auscultai la paroi à quelques centaines de mètres au-dessus de nous. Quelques vires et fissures apparaissaient de-ci de-là. Une voie, certes inhabituelle, pour gravir le Mérache, surtout en hiver, mais Guillaume avait dû miser sur le début du printemps pour tenter l'affaire. En duo, l'ascension était tout à fait envisageable pour des alpinistes confirmés.

— Regarde, garçon, derrière toi !

Titin attira mon attention sur une masse sombre dans la glace. Un petit sac rouge vif était pris dans les strates blanches. Je piquai du piolet à toute vitesse pendant de longues minutes. Le sac résistait, voulait rester dans l'éternité glaciaire. Je parvins enfin à le dégager, je le pris fébrilement pour remonter à la hauteur de Titin. La sacoche destinée à contenir des effets personnels ou de l'argent était restée étanche, insensible aux intempéries. Je l'ouvris, sans un mot, sous le regard circonspect de Titin. À l'intérieur, je découvris du fil de nylon, un couteau de poche, un altimètre et un second sac plastique.

— Ouvre, bon Dieu !

Mes doigts étaient engourdis par le froid ambiant, malgré les efforts sur le piolet. Titin s'assit pour attendre le verdict.

Une lettre écrite sur deux pages d'un carnet de notes, en lignes très serrées, nerveuses, avait été rédigée dans l'urgence ou dans la peur. Je la lus à voix haute, lentement, afin de m'imprégner de chaque mot.

Si vous trouvez cette lettre, cela voudra dire que je suis mort. Cela voudra dire aussi que j'ai été tué. Que la corde a été coupée, je dis bien COUPÉE. Je grimpe depuis ce matin avec un alpiniste, rencontré voici trois mois dans un refuge, un certain Jef Allavena. Je ne suis même pas sûr du nom. Je crois que tout cela est faux. Depuis tout à l'heure, il entreprend d'étranges manœuvres. Il a insisté pour passer en premier de cordée, sous prétexte qu'il connaît la paroi par cœur, non pas celle de la Blanche que je voulais faire initialement mais celle de la Brandade, qui démarre au-dessus des moraines. Une face de trois cents mètres que je n'ai jamais gravie. J'ai failli dévisser tout à l'heure, il aurait dû me retenir mais a laissé filer la corde. Elle s'est coincée heureusement très vite dans une faille et j'ai dû me réassurer au piton. Je l'ai maudit, et il s'est excusé. J'écris ces quelques mots depuis la vire où j'ai trouvé refuge, à l'abri pour l'heure de son regard. J'écris ces lignes AU CAS OÙ ! La confiance est rompue. Je me méfie À MORT de lui. Le mot n'est pas trop fort.

Titin, bouleversé, triturait ses mains de vieux berger.

— Continue, garçon !

Il m'appelle, ce salaud ! Je dois reprendre la course. Si je m'assure seul, il saura que la confiance est brisée. Si je descends, je le sens capable de m'envoyer des pierres. JE DOIS FAIRE VITE. Pourquoi, pourquoi ? Je n'ai pas d'ennemis. À moins que… Si vous trouvez cette lettre, c'est que mes craintes étaient justifiées.

La lettre s'interrompait brusquement. J'étais sans voix. Guillaume avait dû avoir le temps de ranger ses notes dans la sacoche et de la jeter avant que lui-même ne soit aspiré dans le vide, sans doute déséquilibré par des jets de pierres ou par un jeu sur la corde. Titin me regarda et mit sa main sur mon épaule.

— On va aller porter la lettre aux gendarmes, lui lançai-je.

— Malheur ! Si tu fais ça, tu es un homme mort !

— Ne me dis pas ça, Titin, ne me dis pas de reculer ! Tu m'as toujours enseigné le contraire.

— Les gendarmes vont venir te chercher des crabouillasses dans la tête, ils ne vont plus te laisser tranquille !

Je fus étonné de la réponse de Titin. Avait-il peur ? L'hypothèse du meurtre, qui était désormais une certitude, le ramenait-il à d'anciens souvenirs ? Je songeai une fois de plus à l'ombre maléfique de ceux qui rôdaient dans l'enclave, envoyés par la Côte en reconnaissance, en porte-glaive des requins d'en bas, en séides des arrangeurs en tout genre.

— Non, Titin, je suis désolé. Guillaume était mon ami. Et la justice doit savoir, on doit enquêter !

— Alors bon courage ! Si tu crois que les chiens galeux de la Côte vont bouger le petit doigt ! Allez, viens, tête de mule, on redescend.

Nous n'avons pas cherché à effacer nos traces. Le soleil était encore haut. Il nous fallait entamer la descente pour rejoindre à temps le refuge, quitte à franchir les moraines à la frontale et au bâton de marche. J'étais effondré par notre découverte et le destin de Guillaume. Me revinrent en mémoire les foins que nous avions faits ensemble, sa manière de grimper tel un chat et de disparaître vers le ciel, vers l'infini, vers l'absolu. Ses ascensions n'étaient qu'actes d'humilité, histoire de rappeler à l'homme que ses gloires se révélaient éphémères. Quelle chute… Je m'efforçai de ne pas m'imaginer le drame, même si je songeai à certaines scènes du livre *Ascension*. Guillaume avait pressenti ce que tramait son compagnon de cordée. L'attente sur la vire avait dû se compter en minutes, c'est-à-dire une éternité lorsque l'on sait que l'on est traqué, voué à une mort quasi certaine. Le Jef Allavena en question avait bien brouillé les pistes car les recherches effectuées sur le versant de la Blanche avaient été interrompues par manque de résultats. Les parents de Guillaume avaient embauché au prix fort des guides de Chamonix pour tenter d'obtenir un indice. Au bout d'une semaine, ils étaient rentrés bredouilles. La mère de Guillaume voulait encore y croire, avait contacté d'autres guides mais son époux lui avait dit que cela ne servait à rien.

*

Je vérifiai la date d'ouverture de la voie le soir même au refuge dans l'un des ouvrages du gardien : elle avait été gravie pour la première fois quarante ans plus tôt et se révélait d'une grande difficulté dans au moins deux passages. Qui était ce Jef Allavena ? Pour quelle raison avait-il précipité Guillaume dans le vide, en coupant la corde ou en jetant des pierres sur la vire où il se trouvait ? Je ne pouvais imaginer qu'on puisse en vouloir à ce grand frère qui me manquait tant.

CHAPITRE 13

Le lendemain, nous irions porter la preuve du drame, du meurtre. Toute la nuit, sur la couchette du refuge, déserté en cette saison, je passai en revue ce que Guillaume avait pu me confier, les relations qu'il avait nouées, à P. ou dans la vallée. Je n'en connaissais aucune, hormis le docteur Petru. Guillaume m'avait parlé aussi de sa rencontre avec Fabienne puis de leur rupture.

Ses propos me revinrent en rêve. Ils étudiaient ensemble à l'université de droit de P., là même où je m'étais inscrit deux ou trois ans plus tard, sous le regard méprisant des autres étudiants qui se demandaient ce que venait tramer un berger dans leurs rangs, lui en vélo rouillé, eux en voitures de luxe empruntées à leurs pères. Fabienne voulait devenir avocate, lui avait échoué là pour n'avoir pas été admis ni à la prestigieuse université des Sciences et techniques des activités physiques ni à l'ENSA, l'École nationale du ski et d'alpinisme de Chamonix. Le droit représentait un moindre mal ; certaines fenêtres de l'amphithéâtre principal donnaient sur la mer et les palmiers du jardin, la seule université qui offrait le bronzage avec ses diplômes, plaisantait Guillaume. Lui et Fabienne avaient connu une grande histoire d'amour, puis elle lui avait annoncé qu'elle avait obtenu une bourse pour partir étudier en Italie, à Naples. « Je reviendrai, ne t'inquiète pas, et puis ce n'est pas si loin. » Il s'était dit que leur histoire serait finie à l'instant où elle prendrait l'avion. Elle était revenue deux ou trois fois, le temps d'un week-end, puis ses retours s'étaient espacés. Un jour, elle lui avait annoncé par lettre qu'elle avait rencontré un professeur italien. « Oui, c'est la vie, que veux-tu ? » Guillaume avait d'abord cru à une simple escapade puis il s'était rendu à l'évidence. Jamais Fabienne ne reviendrait. Guillaume m'avait confié que cette rupture avait nourri son penchant naturel pour la mélancolie.

Titin maugréait de devoir m'accompagner chez les gendarmes, qu'il n'aimait guère.

— Ils vont encore m'accuser de tuer le loup ! Ils n'y connaissent rien, ils ne savent pas ce que c'est que de s'occuper des bêtes là-haut, à deux mille trois cents mètres d'altitude.

Nous rejoignîmes Loustal, dans la haute vallée de la Brandasque, en début d'après-midi, par le train puis le minibus qui montait à Mostérino. Titin préféra attendre sur la place du village, le temps que je fasse ma déposition.

Les deux gendarmes de permanence prirent possession de la lettre, la lurent attentivement.

— On a retrouvé le corps dans le glacier, comme vous le savez, répondit l'officier. Aucune trace de coups.

— Mais puisque je vous dis qu'on lui a lancé des pierres et qu'il a perdu l'équilibre !

— Cette lettre ne prouve rien. Elle peut être le fruit d'une affabulation, d'une peur des montagnes, d'une sorte de paranoïa. Le grimpeur n'était peut-être plus en possession de tous ses moyens.

— Impossible ! Guillaume n'avait peur de rien ! Il faut rouvrir l'enquête.

— On va le faire. En tout cas, on verse cette pièce au dossier existant. Vous savez, ça fait dix ans…

Les deux gendarmes ne prêtèrent guère plus d'attention à la lettre de Guillaume, qui semblait être le cadet de leurs soucis. J'insistai, je protestai mais en vain. Ils avaient d'autres chats à fouetter.

Au bistrot de la gare, avant de prendre le train pour descendre à Village, Titin et moi croisâmes mon ami d'enfance Marco. Il arrivait de la Côte pour voir sa famille. Marco connaissait Guillaume Lacoste comme nombre de grimpeurs amateurs des Alpes du Sud et, comme tous les jeunes du coin, il avait lu ses deux livres, *La vie ne tient qu'à une corde* et *Mes plus belles ascensions*, et le vénérait. Je lui parlai de la lettre de Guillaume. Il ne voulait pas se prononcer sur la thèse de l'assassinat.

— Vous verrez, souffla Marco, les gendarmes vont enterrer l'affaire.

Titin ne cachait pas son énervement.

— Je te l'ai dit, Jonathan, les gendarmes, ils n'en ont rien à foutre. La découverte du corps leur suffit. L'affaire ne les regarde même plus. Ils ne veulent pas d'histoires, ils attendent une affectation ailleurs, si possible sur la Côte. Ils ont déjà peur que des journalistes débarquent, pas pour Guillaume, mais pour le glacier. Mordiou, elle ne change pas, la vallée !

Marco se gardait bien de contredire Titin. Il semblait le craindre ou alors ne voulait pas avouer ce qu'il savait. Depuis qu'il travaillait sur la Côte, sur le Rocher, en tant que croupier au casino de l'Hôtel du Cap, il n'était plus le même. La vallée était devenue pour lui comme un pays étranger. Fraîchement arrivé de son casino en Porsche, Marco préférait se contenter de nous écouter, comme si la disparition de Guillaume ne l'intéressait pas. Pour lui, la lettre de Guillaume ne représentait même pas une preuve.

— S'il avait voulu disparaître, il ne s'y serait pas pris autrement !

— Mais… il n'avait aucune raison de s'enfuir !

— On dit toujours ça, et on découvre une affaire, une arnaque à l'assurance ou une fille à l'autre bout du monde.

— Tu parles comme les gendarmes, Marco !

— Écoute, Jonathan, toi et moi, on grimpe aussi. Moins bien que lui, certes, et c'est pour ça qu'on n'en a pas fait notre métier. Et qu'on est en vie ! Lui, il savait qu'il était fini, à quelques années près. En faisant croire à sa mort, il part la tête haute, et le mythe est intact, il est même grandi…

— Tu ne peux pas dire ça, Guillaume n'était pas du genre à baisser la tête ou à se cacher !

Je ne reconnaissais plus Marco. La vie sur le Rocher, à une heure trente de voiture de la vallée, semblait l'avoir endormi. Il était parti auparavant au Liban pour je ne sais quelle mission, officiellement pour le compte de l'ONU mais je n'en croyais rien. Marco n'avait pu rejoindre les rangs des Nations unies ni dans un bureau à Beyrouth ni dans les rangs des Casques bleus. Il parlait de cet Orient comme de son djebel. « Il y a le djebel de là-bas et le djebel d'ici », soufflait-il souvent sur un ton mystérieux. Personne dans la vallée ne savait où il avait disparu pendant ces longs mois, en Orient ou ailleurs, peut-être même à deux pas, en montagne, disait la rumeur du village. Je remarquai ce jour-là son tatouage qui dépassait de sa chemise à manches courtes, une corde enroulée sur une ancre de bateau.

Titin, lui, pestait de plus belle.

— Les gendarmes, ils s'occupent surtout de protéger ce qui se trame sur la Côte ! L'arrière-pays, ça n'intéresse personne. On peut se viander sur des montagnes et s'y faire trucider, tout le monde s'en cogne. Prescription, tu parles !

Le train, presque vide, nous emmena, Titin et moi, jusqu'à Village, par les tunnels et les impressionnants viaducs de la Brandasque. Il fit escale dans les quelques localités longeant le torrent, qui devenait fleuve aux abords de notre destination. Titin regardait la vallée en contrebas, les yeux tristes, comme si elle lui échappait, comme si un autre monde s'offrait désormais à ses yeux. « L'arrière-pays arriéré », murmurait-il. Je savais qu'il en connaissait les moindres recoins, les sommets, cimes, crêtes, versants à éboulis, ubacs et adrets. Jeune, il avait effectué quelques retraites spirituelles dans les casouns appartenant aux franciscains du monastère de Selvage. Le père supérieur l'avait accueilli comme l'un des siens et lui avait permis d'acquérir un semblant d'éducation avant de devenir berger. Titin avait pris goût à la culture, aux travaux des champs, les champs étant un bien grand mot à cette altitude, plutôt de minuscules terrasses et planches à flanc de montagne qui devaient attendre la fin du printemps pour être ensemencées, lorsque les neiges s'en retournaient vers le ciel.

Guillaume, lui, était revenu à la terre, à grande vitesse, avec des pierres, des bouts de corde, des notes en guise de testament, vers les failles du monde, vers l'oubli, et c'était un glacier qui l'avait recraché des années plus tard. La Côte nous avait tout pris, et voilà qu'elle nous prenait aussi les vivants, qu'elle les éliminait, qu'elle les avalait, sans doute parce qu'ils étaient gênants, qu'ils savaient trop de choses. Il me fallait avertir les parents de Guillaume, avant de remonter au hameau, ce que je fis dès le lendemain, depuis la villa du docteur Petru.

— Oui, Jonathan, nous savons, me répondit sa mère au téléphone d'une voix tremblotante. Les gendarmes de Loustal et de P. ont été prévenus. C'est une bonne chose qu'on ait retrouvé Guillaume.

Ses parents avaient reconnu le corps, qui allait être transporté sur la Côte pour l'inhumation. Je sentais qu'ils ne voulaient plus croiser ceux qui avaient accompagné leur fils vers les hauteurs, compagnons de cordée, fanatiques de la grimpe ou simples initiés comme moi.

— J'ai retrouvé une lettre dans le glacier, précisai-je à Mme Lacoste. Je l'ai remise aux gendarmes.

Je lui lus ce que j'avais recopié dans mon carnet.

— Je suis au courant aussi, dit la mère de Guillaume, bouleversée. Les gendarmes viennent de nous appeler. Ils ne sont pas sûrs que ces notes viennent de lui. Nous allons faire authentifier son écriture. Ce sera une épreuve de plus.

Je compris qu'elle voulait abréger la conversation et qu'elle ne croyait guère plus que les gendarmes à la thèse de l'assassinat. L'avaient-ils convaincue qu'il s'agissait soit des notes d'un autre, soit d'une affabulation, fruit d'une voie compliquée ? À moins que la découverte du corps ne représentât un événement trop douloureux pour pouvoir en accepter un autre ? Tout cela me tourneboulait, moi aussi. J'avais dix-sept ans quand Guillaume avait disparu. Plus de dix ans s'étaient écoulés depuis, j'étais descendu sur la Côte, à P., j'avais passé mon doctorat en droit international, trouvé différents petits emplois pour payer mes études – gardien de nuit dans un hôtel, ramasseur de cagettes au marché-gare, répétiteur de cours de français, manœuvre de chantier –, puis étais remonté dans la vallée, diplôme en poche, pour me réfugier dans le hameau perdu de Tozza et redevenir berger, mais rien n'avait changé, le souvenir de Guillaume demeurait intact. Il imprégnait les montagnes, il collait à la paroi du mont Mérache, il envahissait mes nuits. Le fait de retrouver son cadavre rouvrait bien des portes, pour le meilleur et pour le pire.

La mère de Guillaume me parla encore des passions de son fils, de l'alpinisme mais aussi de ses raids au Sahara, de ses expéditions alpines en Himalaya, sans oxygène, précisa-t-elle, et de son implication dans une association écologique de la Côte, qui entendait combattre la pollution des fonds sous-marins et de tout le littoral. Ce fut à cette occasion que j'entendis parler à nouveau du scandale qui n'était pas encore remonté à la surface, l'affaire des boues rouges.

Puis elle me dit qu'elle me recontacterait et raccrocha. Je n'étais pas invité à la cérémonie funéraire qui devait avoir lieu prochainement et ce n'était pas plus mal. Il ne fallait réveiller aucun souvenir.

Oui, faire le deuil, effacer les traces, reboucher les plaies du glacier.

*

Léna me rejoignit le week-end suivant. Elle s'était trouvé une nouvelle passion, l'aquarelle, et se mit à peindre longuement sur la terrasse du casoun, puis sur les hauteurs, au-dessus de la petite grange. Lorsque j'en eus fini avec les bêtes, les moutons et les chevaux, je la rejoignis. Nous fîmes l'amour dans l'herbe et elle me montra le résultat de son travail, les paysages de cimes, le versant voisin, la cabane qui servait de scierie. Elle me questionna longuement sur l'expédition, sur le nouveau glacier et la lettre de Guillaume. Elle croyait comme moi à un assassinat, en tout cas à une mort provoquée, ce qui revenait au même.

— Ils étaient peut-être tous les deux bloqués sur la paroi et il a fallu trancher la corde pour qu'au moins l'un des deux s'en sorte. On a vu ça dans le film *La Mort verticale*.

— Guillaume était un bon grimpeur, il aurait dû monter en premier. Et puis il n'aurait jamais écrit ça.

Cela ne ressemblait en rien à Guillaume, trop amoureux de la vie, combatif malgré sa sensibilité.

— Et si cette lettre jetée dans le vide était une mise en scène, l'objet d'un délire de persécution, là-haut ?

Léna portait sur la disparition de Guillaume un double regard de juriste et de militante associative. Sans doute Guillaume était-il usé. « L'usure de nos vies », disait

Titin. Il n'avait pas tort : j'ai toujours pensé que nous disposons d'un capital psychique, que nous dépensons plus ou moins vite, surtout pour ceux qui, comme moi, ont sauté la case enfance. Certains, éreintés avant même l'âge de trente ou quarante ans, ont l'envie d'en finir, sans développer pour autant de penchants suicidaires. Je me souvins de ce que racontait Guillaume à propos d'une falaise en Norvège de laquelle se jetaient de temps à autre promeneurs et grimpeurs. Sans doute existe-t-il une ivresse des cimes comme il existe une ivresse des profondeurs, une narcose de l'esprit qui vous donnerait envie de voler, de vous projeter dans le vide en pensant survivre, le rêve d'Icare.

À le voir virevolter sur les parois, j'avais longtemps cru que Guillaume tenait autant du chat que de l'oiseau. Peut-être ne connaissait-il tout simplement pas ses limites.

*

Un mois après la découverte du corps, une petite cérémonie commémorative fut organisée par les amis de Guillaume au-dessus de P., près de la Dent du Chat où il aimait tant grimper. « Adrénaline avec vue sur mer », disait-il. Je pris deux jours de congé, fis garder mes bêtes par Titin et descendis par le train de midi pour monter à la petite église de Roqueblanche recouverte de crépi de chaux, blottie au bout d'une rangée d'oliviers et de cyprès. Sur le parvis, je croisai les parents de Guillaume, qui ne cherchèrent pas à nouer le contact avec les fidèles du Rocher, les adorateurs de leur fils. Certains avaient fait carrière en tant que guides en Haute-Savoie ou accompagnateurs en montagne, d'autres avaient opté pour l'enseignement du sport. Froide, détachée, la mère de Guillaume ne partageait pas l'envie commémorative tout comme son mari, visiblement soucieux d'abréger la célébration. Léna me rejoignit à l'église. Bien qu'elle n'ait pas connu Guillaume, je fus surpris par son émotion que je pris pour de l'empathie à mon égard.

Elle avait suivi l'actualité dans le journal local, *P. Matin*. Aucun article n'avait mentionné l'existence de la lettre ou l'hypothèse d'un meurtre. La thèse de l'accident arrangeait tout le monde, personne ne semblait vouloir rouvrir le dossier.

Quelques revues d'alpinisme évoquèrent la découverte du corps, dont *Montagnes magazine*, *Alpi Rando* et *Grimper*, mais nombre de lecteurs avaient oublié qui était Guillaume Lacoste. Comme l'avait prédit Titin, l'édition locale de *P. Matin* pour la vallée de la Brandasque parla davantage de la découverte du glacier souterrain que de celle du corps.

L'oubli… En lisant les articles au buffet de la gare, je compris combien avaient dû être abominables les dernières années de Guillaume, sans doute conscient que sa renommée ne pouvait s'accroître, que son style avait atteint son summum et qu'il allait devoir céder la place à plus jeune que lui, plus audacieux, que les mécènes se détourneraient de ses projets, que les dons et parrainages n'afflueraient plus. L'oubli, dans ce qu'il a de plus naturel et de plus cynique… À moins que son combat pour l'environnement ne fût destiné à prendre le relais de cette notoriété flageolante. Il savait qu'il ne pouvait continuer à progresser, vu les risques encourus et la loi des grands nombres et espérait utiliser sa célébrité, fût-elle défaillante, pour servir une cause. La dénonciation de la pollution sur la Côte et de cette affaire des boues rouges devenait son nouveau défi, une autre ascension.

Moi-même, je dois le reconnaître, je n'étais pas mécontent d'échapper à une éventuelle audition, devant des juges ou dans un commissariat. La vie dans les pâturages vous donne la hantise des procédures. L'acclimatation à l'altitude vous empêche parfois de redescendre partager la vie des hommes et de leurs institutions. Je pouvais remonter là-haut l'esprit tranquille, ou à peu près. La vallée n'aimait pas déranger ses morts.

CHAPITRE 14

Ma journée commençait par l'ouverture de la bergerie au-dessus du casoun pour sortir les bêtes. Puis je vérifiais l'égouttage des fromages, transportais du foin, nourrissais les chiens, préparais le pain pour deux ou trois jours, cultivais en saison le petit potager devant le chalet.

À cinq heures du soir, j'appelais les chevaux en semi-liberté, qui paissaient sur les montagnes alentour, pour leur donner de l'avoine et de l'orge, l'idée du docteur Petru étant de créer chez eux un réflexe de Pavlov afin qu'ils ne s'éloignent pas, en tout cas guère plus loin que l'orée du Bois Noir sur le versant d'en face.

La semaine se déroulait selon un rythme immuable ponctué, toutefois, par le marché du dimanche sur la place de l'église à Village. J'y croisais des éleveurs, des écologistes et quelques vieux paysans. Je vendais mes fromages de chèvre et de brebis, et j'échangeais quelques pièces contre de l'huile d'olive ou des conserves.

Un jour, j'aperçus mon père officiel qui avait daigné quitter le buffet de la gare.

— Tu ne veux pas me la payer ?

— De quoi tu parles ?

— De la retraite ! La mienne est ridicule.

— Pas de quoi m'offrir grand-chose pour l'instant.

— J'te parle pas de toi mais de moi.

— Charité bien ordonnée commence par soi-même.

Le père officiel se gratta la tête, ne comprenant pas la remarque.

— J'te dis qu'y faudrait que tu me la paies !

— Tu aurais peut-être dû y songer avant.

— M'en fous ! La loi oblige les enfants à payer pour les parents défaillants.

— La loi oblige aussi les parents à nourrir leurs enfants.

— Eh, la ramène pas trop, toi ! J'ai assez de problèmes comme ça.

— Pareil pour moi.

Il paraissait plus soucieux que d'habitude, presque nerveux. À en croire Titin, les soucis de Virgile Francesco, le maire du village fortifié de Lourdon qui, accusé de blanchiment et de fraude fiscale, avait dû démissionner de son poste de ministre de la Ville, préoccupaient grandement le père biologique, comme s'il était lié à son destin.

Je lui avais mis un paquet de fromages dans la main.

— Allez, avec ça, tu devrais pouvoir tenir une journée ou t'offrir à boire.

Mon père me faisait davantage pitié qu'autre chose. Je pensais à Titin et à tout ce qu'il avait pu faire pour moi. Jamais il ne m'aurait demandé quoi que ce soit, et encore moins d'hypothéquer mes maigres revenus à venir.

— Putain, quatre fromages ! T'es bien qu'une p'tite goutte !

Plusieurs paysans se retournèrent, surpris ou condescendants. Je n'avais qu'une envie, c'était de renvoyer ce père officiel dans ses buts, de lui dire qu'il était un peu tard pour se rappeler au bon souvenir de sa progéniture.

— Tant pis pour toi, j'vais retourner au troquet.

— Alors bon courage.

Je lui tournai le dos, bradai mes derniers fromages et décidai de remonter à Tozza.

*

Je gravis la piste de la Gastée puis coupai par un sentier que je prenais peu, au-dessus des cabanons où l'on entreposait jadis le foin. Titin n'était pas redescendu avec les bêtes, il avait dû les garder à Cabanes-Vieilles. Je remarquai une ombre près du chalet du docteur Petru. Lorsque le docteur recevait, nous étions toujours prévenus. Il ne pouvait s'agir que d'un intrus. Je m'approchai en silence après avoir laissé mon sac à dos près d'un arbre. Le jour n'allait pas tarder à tomber et il était difficile de voir au loin. Je continuai par le torrent car personne ne pouvait me voir surgir de cet angle-là, sous le chalet. Un homme sortit quelques instants sur la terrasse du docteur Petru, sans doute pour faire le guet. Je pris un bout de bois qui traînait et glissai d'arbre en arbre, dans le bosquet jouxtant le vallon.

— Allez, on se casse, dit l'une des ombres.

L'inconnu descendit vers la combe, en amont de ma position. Je décidai alors de m'élancer et coupai la route au second, qui reçut un violent coup de bâton en pleine tête. Je replongeai aussitôt dans le bosquet. L'autre se retourna, brandit ce que je supposais être une arme, revint sur ses pas.

— Eh, ramène-toi ! Vite !

Je saisis une pierre et le visai. La pierre le frappa dans les côtes, il sursauta et pointa son arme sans ouvrir le feu, par crainte sans doute d'attirer l'attention ou d'aggraver son cas. Il appela à nouveau son acolyte puis y renonça, visiblement en proie à une peur panique, et détala. J'attendis une bonne dizaine de minutes puis m'approchai du premier homme, toujours assommé. Je le secouai, il se réveilla, la tête bosselée.

— Eh, j'veux pas d'ennuis !

— Qu'est-ce que vous foutez là ?

— J'veux pas d'ennuis !

Il feignit de perdre connaissance avant de me décocher un violent coup à la tête. Je perdis l'équilibre, valsai sur la planche en contrebas. Quand je repris mes esprits, le silence résonnait dans la montagne. Les deux hommes avaient pris la poudre d'escampette. Je ne m'en sortais pas si mal, effrayé encore de mon inconscience. À quoi cela me servait-il de défendre la résidence secondaire du docteur Petru et d'assurer la place d'Albert-les-Bretelles ? Je marchai vers le chalet dans l'obscurité grandissante et allumai ma lampe de poche. Dans la pièce principale, les tiroirs avaient été renversés, un volet fracturé. Des documents jonchaient le sol. Les deux malfrats avaient dû cependant repartir bredouilles car les objets de valeur étaient toujours là. Sans doute cherchaient-ils autre chose que des meubles, des casseroles en cuivre ou des fers à cheval.

CHAPITRE 15

— Bordel, t'aurais pas pu remonter plus tôt ?

Albert-les-Bretelles était dans tous ses états. De profondes rides d'expression barraient son front et lui donnaient un air plus sinistre encore.

— Je vendais au marché, comme convenu avec le docteur Petru.

Il tournait en rond sur la terrasse du chalet. Je n'avais qu'une envie, lui donner un bon coup de pelle. Ce n'était certes pas le moment. Le docteur Petru arriva en début d'après-midi avec sa Toyota Land Cruiser. Il fulminait lui aussi, s'en prit à Albert-les-Bretelles et non à moi.

— Je vous ai dit que je voulais une caméra, un accès sécurisé !

— Mais enfin, docteur, c'est impossible ! Il faudrait mettre deux gardes…

— Eh bien, embauchez des gardes !

Petru secoua sa crinière blanche et s'élança dans le chalet.

— De toute façon, il n'y a rien à prendre ici.

— Il faut porter plainte, crut bon d'ajouter Albert-les-Bretelles.

Petru se retourna prestement. Je fus étonné par sa vivacité.

— Pas question !

Quand il se souvint que je me tenais sur le perron du chalet, il se ravisa.

— Et puis, oui, je vais m'en occuper. On va les faire coffrer, ces charlots !

Le docteur Petru me prit par le bras, avec à la fois affection et autorité.

— Jonathan, il vaut mieux que tu t'en ailles. Ça devient dangereux.

Il n'y croyait pas lui-même.

— Mais, docteur, ce ne sont pas deux voleurs qui vont m'effrayer, vous le savez bien !

Il avait envie de se débarrasser de moi, ou alors il avait peur. Je croisai son regard inquiet.

— Je vais finir par vendre cette propriété, Jonathan. Elle commence à me coûter cher…

Il ne pouvait me convaincre avec cet argument, vu sa petite fortune.

— Et puis tout cela, ça me fait du souci.

Il donnait surtout l'impression de vouloir garder la plus grande discrétion sur cette affaire. Ma présence le gênait.

— Mais docteur… et les bêtes ?

— Je vais m'en charger. On peut les confier à Titin, qui ne demande que ça pour arrondir ses fins de mois.

— Et les chevaux ?

— Je pourrais les redescendre à La Taglia ou à Village, pour quelques mois.

— C'est que… je comptais sur mes revenus et le fromage pour les mois à venir.

— Ne t'inquiète pas, Jonathan, je suis un homme de parole. Tu passeras à mon cabinet demain. Je t'offre une année de paie en guise d'indemnités. Allez, on va nettoyer ce chalet et on passe à autre chose.

Je n'avais plus le choix. Les dés étaient jetés et je connaissais assez bien le docteur Petru pour savoir qu'il ne reviendrait pas sur sa décision. Cela m'attristait autant de devoir gagner ma vie ailleurs que de perdre la confiance de Petru, à croire que trop d'événements étaient survenus dans la vallée ces derniers jours. Je ne parvenais pas encore à relier certains fils, mais je décidai de prendre la chose du bon côté et me dis que s'offrait à moi une nouvelle chance, celle de quitter la vallée trop enclavée, des souvenirs qui me hantaient depuis la disparition de Guillaume et que la découverte de son corps avait ravivés.

Ce fut ainsi que je pris la clé des champs, si je puis dire. Il ne me restait plus qu'à préparer mon sac, à descendre sur la Côte, prévenir Léna et surtout Marco, qui avait le bras assez long pour me trouver un emploi sur le Rocher, à P. ou dans une petite localité du bord de mer.

Deux jours plus tard, je descendis à Village, empochai mes indemnités, plutôt royales, puis montai dans le train pour P., dénué de tout regret.

Je tirai un trait sur ma vie de berger et sur l'isolement des montagnes, les yeux embués mais sans un regard en arrière.

II

Le rocher

CHAPITRE 16

Grâce à Marco, trois jours à peine après mon arrivée à P., je trouvai un emploi sur le Rocher, comme garçon de bain à l'Hôtel du Cap, bâti sur un promontoire de calcaire et bordé d'un parc consacré aux palmiers, aux cyprès et aux pins parasols. L'hôtel de cinq cents chambres descendait en pente douce vers la mer. Ses étages s'encastraient dans la roche, en terrasses fleuries. Des cascades de plantes vertes et des murs blancs lui donnaient des allures de palais mauresque. Un atrium ouvrait sur un vaste jardin à l'arrière et l'on pouvait voir, en se penchant, une partie de la Dent du Chat, que Guillaume aimait escalader, suspendu entre montagne et lointain, les pieds dans le vide, la tête dans l'arrière-pays. Un ingénieux système d'air conditionné puisait l'eau à cinquante mètres de profondeur dans la Méditerranée, où la température était fraîche. Quatre casinos se succédaient près de l'atrium, l'un d'eux en sous-sol, en dessous du niveau de la mer. Les Américains raffolaient de l'endroit, la clientèle des pays arabes aussi, leurs yachts ancrés dans le port voisin ou leurs jets privés posés à l'aéroport distant d'une trentaine de kilomètres.

J'avais l'impression en foulant les couloirs de l'hôtel de pénétrer dans une ville à moitié souterraine, dont les parties immergées et émergées se mélangeaient. L'entrée du casino avait des allures d'opéra-comique, un sourire béat ou un rictus pulsionnel illuminant le faciès des entrants et, souvent, une expression mortifère plombant le visage des sortants, ceux qui avaient été ruinés par le jeu. À deux pas de l'aquarium géant, le casino du Cap obligeait ses fidèles à l'apnée financière. Un jour, j'en croisai un avec un air jovial, les poches pleines de jetons. Il eut le malheur de revenir le lendemain. Il quitta l'établissement au bord du suicide.

*

Les premières semaines à l'hôtel furent un calvaire, malgré le soutien du chef de rang, Tonio, dont les grands-parents vivaient dans l'arrière-pays. Je dus couper mes cheveux, m'imposer des manières, apprendre à porter l'uniforme. Je ne savais que faire de mes mains, mes pas dans les couloirs de l'hôtel sonnaient faux. Afin de donner le change, je suivais d'autres garçons d'étage, j'imitais leur démarche, leur façon de dire bonjour aux clients ou aux chefs. Je mimais le port de tête de ceux qui avaient étudié à l'école hôtelière de P., connue dans le monde entier. Le fait d'avoir appris l'espagnol et l'allemand dans des éditions bilingues me permit notamment de sauver la face. Avec le français et l'anglais, cela faisait de moi un employé quadrilingue. Je m'abstins d'évoquer le fait que je parlais le patois de l'arrière-pays.

Je croisais souvent Marco. Il menait grand train. Sans doute avait-il d'autres rentrées d'argent que son salaire de croupier. Outre sa Porsche, il s'était acheté une résidence sur les hauteurs du Rocher, dans le quartier de la Laverotte. Pour s'excuser, lui qui se rappelait nos escapades de collégiens, nos lectures communes sous le préau de l'école, *La Montagne magique* et *Don Quichotte,* il évoquait une « compromission temporaire ». Se livrait-il à quelque trafic ? Cela m'aurait étonné de sa part. Soumis à une éducation stricte dans la vallée, mon ami s'était toujours montré intègre.

Nous mangions ensemble à la cantine de l'hôtel, dans les sous-sols, où les employés se regardaient en chiens de faïence. L'établissement encourageait l'ambition qui se muait souvent en phrases acerbes, en remarques cinglantes, en mises à l'écart et parfois en dénonciations. Je me défendais comme je pouvais, répondais habilement lorsque le cas s'y prêtait, montrais que j'étais capable de représailles mais je subissais de nombreux coups. Sans doute certains supportaient-ils mal que je vienne d'une vallée paysanne ou que je bénéficie du soutien de Tonio.

Il me prit, après quelques semaines, des envies de fréquenter la piscine située au dernier étage, dans la partie adossée à la roche. Tous les matins, avant le petit déjeuner, alors que les clients n'étaient pas encore levés, je m'y entraînais avec l'accord du chef de rang. En quelques mois, je fus capable de passer mon diplôme de maître-nageur, la législation du Rocher étant légèrement différente et plus clémente qu'ailleurs sur la Côte. Mon idée était de rejoindre le Secours en mer de P. et de quitter le maquis de l'hôtel au plus vite.

*

Les souvenirs de ma vie dans l'arrière-pays s'estompèrent vite. Et pourtant, Village n'était qu'à vingt kilomètres à vol d'oiseau. Je me rendis compte sur le Rocher combien là-haut était un autre monde. Dire à l'hôtel que l'on venait de la vallée de la Brandasque provoquait souvent des regards en biais. Entre deux montées dans les étages, je m'appliquais à répondre en anglais aux vieilles Américaines qui demandaient à ce qu'on lave leurs chemises de soie ou aux jeunes avocats britanniques en congrès qui, sûrs d'eux-mêmes, donnaient des ordres sur le seuil de leur porte comme s'ils s'adressaient à une brigade de Gurkhas. Mes progrès furent assez rapides, surtout dans la terminologie du pressing et du repassage. Un drôle de monde se mélangeait là, cosmopolite et trié sur le volet, insouciant et bien encadré, pour des séjours ultra-sécurisés avec des caméras planquées à chaque coin de rue et jusque dans les jardins dont on pouvait se demander s'ils étaient encore publics.

CHAPITRE 17

J'étais logé dans une des chambres de l'hôtel, sous les toits. Léna venait me rejoindre discrètement le vendredi soir ou le samedi, lorsqu'elle en avait terminé avec les dossiers juridiques de son association à P. Elle prenait le train ou sa voiture. « Dans les deux cas, dès que j'arrive au Rocher, je suis filmée sans arrêt ! » Elle riait de cette hypersécurité, qui permettait d'éviter les vols de sacs à main et les cambriolages mais qui n'empêchait pas la corruption du siècle. « Tu te rends compte ? On braque non pas une banque ici mais tout le système financier international ! On blanchit à tous crins. C'est Monsieur Propre puissance mille ! » Je discernais dans son regard une pointe de regret, comme si ces accusations de blanchiment s'adressaient aussi à elle. J'ai toujours pensé que Léna avait quelque chose à cacher ou à se faire pardonner, ce qui est un peu la même chose.

Léna et sa tête sur l'oreiller, Léna qui fume une cigarette à la fenêtre, Léna qui se penche vers les rochers de l'hôtel et contemple la mer, une serviette autour de la taille, à moitié nue, aussi mélancolique que moi, sans doute parce que le spectacle du large rend mélancolique tout être humain qui n'a pas assez largué les amarres ou qui se sent retenu au rivage.

Le mien était encore sur les hauteurs, dans l'enclave et l'arrière-pays. Le sien se situait vraisemblablement dans les bureaux de l'association Intégrité Sans Frontières. Nous passions des heures à regarder ainsi les vagues dans le noir, au loin et en contrebas, alors que scintillaient les lumières de la ville-rocher. Léna me taquinait. « Tu vois, en face, c'est Alger. Avant, c'était une ville-État elle aussi, une citadelle occupée par les Barbaresques. » Je ne comprenais pas à quoi elle faisait allusion. « Eh bien, avant, cette ville envoyait les pirates attaquer les rives de la Méditerranée, enlevait hommes et enfants surtout, pour les convertir à l'islam, les condamner à la chiourme ou en faire eux-mêmes des pirates. Et aujourd'hui, c'est le Rocher qui kidnappe le monde entier, qui cambriole la finance internationale, qui blanchit ou aide à blanchir. »

La mer, elle, ne se préoccupait guère de ces agissements. Elle attirait investisseurs et touristes, amateurs de jeu et de croisières. Les filles s'allongeaient sur les matelas de l'hôtel et attendaient leur gin-fizz en même temps qu'une proposition de sortie en mer, sur un Riva à pont de bois de préférence, quoiqu'une vedette à cabines puisse suffire pour certaines. Je m'étonnais moi-même de m'être adapté si vite à la vie sur la Côte, même si elle ne devait être qu'éphémère. La mer nous angoisse et nous rassure à la fois, qui nous invite sans cesse dans ses rets et borne aussi notre horizon. Le rivage est une frontière qui ralentit notre perpétuelle migration. La transhumance n'a pas d'avenir sur un littoral.

*

J'apportais les boissons, retirais les serviettes, sortais les matelas à rayures blanches et bleues. Le champagne coulait à flots, surtout pour les Russes, et les billets volaient, avec une pensée pour le serveur polyvalent, ça s'est bien passé, est-ce que tout va bien ? N'oubliez pas de m'avertir si vous avez besoin de quoi que ce soit, oui, jolie météo, idéale pour les sorties en mer ou les bains de minuit, et autres galéjades. J'apprenais les formules toutes faites comme j'avais appris à sortir les moutons dans le pâturage de Cabanes-Vieilles. J'apprenais de nouvelles langues : le russe moderne, l'italien, moderne également, s'ajoutaient à l'espagnol de Cervantès et à l'allemand de Goethe. Je me souvenais des lectures à mes chèvres en édition bilingue et je resservais tout ça, j'en rajoutais une couche, voire deux, je soignais le consommateur de champagne, le collectionneur de victoires au casino et le perdant magnifique, le loueur de yacht et l'armateur en goguette, le banquier du Texas en mal de publicité et le publicitaire sicilien en délicatesse avec son banquier. Entre deux cours de natation, que les femmes d'âge mûr aimaient fréquenter, même lorsqu'elles savaient très bien nager, je jouais aux échecs avec un Anglais, Brian, que j'appréciais énormément.

Brian Mulvaney avait vécu sur l'île grecque d'Hydra, avait connu Leonard Cohen qui y séjournait de temps à autre et ne présentait pas vraiment le profil du financier avec ses longs cheveux poivre et sel, son tatouage sur l'épaule gauche, ses bracelets psychédéliques, son corps étonnamment svelte et hâlé pour sa quasi-soixantaine. Il ne se cachait pas d'être un important tradeur de la place de Londres, ni de passer plusieurs mois par an sur la Côte, après avoir créé une filiale sur le Rocher. Ce rescapé de la *beat generation* reconverti dans la haute voltige financière lisait le *Financial Times* tout en jouant aux échecs, prenait des notes sur un carnet, plein d'équations mathématiques. Il me battait allègrement aux échecs mais me permettait de remporter une ou deux parties. Mes progrès furent spectaculaires. Il m'apprenait des coups et le soir je révisais quelques stratégies des grands joueurs, Spassky, Kasparov ou Fischer. De temps à autre, il offrait un gin-fizz ou un cocktail de fruits sans alcool à ses voisins. Au fil des parties, il m'accorda sa confiance. Il se livrait aisément, comme s'il désirait faire de moi son dauphin.

— Vous avez des capacités, Jo, vous permettez que je vous appelle Jo ? Ne perdez pas votre temps. Pensez aux algorithmes. Oubliez vos fromages et Cervantès ! Les algorithmes, il n'y a que ça de vrai, ils travaillent pour vous. C'est le nerf de la finance new-look, la finance à grande vitesse. Des codes d'instruction que l'on envoie au marché. On appelle ça aussi le *speed trading*. Un tiers des transactions boursières se font désormais à haute fréquence.

Il dessinait sur un morceau de papier les faisceaux de transactions.

— Plus vous en mettez sur le marché, plus c'est opaque.

— C'est illégal ?

— Même pas. Tout va trop vite. On se fait beaucoup d'argent.

— Et vous vendez ou vous achetez des actions ?

— On vend du vent ! répondait-il en riant.

Il ouvrait sa main et soufflait sur sa paume, en secouant la tête.

— Ce n'est plus l'homme qui gouverne la Bourse, ce sont les machines, celles que l'on appelle les robots tradeurs.

— Tout cela ne me paraît pas très moral.

Je songeais à Marco qui, depuis son siège de croupier au casino, rêvait de devenir tradeur lui aussi.

— Qui l'est, de nos jours… Si vous commencez à parler d'éthique, vous êtes mort, bouffé par la concurrence.

Il agitait ses bracelets de lapis-lazuli sertis d'argent.

— Si vous voulez être riche, aujourd'hui, ce n'est même plus la peine de faire des études d'économie ou de finance, il faut viser les maths ! Comme moi. Et trouver des algorithmes gagnants, ceux qui vont devancer les robots de courtage.

Pour couper court à la conversation, Brian Mulvaney avait demandé du champagne. Je lançai la commande au bar intérieur.

Léna ne comprenait pas et n'aimait pas mon adaptation rapide à un univers si différent de celui de mes chèvres et chevaux. Il me fallait prévoir l'avenir si je voulais revenir un jour dans l'enclave, acheter peut-être un troupeau, me remettre à l'élevage. Que pouvait faire un berger titulaire d'un doctorat en droit international spécialisé dans les frontières ? J'étais moi-même prisonnier de frontières invisibles, celles de la caste et de la sous-caste, du mépris et de l'ignorance, celle aussi de l'arrière-pays et de la Côte, tout aussi floue, insidieuse.

De temps à autre, *Libération* ou *Le Monde* dénonçait un scandale venant du Rocher, une malversation financière internationale qui avait transité par les banques de la ville, l'implication du fils d'un ministre dans des affaires de casino, une arnaque de bas étage ou une grosse opération de blanchiment d'argent sale.

Léna, elle, voulait tout savoir. Ses arrivées au Rocher ressemblaient à des franchissements de frontières clandestins. Elle redoutait les agents du Rocher qui traquaient les humanitaires ou militants des associations Sherpa et Biens Mal Acquis. Elle avait peur des espions. « Ils peuvent me jeter à l'eau. » Je lui signifiais alors, le plus sérieusement du monde, que je la sauverais. J'avais appris à nager dans l'eau froide, au lac des Marmottes, avec Guillaume. « Jonathan, tu pourras me sauver des eaux mais pas des espions », me répondait-elle. Je craignais qu'elle ne subisse les effets d'un mal étrange et dévastateur, celui de la paranoïa propre à certains militants. Nous avions pris pour habitude de faire l'amour sur le rebord de la fenêtre de ma petite chambre et, peu à peu, elle me demanda de migrer vers le lit ou la commode afin de nous cacher d'éventuelles caméras. Je n'en croyais rien. « Regarde les étoiles comme c'est beau. De là-haut, peut-être nous voit-on mais c'est sans conséquence. » Et elle insistait : « Viens, Jonathan, il faut fermer cette putain de fenêtre. Il y a mille deux cents caméras sur six kilomètres carrés et des poussières, ça fait pas mal à l'hectare. Ils sont capables d'avoir installé des drones et des caméras sur ballons gonflables, des micros dans les gouttières. » Je m'exécutais et mon désir n'en était pas moins fort mais je m'inquiétais à propos de Léna.

Elle avait accumulé quelques dossiers sur les filouteries officielles du Rocher, sur sa propension à se joindre au concert des nations anti-paradis fiscal, anti-centre offshore, anti-blanchiment, pour bénéficier de largesses et mieux passer entre les mailles du filet. Elle avait accumulé aussi des peurs, qu'elle portait sous la peau.

Afin d'épargner Léna, j'allais de plus en plus souvent à P. le week-end, par le train du bord de mer qui se faufilait entre rochers, bouts de plages et falaises. J'aimais cette succession de tunnels et de petits viaducs. De temps à autre, nous croisions des migrants venus d'Afrique, des Érythréens, Soudanais du Sud, des Orientaux aussi, sûrement irakiens et syriens. Ils fuyaient la guerre, ils fuyaient la dictature et la misère du monde. Je me remémorais le sujet de ma thèse de droit international que mes chèvres n'aimaient pas et je pensais aux frontières en mouvement, aux guerres et guérillas qui avaient entamé le fragile équilibre du monde, bousculé le château de cartes. Le Rocher, lui, tenait toujours. Il accueillait l'argent sale, lequel ne connaissait pas les frontières.

Une étrange excitation régnait dans la ville et les baigneurs de la piscine aimaient ça, cela leur donnait un semblant de mordant, la vie n'en était que meilleure et le farniente aussi, tandis que les salles de casino se remplissaient et se désemplissaient, que les poches se vidaient, au grand bonheur des banques et de la Société des jeux du Rocher, venez, venez, videz-vous entièrement, corps et âme et portefeuille, on s'occupe de vous, vous aurez des sensations fortes, du frisson, de la vibration, et surtout n'ayez pas peur, tout est sous contrôle ici, et on ne vous posera jamais de questions ; des jetons, des dollars, des dinars, des euros, livres sterling, lingots, barils de pétrole, tonnes de café, méthaniers, cargaisons, porte-conteneurs, on prend tout, on rince tout, on blanchit tout, on passe ça à la moulinette et à la grande roue de la fortune ou de l'infortune.

CHAPITRE 18

Titin m'avait envoyé un colis de fromages et de confitures de Cabanes-Vieilles par la poste de Village. Quand Berta Bertolucci, la cheffe d'équipe au chignon permanent et aux mains très soignées, me remit le paquet, elle fit la moue, du genre « cette chose sent beaucoup trop fort ». C'est fou ce qu'un visage peut exprimer comme mépris en quelques signes, lèvres serrées, mâchoire du bas avancée, joues tombantes, sourcils en accent circonflexe. Berta Bertolucci excellait en la matière. Savait-elle que là-haut nous faisions des fromages parfumés à la prose ?

Bertolucci paraissait insensible au mariage du lait et de la littérature. Elle ne devait pas connaître l'arrière-pays, sauf les stations de ski, côté nord-ouest, qu'elle fréquentait le week-end avec ses amants. À la cantine, je la voyais se jeter sur la crème de gorgonzola, incomparable avec ma tomme à fermentation littéraire, et je trouvais cet empressement de mauvais goût.

*

Marco mangeait rarement à la cantine du personnel car son train de vie lui permettait d'aller presque tous les jours au restaurant. J'imaginais sa joie de revenir le dimanche dans la vallée de la Brandasque au volant de sa décapotable noire, montrer aux jeunes comment il avait réussi dans la vie, combien la Côte était prometteuse d'ascensions fulgurantes. « Ce n'est pas un ascenseur social, c'est un lance-roquettes », plaisantait-il en me tapant sur l'épaule.

Il m'emmena un jour dans son précieux bolide sur la corniche, au-dessus du Rocher, en direction du jardin exotique. Mon ami abaissa la capote de toile et ses cheveux volèrent au vent. La fraîcheur gagnait l'habitacle au fur et à mesure que nous montions vers les abords de la Dent du Chat. Les montagnes se jetaient dans la Méditerranée et les falaises embrassaient les grands fonds. En dessous de la route, de petits palais alternaient avec des maisons bourgeoises et des villas avec piscine. Des cyprès ombrageaient les propriétés que nous surplombions, tandis que la mer lissait les différences, prêtant à chacun une part d'éternité.

— Regarde, on nous offre un morceau du gâteau. On aurait tort de ne prendre qu'un petit bout ! Il faut tourner la page, dit-il en accélérant avant de rejoindre la nationale qui longeait la Côte. Tu ne vas pas rester bloqué sur le logiciel de la vallée toute ta vie !

Marco aimait montrer les limites du Rocher, ses frontières dérisoires et tellement surveillées. Il désignait les bars qu'il fréquentait en contrebas, près du port ou aux abords du golf, le Sporting, le Plazza, le Loews, ce dernier étant plutôt une boîte de nuit à ciel ouvert où la jeunesse dorée du Rocher venait se défouler le week-end tandis que des lasers balayaient le ciel et la Dent du Chat.

— Tu n'as pas de nouvelles concernant Guillaume ? me demanda Marco.

— Pas depuis la lettre.

J'étais étonné par le soudain intérêt de Marco pour mon ami disparu, lui qui rejetait la thèse de l'assassinat.

— Sale affaire pour les parents, même s'ils ont enfin pu faire leur deuil, dit-il laconiquement.

— On ne saura jamais ce qu'il s'est vraiment passé là-haut, répondis-je, guettant sa réaction.

Marco garda un temps le silence mais ce n'était pas pour se concentrer sur la route, dont il prenait les virages de plus en plus serré. Il semblait en savoir davantage que ce qu'il disait sur l'expédition au sommet du Mérache. Peut-être avait-il aperçu Guillaume quelques jours avant l'ascension, du côté de Village.

— On ne cherche pas vraiment à savoir…

— Pourquoi tu dis ça ? Il y a eu une enquête !

— Parce que la vallée sait garder ses secrets, répondit-il sur un ton qui n'était plus enjoué, comme s'il avait perdu tout à coup de sa superbe et de son insouciance. Tout comme le Rocher. Ici, on parle peu, et il vaut mieux ne pas savoir, ne rien savoir.

— Comment peux-tu accepter ça, Marco ? Toi, dont le père s'est battu pour survivre dans la vallée ? Toi, dont le grand-père a affronté les fascistes italiens ?

— Je m'adapte, Jonathan, tout le monde s'adapte. Si on veut gagner sa place au soleil, on n'a pas le choix. Et les temps ont changé.

— On est sans doute trop observés, répondis-je sur un ton agacé en désignant une caméra sur un lampadaire.

— Le Rocher protège ses arrières. Et tout le monde se protège sur la Côte. Tu le sais autant que moi.

— On est tellement loin de la vallée, ici. J'ai l'impression de trahir quelque chose.

— Arrête ! Tu veux rester dans la chèvre toute ta vie ?

— Je préfère encore être dans la chèvre que d'être enchaîné à une table de baccarat.

Marco ne prit pas la remarque pour lui.

— La richesse du Rocher, Jonathan, c'est aussi le silence. On blanchit tout, ici. Même l'argent des élus…

Il évoqua à mots couverts de grosses huiles de la région, des maires, des intermédiaires. Le casino ne servait pas à dépenser mais à justifier des dépenses. Un élu, un promoteur ou un préposé au blanchiment arrêté pouvait toujours se prévaloir d'avoir gagné de belles sommes d'argent au casino, à la roulette ou au poker, dans les grandes salles ou les « VIP rooms ».

— Je ne serai pas enchaîné longtemps, Jonathan. On gagne trop d'argent ici. Il suffit d'investir, de transformer tout ça, de rebondir. La pierre philosophale, tu connais ?

Et il accéléra dans la descente, sur la route du retour, sans dépasser pour autant les limitations de vitesse que les caméras montées sur lampadaire, avec vue sur mer, s'évertuaient à faire respecter, dans sa décapotable achetée avec je ne savais quel argent, propre ou sale, du Liban ou du Rocher, du trafic d'armes ou de celui des tables de jeu, de la mitraille ou de la rapine, si loin, si proche de notre vallée enclavée.

*

Le soir, je goûtais aux confitures envoyées par Titin, tandis que le feu guettait dans la montagne. Les Canadair avaient eu raison des incendies mais, sous les cendres des sapins, des mélèzes, des érables et des oliviers, couvaient encore quelques braises, qui ne demandaient qu'à repartir. Le Rocher avait été épargné, bien que les autorités redoutent des perturbations, « des embêtements », comme disait Berta Bertolucci, à savoir des escarbilles volant jusque sur le port ou autres désagréments telle la vue de la fumée. La Dent du Chat avait fait barrage de sa masse de calcaire gris et le spectacle pouvait continuer sur la Côte, en dépit ou à cause de ces quelques frayeurs.

Ma mère aurait aimé ce Rocher pour sa désinvolture, son décor d'opérette, ses petits scandales à répétition, mais de mœurs uniquement, surtout pas de scandales bancaires ou financiers, c'eût été trop beau. Je n'avais pas plus de nouvelles de sa part mais son absence ne changeait pas grand-chose à ma propre vie, car elle avait toujours semblé hors d'atteinte, loin du sentiment, surtout maternel, comme si l'affection la salissait, comme si un geste de tendresse pour ses fils eût trahi une faiblesse, comme si caresser la tête d'un enfant ressemblait à un aveu de fragilité. Quand j'avais migré vers les hauteurs et le hameau de Tavel – « ma transhumance », avait souri Titin –, je n'avais ressenti aucune peine. Notre mère préparait ses bagages dans sa tête depuis longtemps. Elle était partie une semaine avant moi, précipitant encore mon envol vers les sommets. Ce n'était même pas une rupture, il y avait si peu de liens entre nous, comme si nous étions faits ainsi, loin de toute amertume et de tout regret.

Je m'accommodais de tout cela, de ces dérives, de ces mœurs étranges, de cette représentation du plaisir égarée sur un confetti rocheux plongeant vers la mer, entre falaise et vagues, précipices et grand large. Lorsque Léna venait me voir, de plus en plus furtivement, tel un réfugié politique qui craindrait des poursuivants, elle me disait que cette vie lui paraissait étonnamment superficielle.

— Tu ne vois pas, Jonathan, que ce n'est que du décor de carton-pâte ?

— Justement, ça ne va pas durer, c'est comme Hollywood.

— Tu veux dire qu'il faudrait en profiter, de ces casinos à blanchiment, de ces hôtels à gros sous, de ces golfs qui pillent l'eau de l'arrière-pays ?

— Pas le choix. Et à tout prendre, il vaut mieux que ce soit un gars de l'arrière-pays qui prenne sa part du gâteau.

— Sa part du gâteau ? Tu veux rire ? Des miettes plutôt !

— Les miettes, ce sont comme les gouttes d'eau dans l'océan, elles finissent par faire un paquet.

Je trouvais Léna de plus en plus sensible, irritable. Elle me rappelait Guillaume, souvent en proie à une grande tension, fruit en fait de ses sentiments exacerbés. Le constat s'était imposé de lui-même, ne cessant de me surprendre : malgré sa force physique, sa résistance exceptionnelle, il était d'une immense fragilité et mettait en place des défenses. Je m'aperçus peu à peu que Léna procédait de la même manière. Sa prestance, son énergie, sa fougue n'étaient que des boucliers posés devant une forteresse fissurée. Elle avait appris à masquer tout cela, ses failles, sa mélancolie, ses origines. La sensibilité est un poids que l'on traîne comme un boulet.

CHAPITRE 19

Nos séances d'amour le soir sous les toits de ma chambre ne suffisaient plus à dissiper la mélancolie de Léna. Elle paraissait en proie à des affres nouvelles, à moins qu'elle ne se soit lassée de moi.

Je tentai d'en savoir plus.

— Mes dossiers, Jonathan, ce sont mes dossiers.

— Mais encore ? Es-tu sur un coup ?

— Oui. Un putain de coup.

Elle souffla lentement.

Son regard s'enfuyait vers le large, à l'ouest, vers la pointe du cap. Elle n'en dirait pas davantage.

— Ça implique beaucoup de monde ?

Un léger trouble accompagna sa réponse.

— Pas mal, oui.

— Des gens… connus ?

— Bien sûr, qu'est-ce que tu crois ? Dès qu'on touche aux affaires sur la Côte, on touche à des gens connus.

— … et peut-être protégés.

— Oui, ça aussi.

Excitée par ses découvertes, elle avait dû lever un trop gros lièvre. Elle mettait aussi beaucoup trop d'émotions dans ses recherches.

— Il y a des rumeurs sur le docteur Petru, lâcha-t-elle.

Il me fut impossible de lui arracher un mot de plus.

Léna avait savamment détourné la conversation. Elle voyait entre les deux enclaves une réelle incompatibilité alors que je commençais tout juste à comprendre que le Rocher permettait à l'arrière-pays de survivre.

— Tu as changé, Jonathan, tu ne disais pas ça il y a six mois !

Je lui répondis que sans le Rocher et les résidences secondaires des Rocherasques, sortes de soupapes de sécurité, l'arrière-pays se serait disloqué depuis longtemps.

— Tu dis n'importe quoi ! Ils font monter les prix ! Les jeunes n'arrivent plus à se loger.

— Alors ils se logent ici, comme moi.

— Tu n'es pas un exemple à généraliser.

— Merci ! Reconnais quand même que la vallée en profite. On dirait que tu penses qu'elle est exploitée. Ce n'est pas le cas !

— On la laisse crever. Même ton père adoptif le dit !

C'était vrai, Titin m'avait enseigné les rudiments de l'économie locale. Il m'avait enseigné aussi que sans la Côte nous serions morts.

— Et notre fromage, Léna, à qui on le vend ?

— Tu sais bien que les profits sont minimes et que vous devez les partager avec les requins de la distribution.

— Au moins vont-ils au ski, les riches de cette enclave, et ils laissent quelques billets dans l'autre enclave…

— Tu te trompes, Jonathan. Les Rocherasques vont peut-être au ski, mais les banquiers, les hommes d'affaires, tous ceux qui décident vont à Davos ! C'est là que se joue désormais le sort du monde.

Je rétorquai que Davos accueillait aussi des humanitaires, des chanteurs de rock, Bono et des gourous tibétains.

— Eh bien justement, répondit Léna, ça permet de légitimer le reste ! D'accepter la crème de la crème ! De prétendre que la finance internationale n'est pas entièrement pourrie, alors qu'elle est vérolée de partout. Des bouddhistes et des rockers, et allez, circulez !

Je passais de longues heures à lui répéter que nous n'y pouvions rien, que la Côte vivait ainsi, qu'il y aurait toujours des différences. Pourtant, la concentration d'argent sale dans la petite ville aux gratte-ciel me paraissait de plus en plus inquiétante.

*

Lorsqu'elle me rejoignait le week-end, Léna préférait rester dans la chambre à étudier ses dossiers plutôt que de se promener aux abords du Rocher ou d'escalader quelques parois, varappe dominicale que je m'évertuais à pérenniser et qui aurait bien amusé Guillaume.

— Tu as l'air de plus en plus soucieuse, Léna.

— Ce sont les enquêtes, ne m'en veux pas. On remonte une piste avec l'asso et on sait qu'on va trouver gros. C'est comme à la pêche, tu attends, parfois tu n'as rien, et à force de persévérance tu finis par être récompensé.

Elle expira longuement, comme pour se soulager d'un poids, puis reprit :

— Enfin, récompensé, pas tout le temps…

— Léna, tu ne crois pas que tu devrais te reposer ? On pourrait partir à la montagne ou aller voir Titin. Ça lui ferait tellement plaisir…

— Pas le temps. Une autre fois, oui. Il faut qu'on avance là-dessus.

Elle se leva et s'adossa à la fenêtre qui donnait sur les contreforts du Rocher et sur le large. Je lui pris la main, l'embrassai longuement. Elle répondit, s'enhardit. Son corps n'avait rien perdu de sa magie, sa bouche de sa fougue, mais j'avais l'impression qu'elle s'éloignait peu à peu, je craignais un rival abstrait, un amant incertain et passionné qui se serait infiltré dans ses dossiers et aurait gangrené le désir.

CHAPITRE 20

On devrait toujours disposer d'un berger dans un hôtel de luxe. Cela aide à retrouver des touristes perdus ou encore à réprimander avec tact de mauvais payeurs. Cela m'était arrivé deux ou trois fois à l'Hôtel du Cap et j'avais reçu les félicitations de Berta Bertolucci, que tout le monde appelait désormais la Grosse Berta.

— Bravo, Jonathan, vous avez bien rétabli la situation. Même si nous n'aurions jamais laissé partir ces sagouins sans qu'ils crachent au bassinet.

Dans la foulée elle me proposa de devenir croupier, à la place de l'un des employés parti pour un autre établissement de jeu, en Italie. Je refusai, arguant du fait que je n'aimais pas toucher l'argent.

— Comment ça, vous insinuez qu'il ne s'agit pas d'argent propre ?

Je marquai une pause, surpris par sa réplique habile.

— Ce n'est pas ce que je voulais dire. Dans nos montagnes, l'argent n'a pas la même valeur. On troque beaucoup.

— Je vois, je vois. Ici aussi, on troque beaucoup !

Berta partit dans un grand éclat de rire, qui découvrit une dentition récemment refaite.

— Je vous laisse réfléchir quelques jours. Sachez que sur le Rocher l'argent a encore moins d'odeur qu'ailleurs ! Ici, on ne regarde pas, on ne pose pas de questions, on ne renifle pas. C'est la garantie du succès. Alors sachez rester discret. Sinon vous serez obligé de refaire du fromage. Et ça, ça a de l'odeur !

Berta Bertolucci tourna les talons et son rire s'évanouit dans les couloirs du sous-sol dédié à la blanchisserie et aux vestiaires du personnel. Qu'avait-elle voulu dire par « sachez rester discret », mots qu'elle avait prononcés sur un ton légèrement menaçant ? Bertolucci avait tort de se moquer ou de tenter d'impressionner son employé polyvalent, garçon d'étage et garçon de bain en même temps, capable d'expliquer les composants des cocktails maison dans une dizaine de langues et de déclamer des versets du *Cantique des cantiques* en cinq.

Bertolucci était de plus en plus soucieuse et arrogante. Quand je la croisais aux abords de la piscine en train de surveiller les allées et venues des employés ou d'inspecter les matelas, elle m'adressait à peine la parole. J'en déduisis que sa proposition de me faire monter au poste de croupier ne tenait plus. S'était-elle vexée de mon refus ? Elle semblait absorbée par un secret stratagème. L'Hôtel du Cap catalysait toutes les turpitudes du Rocher.

Berta Bertolucci avait grimpé rapidement les échelons de l'hôtel et exerçait un véritable ascendant sur le personnel qui la qualifiait de femme à poigne et juste, crainte autant pour ses coups de gueule que pour ses capacités de représailles à long terme. Au-delà de cette peur, nombre d'employés reconnaissaient son acharnement au travail, son côté méticuleux, son obsession du détail qui la rendait très professionnelle, son aptitude à donner leur chance aux jeunes arrivants, aux stagiaires, aux grands ambitieux sortis de rien ou de si peu, comme elle.

Arrivée sur le Rocher sans diplôme une dizaine d'années plus tôt, elle avait commencé comme blanchisseuse puis était devenue femme d'étage, commise du hall d'entrée, réceptionniste et enfin chef de service. Elle devait tout à l'hôtel et espérait poursuivre son ascension au sein de la hiérarchie du casino, forte de sa discrétion et de son sens de la loyauté. Ses parents étant pauvres, elle n'avait pu poursuivre ses études. Son emploi à l'Hôtel du Cap représentait la chance de sa vie. Elle pouvait ainsi subvenir aux besoins de sa mère italienne devenue veuve trop tôt et contrainte d'habiter dans la vallée adjacente à celle de la Brandasque, au-delà du Pas de Torratone, au fond du long boyau de la Spatraca.

Sa remarque à propos de la discrétion dont je devais faire preuve m'intrigua, elle suggérait des liens entre l'hôtel et les « affaires » du Rocher. Peut-être Bertolucci en savait-elle beaucoup.

Je n'en voulais pas à Marco d'avoir réussi à sa manière. Il me confia un jour que son ascension n'était pas normale et ne durerait guère, il aurait mieux fait de rester dans la vallée, de continuer l'œuvre de son père, modeste sculpteur de bois d'olivier, fabricant artisanal de spatules, plateaux à fromages, écuelles décoratives gravées aux noms et prénoms, plaquettes à saucisson. À lui aussi, on rappelait sans cesse ses origines et il ne pouvait échapper à une sorte de malédiction, non pas celle d'appartenir à la vallée ou à l'arrière-pays, mais celle de subir des remarques, même peu fréquentes, une ou deux suffisaient, bien placées, comme si la Côte appartenait à une certaine catégorie de population dont il était exclu.

Alors que Bertolucci avait tout du roc, et même de la parvenue, Marco cachait mal une certaine sensibilité qu'il enfouissait dans les accélérations de sa Porsche sur la route de la Dent du Chat et dans les soirées mondaines auxquelles il était invité.

CHAPITRE 21

L'enquête sur la mort de Guillaume semblait à jamais enterrée. La famille ne donnait aucun signe de vie. Le dossier n'était plus alimenté et je ne disposais d'aucune nouvelle. À la Dent du Chat, les grimpeurs du dimanche avaient depuis longtemps rangé aux oubliettes la légende de l'Ange. Tout juste était-elle évoquée sur le toit du monde. Dans l'Himalaya, une voie portait désormais son nom sur la face nord du Dhaulagiri, non loin du massif des Annapurnas, la voie Lacoste, ce qui lui valait d'être cité au moins une dizaine de fois par an dans les magazines spécialisés lors de tentatives de conquête du sommet, une renommée bien relative et somme toute sectorielle. Contrairement à d'autres, l'assurance d'une postérité n'aurait pas dissuadé Guillaume de vouloir poursuivre sa vie.

Je rejoignais Léna à P. le week-end, lorsqu'elle ne venait pas me voir au Rocher. La ville changeait au gré des saisons. Apathique l'hiver, elle se ressourçait, se préparait pour une montée en puissance printanière et pour un été trépidant. Léna m'emmenait parfois dans la voiture que son père lui avait offerte, sur la corniche en direction du Rocher. La mer y paraissait plus sauvage. La Côte, depuis ce promontoire, entre quatre cents et six cents mètres d'altitude, avait des allures moins citadines, mais quand on se déplaçait d'un ou de deux lacets, la ville se découvrait dans sa totalité, avec sur le front de mer son décor de carton-pâte et, à deux pas, ses quartiers pauvres, ses HLM décatis, son arrière-cour, et l'arrière-pays qui commençait à ses portes.

Ce jour-là Léna sortit de la voiture au premier village fortifié, Lourdon, dont les anciens remparts donnaient sur une plage de galets en contrebas. Je lui pris la main et elle ne la repoussa pas. Cependant elle restait froide, amorphe, absorbée par ses dossiers.

— J'aimerais qu'on parle, Léna. J'ai l'impression que quelque chose ne va pas entre nous.

— Ce n'est pas ça, Jonathan. Je suis juste tendue parce qu'on est sur un gros coup, comme je te l'ai déjà dit.

— Il n'y a pas que ça…

Elle retira sa main, et son front se plissa un peu plus.

— C'est mon père, Jonathan. J'en apprends beaucoup sur lui en ce moment. On avance avec l'association sur une enquête concernant des permis de construire. Un vaste trafic pourrait être révélé.

Les vagues soulevaient des chevelures d'écume au loin et les voiliers rentraient à belle allure, de peur d'un coup de tabac. Des nuages, arrivés de l'est, noircissaient la surface de l'eau.

À Tozza, Léna m'avait détaillé les agissements de son père, jusqu'en Arabie saoudite, ainsi que ses juteux contrats sur la Côte, les pressions qu'il exerçait pour obtenir des permis de construire pour le compte de promoteurs véreux.

— Ce qui est fou, c'est que mon père continue. Pour beaucoup de gens, tout cela paraît normal. Les permis de construire, les salles de jeu, les machines à sous clandestines dans les cafés…

— Il sait que tu as rejoint Intégrité Sans Frontières ?

— On ne se voit pas beaucoup, et il ne me pose jamais de questions. Mais on l'en a sûrement informé. En tout cas, s'il n'est pas déjà au courant, il ne va pas tarder à l'être…, dit-elle avec une pointe d'agressivité qui pouvait dissimuler une menace.

Sans connaître Raymond Ughetto, j'avais toujours trouvé la relation de Léna avec lui complexe, fruit d'un mélange de désir de reconnaissance et de détestation certaine, notamment parce que son père avait violenté à plusieurs reprises sa mère. L'attitude de son frère Geoffrey, qui avait claqué la porte du giron familial, me paraissait plus simple. Elle dénotait une forte personnalité et une envie de résister à la tyrannie. Geoffrey errait de camping en camping, gardien ou maître-nageur, et préférait ce destin de bohème à la compromission.

Du banc où nous nous trouvions, sur la corniche supérieure, on pouvait encore voir le palais de P. qui surplombait la plage et la rotonde de la Bastide, une sorte d'avancée rocheuse prisée des passants.

— Ce qui m'ennuie, continua Léna, ce sont les liens entre mon père et le maire de la ville.

— Ce n'est pas nouveau. Si ton père est dans les affaires, il a forcément des contacts avec la municipalité.

— Ce ne sont pas des contacts, ce sont carrément des affaires de famille. Mon père a connu le maire Virgile Francesco avant qu'il ne soit élu. Puis ils se sont brouillés, je n'ai jamais su pourquoi. Peut-être pour des histoires de femmes. Et là, depuis quelques années, ils sont copains comme cochons. On ne les voit pas ensemble, ils s'évitent en public, mais on sait qu'ils se fréquentent lors de soirées ou de réunions très discrètes.

— Rien ne l'interdit.

— Tu as raison, ce n'est pas interdit, assura-t-elle d'un ton ironique. C'est même recommandé sur la Côte !

Elle désigna la corniche inférieure qui sinuait au-dessus des rochers et des petites plages de Lourdon-sur-Mer. Une grande maison ronde aux crépis ocre et aux tuiles provençales donnait sur la route. Un ascenseur menait par une voie câblée aux récifs, avec un ponton privé.

— Cette maison vaut une fortune. Il y en a très peu de ce genre sur la Côte, et les prix montent. Les Russes, les Saoudiens, les Américains en recherchent tous les mois. Celle-ci a une quinzaine de pièces, trois niveaux avec piscine, minitéléphérique, petit port privé avec un anneau pour une vedette, deux garages abritant une Rolls, une Bentley grenat, assez rare d'après mon père, trois Ferrari et deux voitures de collection. Et tu sais à qui ça appartient ?

Je connaissais déjà la réponse. Le maire Virgile Francesco n'avait pu s'acheter une telle demeure avec ses seuls émoluments.

Les vagues prenaient d'assaut les rochers, fouettaient le calcaire strié de plaques noires, s'insinuaient dans les hautes failles. Les baigneurs avaient quitté les petites plages en dessous des falaises bordées de palmiers et de cyprès.

— Il l'a achetée il y a cinq ans. Il a même pu agrandir, en faisant creuser dans la roche, puis en ouvrant quelques fenêtres. Une vieille habitude par ici.

Léna me raconta comment Virgile Francesco avait fait fortune dans certaines affaires, y compris à Paris, dans des restaurants d'entreprise et de la restauration collective.

— Il a retiré ses billes. Il a beaucoup investi sur la Côte, a arrosé énormément de monde. Ça suffit à faire taire.

— D'après ce que tu dis, il est dans l'illégalité.

— On essaie de le prouver avec l'asso. Mais le gars est malin. Il use de passe-droits, en distribue lui-même. Tout ça s'échange sous le manteau. C'est l'omerta.

— Et la justice ?

— Pas assez de biscuits dans les dossiers. Plusieurs plaintes n'ont pas pu aboutir car Francesco passe par des hommes de paille, des intermédiaires.

Le vent commençait à forcir sans être frais, griffant la surface des eaux à l'approche du rivage. La mer avait brutalement changé, comme c'était souvent le cas l'été ou en demi-saison. Les cheveux de Léna venaient me caresser les joues et je ne détestais pas.

— Je vais avoir du mal à revenir au Rocher, dit-elle doucement.

— Je ne pense pas qu'on veuille te chercher des noises au Rocher.

Elle sursauta.

— Tu plaisantes, Jonathan ? Au contraire !

— Tout ce que tu me racontes ne concerne que la ville et cette portion du littoral.

— Détrompe-toi. La ville déborde, la Côte sera bientôt trop petite pour elle. Le Rocher est l'endroit idéal pour s'étendre.

— À moins que ce ne soit l'inverse. Que ce soit le Rocher qui déborde sur ta ville.

— Que veux-tu dire ?

— Tu sais bien, Léna. Les banques, les casinos, la Société des jeux du Rocher, tout ce qui sert à blanchir sous couvert d'amusement.

— Ce n'est pas nouveau.

— Ce qui est nouveau, c'est l'accélération.

— L'accélération ?

— Marco m'a expliqué qu'on blanchissait à toute vitesse en passant par dix villes différentes, en quelques minutes. On transfère ainsi non pas dix millions de dollars en une fois, mais mille fois dix mille dollars. Ça prend même moins de temps et c'est inodore.

— Inodore, oui. Jonathan, tu parles comme eux !

— Ce que je n'arrive pas à comprendre, c'est pourquoi le Rocher a installé une antenne anti-blanchiment.

— De l'esbroufe, Jonathan. Le Rocher satisfait la communauté internationale et celle-ci ferme un peu plus les yeux.

— Elle ne ferme pas les yeux sur les paradis fiscaux et les centres offshore.

— Sur le Rocher et sur la Côte, si, ça arrange tout le monde. Cette partie de la planète garantit du plaisir, de la plage, du sexe, et la lessiveuse marche à fond.

L'énergie de Léna était admirable et d'un autre côté elle m'inquiétait.

— Tu ne vas quand même pas t'attaquer à toute la Côte !

Elle sourit à nouveau.

— Non, j'ai juste quelques comptes à régler. Tu pourrais peut-être m'aider. Et ne t'inquiète pas, tant que je peux, je viendrai te voir au Rocher. Je ferai d'une pierre deux coups.

Elle m'embrassa longuement, l'amour m'envahit à nouveau et j'eus l'impression que la tempête au loin s'était brutalement déplacée sur le banc de la corniche supérieure, devant le village fortifié de Lourdon.

CHAPITRE 22

Marco avait insisté pour que nous sortions en mer tous les trois, avec Léna. Il avait loué pour la journée un Riva et voulait m'offrir une escapade au large, face au Rocher.

— Si on a le temps, on pourra pousser jusqu'au cap.

J'ignorais que Marco avait son permis bateau. Léna aimait les sorties en mer, elles lui rappelaient son enfance, lorsque son père l'emmenait au cap avec une vedette revendue à la va-vite après des ennuis concernant la dizaine d'anneaux qu'il avait achetés dans le port de P.

Marco, souriant, en verve, m'accueillit au port du Rocher. Il sortit lentement des eaux du port et s'éloigna de la falaise et de l'aquarium géant, attraction locale, avec ses dizaines d'espèces de méduses, sa pieuvre géante et ses requins. J'apercevais pour la première fois, depuis la mer, le Rocher et ses contreforts dont la Dent du Chat, qui taquinait les cieux et les montagnes de l'arrière-pays. Les gratte-ciel du Rocher rapetissaient au fur et à mesure que nous nous écartions du port. Marco, à l'aise sur le Riva à la coque et au pont en acajou verni, équipé d'un moteur V8 de deux cents chevaux, s'enorgueillissait de l'avoir loué une fortune. « La moitié en liquide, précisa-t-il, comme ça, j'ai eu une belle réduction. » Il effectua un grand tour pour s'approcher du débarcadère de Cougoule, à l'ouest du Rocher, et récupérer Léna qui nous rejoignait en voiture. Elle n'avait pas voulu venir au port du Rocher, « trop de yachts, trop de frime, trop d'argent, et puis je refuse de voir toutes ces caméras, ou plutôt qu'elles me voient, qu'elles m'enregistrent, qu'elles me suivent ». J'avais eu envie de lui dire que si nous avions dû l'être, ce serait déjà fait depuis longtemps, mais que nous n'étions pas assez importants pour ça, elle humanitaire et juriste d'une association, moi berger devenu employé d'hôtel.

Nous approchâmes lentement, à la vitesse de trois nœuds, la limite à respecter à moins de trois cents mètres du rivage. Les pieds dans la mer turquoise, les falaises proches de celles de Lourdon se révélaient puissantes et précaires à la fois, striées de veines et de failles, couvertes de petits palmiers, d'aloe vera et de plantes grasses. Sur le ponton, une fine silhouette apparut. Je l'imaginais, je la savais souriante. Léna avait jeté un petit sac à dos sur son épaule. Des lunettes de soleil et un chapeau de paille lui donnaient des airs de star. Le pied sûr, elle s'élança sans hésiter sur le pont du Riva. Elle s'installa sur la petite plage arrière, sous laquelle ronronnait le moteur, et nous fûmes les rois de la Côte pour quelques heures. Tandis que nous glissions sur les vaguelettes vers le large, elle avait sorti un carnet noir et pris des notes, guère gênée par les éclaboussures furtives.

— Regardez le Rocher vu d'ici ! Fragile, non ?

Marco exultait à la barre du Riva Aquarama. À deux ou trois milles au large, le Rocher paraissait dérisoire, englouti par la montagne. On pouvait voir à l'ouest les abords de P. et le village fortifié de Lourdon, ses remparts, son donjon, le sentier qui descendait vers la mer. Léna désigna une nouvelle fois la villa de Virgile Francesco sur la droite de Lourdon, au bord de la corniche inférieure. Il était amusant de voir l'étagement des demeures des notables. Au-dessus, la garrigue et quelques versants de calcaire garantissaient une vue imprenable à ceux qui disposaient d'une maison sur l'autre route, la corniche supérieure. Marco longea le rivage. Il pestait contre la marque Riva qui avait été revendue depuis peu au constructeur chinois Wenchai.

— Bientôt tout sera bradé à la Chine, ajouta Léna. Même le port de P. Et un jour le Rocher…

— Les Chinois, ils ont surtout besoin de banques pour blanchir.

— Ils ont déjà Macao, cinq fois le chiffre d'affaires de Las Vegas, mais ça ne leur suffit pas. Ils veulent rattraper leur retard sur les Russes. Mon frère Geoffrey n'arrête pas de me raconter comment les oligarques de Moscou et de Saint-Pétersbourg rachètent tout ce qu'ils peuvent sur la Côte pour blanchir ou se refaire une virginité. Même son camping a été racheté par un soi-disant industriel de Sibérie. Plus mafieux que lui, tu meurs. Geoffrey a préféré déguerpir. Ils ont acheté aussi de vieilles usines dans la vallée d'Orgens, des hôtels, des pizzerias, des salons de beauté. Il faut s'attendre désormais à voir débarquer les Chinois.

Les contours de la ville de P. se découpaient au loin, avec son château, ses collines et les montagnes au-delà de sa couronne de villas. Marco avait une connaissance surprenante du monde de la finance. Était-ce en raison de son mystérieux séjour à l'étranger ? Il n'aimait pas en parler. Cette fois, pourtant, il évoqua le génie des Libanais qui, après la guerre, avaient rétabli leur système bancaire et rebâti leurs casinos à une vitesse surprenante. En l'écoutant, je regardai les montagnes au-dessus de la Dent du Chat, celles qui séparaient la Côte de l'arrière-pays, cette enclave que l'on cherchait souvent à fuir. Marco et moi avions fui, et ma mère aussi. Malgré le fait qu'elle ne m'avait jamais vraiment manqué, j'espérais désormais qu'elle reviendrait un jour, au moins sur le littoral, s'installer à P. ou ailleurs, pour un emploi quelconque ou pour donner des cours de piano. Oui, j'espérais, mais je savais aussi qu'il s'agissait d'un vain espoir et qu'elle était atteinte d'un mal incurable, une envie insondable de s'évader, de tout plaquer, même ses enfants. Je me demandais souvent pourquoi elle était venue s'installer dans la Brandasque. Elle avait enseigné le piano à quelques gamins puis s'était mariée à notre futur père, le Père-la-Goutte, avait tenté de le rendre heureux, avait reçu des coups en échange, puis s'était enfuie. Comment déplorer un tel départ ? Qui aurait pu lui en vouloir d'être partie sans ses enfants ? Elle avait quitté la vallée, elle avait fui la violence, et nous appartenions à cette violence, mon frère et moi, comme si nous en étions la source, comme si nous en étions coupables de par notre statut de rejetons du grand frappeur. « La Brandasque est marquée d'une malédiction, impossible d'y refaire sa vie, disait-elle. Tout se sait, tout se déforme, tout se malaxe, la rumeur comme l'argile du torrent. On simplifie, puis on exagère. Tu verras, Jonathan, donne-toi un peu de temps et tu comprendras ce qu'est la putréfaction dans l'enclave, sauf si tu t'aventures sur les hauteurs comme Titin. »

— Et d'où vient ton tatouage ? demanda Léna à Marco, qui pilotait le Riva à faible allure, sur une mer encore calme.

Elle ne devait pas savoir que certains sujets demeuraient tabous chez mon ami : son séjour au Liban, la raison de son retour inopiné, sa trajectoire fulgurante au sein du casino du Cap.

— Du Levant. Une phalange chrétienne dans la montagne, au nord de Beyrouth. Il a fallu se battre par là-bas... On n'a parfois pas le choix quand on est dans un pays en guerre. Au Liban, personne ne se posait de questions, ou peu. Ceux qui s'en posaient avaient une espérance de vie très courte : ils se prenaient une balle dans la tête.

— Sur la Côte aussi, certains s'en prennent, des balles dans la tête.

Marco ne releva pas. Il vit que j'observais les montagnes au loin, ce qui lui fournit un excellent prétexte pour changer de conversation. Qu'avait-il vécu au Liban ? Pourquoi avait-il combattu au sein d'une milice chrétienne ? Et comment avait-il pu obtenir son poste au Rocher et bénéficier d'une promotion si rapide à l'Hôtel du Cap ? Il ne souhaitait évidemment répondre à aucune de ces interrogations.

— Alors, tu as repéré la Brandasque ?

— Donne-moi la carte marine.

Marco me tendit la carte que je dépliai hâtivement.

— Déplace-toi vers l'est.

Marco remit les gaz et, au bout de quelques minutes, en ayant gagné sur le large, je lui demandai de couper le moteur. Entre deux montagnes, au nord-ouest de la Dent du Chat et par-delà le mont Salsepareille, on pouvait voir la Cime de l'Ange et, bien plus au nord-ouest, une partie du Mérache, dont le sommet se dégageait entre deux crêtes.

— Regarde, Léna, on voit les contreforts de la vallée !

Elle me prit la main et caressa longuement mon avant-bras, consciente que je lui montrai là notre fief, à Marco et moi, les prémices de Village qui s'enfonçait dans le dénuement, sauvé uniquement par le prix du mètre carré et les casouns à retaper revendus aux Rocherasques et aux habitants de la Côte. J'observai les hauteurs de Village, la Cime de l'Ange qui dominait le Pentabren, donc Tozza que l'on ne pouvait distinguer d'ici, et je détaillai les limites de notre bastion à Léna. Marco m'aida à repérer les vallons, la frontière avec la France. Il rappela les moqueries dont nous avions fait l'objet à notre arrivée sur la Côte, le mépris à la faculté, pour moi en tout cas, car Marco avait bifurqué très vite. Voir les hauteurs me faisait du bien.

— Ce sont des strates, Jonathan, sourit Léna. On dirait des tranches de cake !

Le bateau dériva, moteur coupé. Je perdis l'axe de vue sur les contreforts de la Brandasque, par-delà la Clue Bouniou et le mont Mangiargue. Finalement, la vallée se défendait bien. Elle tempêtait, elle montrait sa vigueur. De temps en temps, pour assouvir le désir de la Côte, de P. et du Rocher, elle leur donnait en pâture quelques jeunes, quelques fous, des aventuriers, des desperados, des fils de sculpteurs, des bergers avec doctorat sur les frontières qui ne servaient à rien, si ce n'était à tenter de comprendre les limites d'une enclave, une tautologie car autant se poser la question de savoir à quoi pouvaient bien servir les confins des confins.

Marco possédait ce charme incroyable de savoir se montrer prétentieux sans énerver, de jouer la star sans éveiller les soupçons. Il riait souvent de son destin. « Eux blanchissent sur le Rocher, moi je reblanchis », m'avait-il confié un soir avec un sourire énigmatique au bar du Sporting, au-dessus de la plage du Prayas où descendaient toutes les célébrités de passage sur la Côte. Il s'agissait de rapatrier de l'argent dans des endroits plus propres, ce qui n'enlevait rien à l'origine douteuse de ces fonds mais permettait de nourrir d'autres bouches, moins impliquées dans les affaires, ou de financer une petite entreprise. Marco devait songer à l'atelier de sculpture sur bois de son père ou encore à des associations de marche en montagne, de canyoning et de stages de survie. « Ainsi, Jonathan, l'argent se purifie, c'est une sorte de rédemption. Il faudrait inscrire ça dans la Bible, comment rapatrier les brebis galeuses du fric et permettre aux banques et à la saloperie financière internationale de se racheter une conduite. »

Le ciel bas, soudainement, s'attardait sur le littoral et inspectait les criques, les baies pour yachts, les villas avec ascenseur. Il corrigeait la géographie à la fois millénaire et moderne de ces récifs désirés par le monde entier.

Marco se retourna. Derrière nous, en direction de l'est, d'énormes barres nuageuses menaçaient de déferler. Avis de tempête, la météo ne s'était pas trompée. Marco poussa le levier de l'accélérateur et le Riva nous emmena vers le Rocher à vive allure, alors que disparaissaient les sommets de l'arrière-pays.

CHAPITRE 23

— Tu devrais venir m'aider, Jonathan.
— Mais enfin, je n'y connais rien, à tes dossiers.
— À Intégrité Sans Frontières, on a besoin de gens comme toi.
— Ce n'est pas parce que j'ai un doctorat en droit international que je m'y connais en droit tout court, Léna. Je suis plus calé sur la fermentation des fromages que sur l'infiltration des affaires de corruption.
— On ne t'en demandera pas tant.

Léna insistait. Au siège d'ISF, installé dans un petit trois-pièces loué dans le centre de P., au-dessus de la gare, plusieurs volontaires s'activaient dans une ambiance digne d'une ruche. Seules quatre personnes étaient salariées, dont Léna. « Des salaires de misère, précisait-elle, on essaie de survivre comme on peut, avec les cotisations, des dons privés, des subventions de l'Union européenne, mais on n'aime pas vraiment ça. On limite car on risque de frapper aussi un de ces jours les lobbies de Bruxelles. » Il y avait Heitor, le Portugais blond et agité qui avait échoué à P. après des études d'océanographie, Sarah, originaire de Tanger, frêle fille de boulanger du détroit de Gibraltar aux yeux noirs, devenue avocate dans un cabinet à deux pas du siège de l'association, et Manu, maître-nageur sauveteur de Lyon à la carrure impressionnante, qui avait passé son concours d'enseignant pour devenir professeur d'éducation physique à côté de Lourdon. Avec Léna, ils formaient le quatuor de base, le quatuor de choc, comme ils disaient. Les locaux marseillais d'Intégrité Sans Frontières avaient essuyé un soir une rafale de fusil-mitrailleur et l'association avait dû déménager pour un lieu plus sûr. « Quand on commence à recevoir des pluies de balles de kalachnikov, c'est bon signe, c'est qu'on est considéré », plaisantait Sarah.

Lorsque je trouvais le temps, je participais à leurs réunions sur les affaires de la Côte, les permis de construire octroyés en douce, le déclassement des terrains pour qu'ils soient constructibles, les liens entre certains élus et la mafia italienne, l'utilisation de proxénètes pour la protection des personnalités, etc. Sarah se révélait particulièrement véhémente, citant les différents articles du code pénal qui évoquaient la participation à une bande organisée en vue de commettre un crime ou un délit. Léna n'était pas en reste, elle connaissait ses dossiers sur le bout des doigts : les enquêtes en jachère, les pièces à conviction qui commençaient à s'accumuler. Les deux formaient la paire, renforcée par des bénévoles qui venaient régulièrement prêter main-forte : certains avocats de la Côte, un magistrat à la retraite, un couple de médecins venus du nord, écœurés par la politique locale et qui avaient eux-mêmes eu maille à partir avec la municipalité à propos de la construction d'une maison dans leur voisinage, bâtie sans permis et qui leur cachait toute la vue, en tout cas celle sur la mer, en contrebas de leurs collines à lauriers.

C'est ainsi que j'avais rencontré le frère de Léna. Geoffrey venait de temps à autre aux réunions d'Intégrité Sans Frontières et je ne pouvais ni ne voulais le rater. D'emblée, il me parut sympathique. De belle carrure, élancé, les cheveux drus, son corps trahissait cependant quelques cicatrices, dues à la pratique intensive du judo. Il gardait aussi sur le visage la trace des blessures de l'âme, que je ne pouvais m'empêcher de remarquer. Le contraste était saisissant entre son allure agile et le poids pesant sur ses épaules, le dos trop voûté pour son âge. Une grande complicité semblait l'unir à Léna et je ne mis pas longtemps à comprendre qu'il devinait la moindre de ses affres comme elle pressentait ses souhaits. Sa présence était charismatique, il dégageait des sentiments de calme et de puissance, malgré ses tourments mal dissimulés. Il me paraissait étonnant que Geoffrey, manifestement doué, puisse se contenter de son poste au camping mais il semblait déterminé à continuer cette vie saisonnière, qui lui laissait le temps de voyager l'hiver ou de s'entraîner au judo.

*

Heitor, lui, incarnait l'archétype du militant dédié à ses dossiers. Il ne cachait à personne pourtant sa volonté de faire carrière. Intégrité Sans Frontières n'était qu'une étape, un tremplin pour d'autres voies plus lucratives. Plein d'assurance, il en imposait avec sa véhémence. Il commençait toujours par écouter pour mieux fondre sur ses proies et imposer ses contre-propositions. Chaque dossier représentait une bataille à mener. Il avait un certain charisme, tout en exprimant beaucoup de nervosité ou d'impatience. Quoi qu'il en soit, il se révélait redoutablement utile. L'association ISF avait déjà gagné quelques procès et avait permis, grâce à une campagne de presse non soutenue par le journal local *P. Matin*, de faire annuler deux permis de construire.

Les équipes s'enrichissaient ainsi des volontaires du mois ou de conseillers arrivés de Paris pour quelques jours. Il était amusant d'assister à ces échanges animés et parfois piquants, mêlant l'affection du bénévolat au sacerdoce de l'efficacité.

Léna et moi passions des soirées entières à échafauder des plans pour l'avenir de « l'organisation », ainsi que nous l'appelions. Je cherchais aussi à discuter de nos goûts littéraires, afin de l'extraire de ses lourds dossiers. Elle me parlait de Nietzsche, qui avait vécu dans la région. « Sans la lumière du sud, il n'aurait pas pu écrire tout ça, Jonathan, il serait certes devenu aussi fou, mais il n'aurait pas eu ces éclairs de génie, toutes ces fulgurances. » Je lui parlai du livre de Ludwig Hohl, *Ascension*, que Guillaume m'avait fait découvrir et qui me hantait depuis sa disparition dans le massif du Mérache. Léna en appréciait l'écriture serrée, à la fois cynique et profondément humaine. J'aimais ces moments où elle s'abandonnait, où elle évoquait ses émotions sans retenue, ses espoirs, ses rêves, la force qu'elle puisait dans la littérature. « Ce pays sans frontières », plaisantait-elle en rappelant le sujet de ma thèse. Je lisais ses recommandations dans le train. Léna adorait les vers mystérieux du poète espagnol García Lorca, assassiné à trente-huit ans près de Grenade. Elle avait beau lire et relire ses poèmes, leurs significations lui semblaient toujours différentes. En parcourant le recueil dans le compartiment ballotté par le cliquetis des rails, je n'étais pas loin de penser la même chose. Tous les soirs dans ma bergerie d'altitude, à la lueur de la lampe à huile, je me disais qu'un écrivain vous aide à vous relever. Un grand écrivain est un tuteur qui vous délivre de la mélancolie. Le paysage ou le moment de la journée y étaient pour beaucoup, la lumière venue du large, les nuages de l'aurore, les longues falaises de calcaire blanc à la sortie de P., les à-pics ocre sous Lourdon et ses remparts, les lauriers-roses qui envahissaient la voie ferrée à l'approche du cap, les palmiers et les pins parasols dans la longue ligne droite avant l'entrée en gare souterraine du Rocher. García Lorca avait de la générosité, de l'imagination, qu'il partageait à titre posthume jusqu'à l'autre bout de la Méditerranée.

*

La nuit, sous les toits de l'Hôtel du Cap, un curieux mélange s'opérait dans ma tête. Je rêvais de Léna, de son corps magnifique, de ses seins, de ses paroles murmurées du bout des lèvres, de la poésie qui sourdait de ses gestes, de ses attentes d'une vie meilleure, de sa honte à avoir un tel père, qu'elle subissait, disait-elle, et je rêvais de nos lectures, de nos auteurs préférés, et le tout se mariait allègrement dans un corpus d'espérance.

Je rêvais aussi de notre escapade en mer avec Marco. Cela avait été une journée inoubliable, chacun dans notre rôle, confronté à nos origines, avec cette vue sur la Côte et l'arrière-pays, « rassemblés comme nous », m'avait murmuré Léna tandis que Marco observait le rivage. L'arrière-pays s'imbriquait dans l'étroite langue de terre qui constituait le littoral, bordé par les petites montagnes des contreforts alpins, la Dent du Chat, le village fortifié de Lourdon, et un peintre mystérieux avait ce jour-là ajouté des touches de bleu afin que se confondent les deux paysages. Celui de l'avant-scène donnait un goût de richesse, une connotation de bonne fortune, tandis que l'arrière-pays embrassant la Côte lui conférait une assurance nouvelle, une assise foncière, une légitimité quasi paysanne.

Le littoral était une sorte de village Potemkine, du nom de ces décors qu'ordonnait de dresser le ministre du même nom lorsque la tsarine Catherine II visitait le sud de l'Empire de toutes les Russies. Sur le littoral, on soulevait le tapis pour cacher la misère de l'arrière-pays, la paysannerie qui bientôt n'existerait plus. Il était étrange de nous voir tous les trois, Léna, Marco et moi, contempler la scène d'un œil différent, Léna qui s'insurgeait contre les dérives du rivage, Marco roi du baccarat qui devait se servir en jetons, moi qui espérais m'acheter un troupeau à élever entre mille quatre cents et deux mille quatre cents mètres d'altitude. Léna, fille de nanti corrompu, voulait vivre dans un cabanon, Marco dans un palais-casino digne de Las Vegas, et moi entre deux mondes, hésitant entre les chèvres et le droit des frontières, intangibilité des bordures coloniales, tangibilité de l'amour flou et fou entre deux sous-pays, le littoral désenclavé et l'enclave en mal de mer, sans savoir lequel des deux avait le plus besoin de l'autre, lequel des deux mangerait l'autre.

CHAPITRE 24

Je le vis en fin de matinée passer devant le bar, tandis que je nettoyais la piscine, et j'eus une étrange sensation. Le docteur Petru, suivi de plusieurs personnes, traversait la salle ouverte sur la mer. Malgré ses lunettes de soleil, je le reconnus tout de suite à son allure élancée, presque féline, à sa manière de parler avec les mains en secouant le poignet. Je m'approchai. J'attendis qu'il me vît, me fît un signe de la main. Il détourna la tête, comme si je le gênais. Les gens qui l'accompagnaient parlaient un mélange d'anglais et de langue slave, du russe, pensai-je aussitôt. Deux hommes fermaient la marche, sûrement des gardes du corps vu leur carrure.

Petru s'engouffra dans un portique qui donnait sur l'escalier menant aux étages. L'un des deux gardes du corps, le cheveu ras et la face épaisse, se retourna, me détailla rapidement, sans doute pour évaluer si je représentais une menace. Sous sa veste ouverte, une large auréole de sueur se découpait sur le blanc de sa chemise.

Je retournai à la piscine m'occuper des clients de l'hôtel. Le cœur n'y était plus. Je refusai de déclamer *Le Cantique des cantiques* à Irina, l'Ukrainienne qui venait rejoindre son amant sur le Rocher, et le chapitre XIV de *Don Quichotte* à Frau Irma, de Hambourg, grande joueuse de casino. Petru avait-il quelque accointance avec le patron de l'hôtel ? Et pourquoi m'évitait-il en ces lieux ? Je n'en éprouvai nulle vexation, bien plutôt une légère tristesse, mais je me dis que Petru, en m'ignorant, voulait sans doute me donner un nouveau conseil et me dire que ce ventre des paradis fiscaux, au centre de la machinerie financière internationale à laquelle plus personne ne comprenait rien et loin de la haute montagne, n'était décidément pas pour nous.

*

Je retrouvai Brian, le tradeur britannique à algorithmes, au bord de la piscine pour une séance de jeu d'échecs. Ce n'était pas mon jour, il le remarqua aussitôt.

— Des soucis, Jonathan ? Sûrement une question d'argent.

Il me prit un cavalier.

— Non, pas de soucis financiers.

— L'argent, ça ne veut plus rien dire. La richesse, aujourd'hui, ce n'est pas le fric, c'est la vitesse. Il faut aller vite.

Il répondit sur sa tablette numérique à un interlocuteur virtuel.

— Voilà, dans trois heures, j'ai cent vingt mille dollars qui vont tomber sur mon compte.

— Et si la richesse n'était pas plutôt le temps libre, une liberté qui n'a pas de prix ?

— Holà, dit Brian, ce discours date de ma jeunesse, de l'époque des babas cool. Je sais, ça revient comme un boomerang, c'est cyclique.

— Ce n'est pas cyclique, c'est justement hors du temps.

— Vous n'y êtes pas, Jonathan. Malgré toute la sympathie que vous m'inspirez et les qualités que je perçois chez vous, vous allez droit dans le mur. Tout va trop vite. Moi, je développe une boîte qui passera des ordres en trois cent cinquante millisecondes.

Brian me tendit sa tablette numérique, pendant que je me dépêtrais de son piège qui prenait ma reine et mon fou en tenaille, et il me montra un faisceau de signes lumineux qui symbolisaient les échanges d'une seule maison de courtage en temps réel. L'écran était saturé d'incendies.

— Regardez, tout n'est que flux hyperrapide. Je vais imposer un délai minimal de trois cent cinquante millisecondes entre la commande et l'exécution de l'ordre, ce qui veut dire que ce qui est plus rapide sera interdit par ma société. Aux États-Unis, la moitié des échanges boursiers se font ainsi. Le trading haute fréquence règne sur le monde. Les machines ont déjà remplacé les humains. L'idée étant de se faire le plus d'argent le plus vite possible et de décrocher.

— Ce n'est pas nouveau. On voit ça partout sur la planète, même dans les pays pauvres. En face, de l'autre côté de la mer !

— Voilà pourquoi je veux ralentir un peu la machine. Aujourd'hui, si vous voulez acheter des actions, les machines détectent cette envie aussitôt. Les algorithmes savent, au frémissement du marché, ce que vous allez acquérir. Alors on achète avant vous et on vous le revend plus cher.

— Et les gendarmes de la Bourse, les régulateurs des marchés ?

— Bidon ! Ils ne contrôlent plus rien. Il y a quelques années, on a eu un crash éclair aux États-Unis. Mille milliards de dollars ont disparu en quelques minutes, ni vu ni connu ! On ne peut pas remonter à la source, ça va trop vite.

— Il faudrait gripper la machine.

— Même pas. C'est trop tard. Juste la ralentir.

— C'est pour cela que vous vous êtes installé ici ?

Le tradeur britannique, cet être curieux, donnait l'impression de mélanger les genres tout en étant sincère.

— C'est une plaque tournante, je fais des allers-retours entre Hydra, Londres, New York et le Rocher.

— Ça blanchit beaucoup par ici… c'est de l'argent sale.

— Ça blanchit partout, vous voulez dire !

Cette fois, une expression narquoise s'afficha sur son visage, comme si décidément je n'avais rien compris ou faisais semblant de ne rien comprendre. Il ajouta :

— Non, dites plutôt argent gris. On ne sait plus qui est qui et qui fait quoi. Regardez.

Il me montra sur sa tablette un modèle en trois dimensions.

— Imaginez : avec un coup de baguette magique, vous parvenez à interdire tous les blanchiments dans le monde.

— Ce serait une bonne idée, la baguette à un milliard de dollars.

— Deux mille milliards, vous voulez dire ! Eh bien, dans ce cas, toutes les banques dans le monde s'effondreraient. La crise de 2008 ne serait alors qu'une plaisanterie au regard de ce qui arriverait. On a besoin de gens comme vous, Jonathan. Rappelez-vous, les algos, il n'y a que ça qui vaille ! Même l'opinion publique est régentée par les algorithmes : les goûts, les guerres, les fréquentations, les achats, le taux d'acceptation de la mort, oui, tout est paramétré.

CHAPITRE 25

Le soir même, après avoir emprunté la cage de verre ultra-rapide qui nous servait d'ascenseur avec vue sur la mer, je toquai à la porte de l'appartement de Marco, situé à trois cents mètres du casino. Marco posa un doigt sur ses lèvres et m'invita à entrer en silence. Le salon, immense, dominait la petite rade du Rocher, ses quais, son jardin bordant le casino. Marco referma doucement la porte de la chambre dans laquelle dormait une fille.

— Ça va, Jonathan ? Quelque chose d'urgent ? lança-t-il en constatant mon air contrarié.

— J'ai vu le docteur Petru au bar de la piscine. Il était accompagné de plusieurs Russes et de deux gardes du corps. Il a fait semblant de ne pas me reconnaître. Tu savais qu'il venait à l'hôtel ?

Marco sembla gêné.

— Ne me mens pas, Marco. Il n'est pas là par hasard.

Marco prit une cigarette et s'attarda sur la terrasse illuminée par les lumières jaunes du Rocher.

— Si j'ai un conseil à te donner, Jonathan, ne t'occupe pas de ça.

Il tira sur sa cigarette. Je le sentais pris entre la raison et notre amitié.

— Et si le docteur Petru était mêlé à des choses disons… un peu louches ?

Marco ne cilla pas, mais je voyais bien qu'il était tourmenté. Je songeai à l'air dominateur de Petru dans le bar, aux soirées organisées à Tozza pour ses invités surprises, ses conclaves à volets fermés.

— Tu crois, Jonathan, que le docteur est arrivé à s'acheter ce qu'il a en montagne avec ses consultations ?

— Je me suis toujours douté de quelque chose…

— Soyons francs, on a fermé les yeux. Ne te mêle pas de ces histoires, fais-moi confiance, Jonathan. Petru a quand même le droit de dépenser son argent comme bon lui semble, non ?

— Je ne le sens pas. Et toi, tu es au courant de beaucoup de choses derrière tes tables de jeu…

— La recette du succès ici, surtout à ce poste, c'est de ne pas parler.

— Et ces gardes, à quoi bon ?

— Ils protégeaient sans doute les autres.

— Pas forcément. Petru avait l'air de mener ce petit monde. Le Rocher est pourtant moins dangereux que les hauteurs de Tozza.

— Pas sûr, Jonathan. Les caméras ici servent aussi à taire les secrets.

Marco se renfrogna.

— Et puis il y a Léna…

— Léna ? Que vient-elle faire là-dedans ?

— Je n'ai rien contre Léna, c'est une fille formidable, mais…

Il laissa traîner sa phrase.

— Eh bien, elle travaille pour cette association, elle en a parlé sur le bateau. C'était une belle journée, magnifique, mais si c'était à refaire, je resterais à quai. Cette association n'a pas sa place ici.

— C'est tout le contraire, tu veux dire ! Elle doit enquêter sur la Côte et sur le Rocher ! Il est important que ce type d'actions continue. Pour préserver l'enclave, aussi.

— Tu me donnes l'impression d'être plus militant qu'elle ! La vallée est morte, Jonathan. Seuls des richards peuvent la sauver, des joueurs de casino, des blanchisseurs, des docteurs Petru, des truands sur le retour…

La fille se mit à appeler Marco depuis la chambre. Il retrouva son sourire et me raccompagna à la porte d'entrée.

— Laisse tomber, Jonathan. Et dis à Léna de faire attention, et même de ne plus venir sur le Rocher.

Il claqua la porte. Je me retrouvai sur le palier, hébété. À quel monde appartenait Marco désormais ? J'eus l'impression que tout s'évanouissait : nos années d'enfance, le collège de la Brandasque, nos quatre cents coups, les soirées passées chez lui, sur les hauteurs, dans l'atelier de son père, à regarder des séries américaines avant de partir crapahuter dans la montagne, la gravir à mains nues, à hurler de rire au sommet.

Oui, tout cela était bel et bien mort et enterré.

CHAPITRE 26

Cette nuit-là, j'ai longtemps marché dans les rues du Rocher, sur sa promenade, le long de la mer et dans la vieille ville, sur son promontoire, le nez au vent. Deux castes se croisaient le soir, les gagnants et les perdants, et il en allait ainsi sur une bonne partie de la Côte. Aux gagnants allaient la reconnaissance, la gloire, les prêts, la promesse du tapis rouge lors d'un prochain séjour. Et les perdants ramassaient les miettes, partaient couverts de déshonneur. Les affaires permettaient de faire le tri, le prix du mètre carré aussi. Je comprenais de mieux en mieux la course effrénée de Marco, il ne pouvait cesser de courir, au risque d'être jeté à la mer. Notre enclave semblait bien préservée de cette folie-là. Là-haut, les perdants trouvaient grâce, les bergers qui se trompaient de présure pour le fromage, les petits paysans qui subissaient sur leurs minuscules terrasses au bord du vide les caprices du temps, les grimpeurs novices qui rataient leur paroi, les marcheurs égarés, carte en main, que l'on remettait dans le droit chemin en riant, au prix d'une rasade de vin à la gourde ou d'une simple poignée de main. Là-haut, tous les hommes dans leur humilité nous paraissaient des perdants magnifiques.

J'admirais la fougue de Léna à vouloir mener « sa » résistance, la lutte contre la corruption. Pourtant, sans vouloir le reconnaître, elle baissait souvent les bras. Le fils du ministre des Affaires étrangères, qui jouait au casino sur le Rocher et devait répondre d'accusations de blanchiment d'argent sale, avait trouvé une parade en contractant un prêt en Italie afin de prouver son train de vie.

— Et il prétend commencer à rembourser d'ici deux ans ! Qui peut croire ça ?

Léna pestait à longueur de journée.

— Personne, évidemment. Mais il tombera un jour, répondait Heitor.

— Pas forcément, il est protégé. Son père, toujours… Il finira par effacer ses dettes avec un contrat d'État.

Le combat de Léna rappelait celui de Don Quichotte. Ses moulins à vent étaient des banques, des compagnies d'assurances, des filiales de multinationales, des officines d'avocats spécialisées dans l'ouverture de comptes au sein de paradis fiscaux. Son énergie ne diminuait pas mais je commençais à craindre pour sa santé.

— Ne t'inquiète pas, on en sortira indemnes, plaisantait-elle.

— Mais quand tu gagnes une affaire, dix autres apparaissent, et on ne les voit pas.

— Si on en arrête une, c'est déjà énorme. C'est ainsi que le monde avance, à défaut d'être parfait.

Même contrariée par ses dossiers, lorsque je la retrouvais à P., Léna ne perdait rien de sa fougue nocturne. Elle me faisait savoir son amour, en silence, sous les étoiles, et je trouvais cela merveilleux, prompt à soigner ma mélancolie de l'arrière-pays, cette longue maladie en voie de disparition.

CHAPITRE 27

Berta Bertolucci s'était métamorphosée en quelques jours. Quand elle parlait au personnel, elle regardait désormais ses ongles vernis. Elle arborait des tailleurs plus chics, elle avait investi dans la laine et l'alpaga, avec une nette préférence pour le rayé léger. Elle pouvait tenir deux semaines en changeant de tenue chaque jour. Elle prenait très au sérieux sa promotion au poste de directrice adjointe de l'hôtel et du casino, au point d'en modifier sa diction, d'éviter les mots grossiers et toute forme de vulgarité. Elle devait trouver des périphrases pour critiquer untel ou untel : « Vous savez, votre voisin travaille beaucoup mieux, non pas mieux que vous, je ne me permettrais pas, mais mieux que votre autre voisin. » Le fait d'être témoin de cette comparaison vous rendait vous-même suspect, car c'était bien à vous que Bertolucci s'adressait. Elle remettait de l'ordre dans les rangs, un peu bousculés ces derniers temps. Des clients s'étaient plaints d'avoir trop perdu au baccarat, d'autres, des épouses d'hommes d'affaires en escale, d'avoir croisé trop de belles filles seules aux abords des salles de jeu. Si Bertolucci ne pouvait offrir de solutions aux secondes, elle pouvait remédier au problème des premiers. Des jetons disparaissaient. Les indicateurs des salles ne faisaient plus leur travail, les caméras étaient mal analysées ou mal placées, sûrement un coup du personnel. Selon Marco, il fallait nettoyer ces écuries, endiguer les menues malversations et les détournements à la petite semaine.

*

Berta Bertolucci me convoqua à nouveau en m'envoyant un mot porté par l'un de ses assistants, lequel ne paraissait pas très rassuré. J'abandonnai ma piscine pour quelques instants et me demandai si mon refus du poste de croupier n'allait pas me valoir une sanction. La direction se débarrassait comme elle le souhaitait du personnel, notamment lorsqu'il s'agissait d'embaucher tel fils de notable de la Côte ou tel proche du maire. Un chèque d'un montant royal et des remerciements accompagnaient généralement ces mises à pied.

— Vous savez, on vous aime beaucoup, Jonathan. Toujours attentif aux clients, toujours disponible, souriant, causeur, et même très bon dans la discussion, surtout en littérature, ça plaît à certaines…

Elle avait accompagné son propos d'un petit sourire, sans que je puisse en deviner la signification. Je m'attendais à un prétexte quelconque pour justifier un licenciement. Berta Bertolucci confirmait ce que je soupçonnais depuis longtemps : mes moindres agissements lui étaient rapportés, mes propos, sans doute mes pensées.

— Oui, on vous aime beaucoup et j'espère que vous avez bien réfléchi.

Berta Bertolucci détachait chacun de ses mots pour ménager ses effets.

— Mon offre tient toujours, Jonathan. Un tremplin, quoi ! Vous allez être mieux payé, surtout. On a besoin de gens comme vous dans les salles de jeu. Sûrs, organisés. *Dévoués.*

La directrice adjointe avait particulièrement appuyé sur ce dernier mot. Elle guettait mes réactions. Il me fallait gagner du temps.

— Merci, je suis sensible à votre proposition mais j'aimerais continuer ce que j'ai entrepris à la piscine, où les gens parlent d'autre chose que de bijoux et de voitures de luxe.

— C'est aussi notre fonds de commerce, Jonathan. On ne peut pas se priver de cette clientèle. Nous sommes conscients toutefois de vos efforts pour distraire nos clients, les faire sourire, les… émouvoir.

Ses lèvres se serrèrent, conférant à son visage une grande dureté. Ses intentions n'étaient pas discutables.

Je refusai pourtant d'obtempérer.

— On doublera votre salaire, ajouta Berta Bertolucci.

J'invoquai d'autres prétextes, notamment que j'avais des difficultés à me coucher tard.

— C'est normal. Vous verrez, en quelques jours, ça passe. Tout le monde s'habitue au baccarat et aux tables de jeu. L'odeur des jetons, ça vous stimule. Et le fric, ça vous réveille un mort.

CHAPITRE 28

En fin de semaine, Léna vint me voir au Rocher. Mes gardes au bord de la piscine se terminaient tard le vendredi soir, trop tard en tout cas pour attraper le train pour P. Je la trouvai anxieuse et décidai de ne pas évoquer tout de suite l'offre de Berta Bertolucci.

Elle s'assit dans le petit fauteuil qui décorait ma chambre, inspira brièvement et fortement, comme pour soulager une angoisse.

Nous sortîmes par la porte de service puis je l'invitai dans un petit restaurant sur les hauteurs, plutôt populaire, fréquenté par des pêcheurs et des émigrés italiens. J'aimais m'approcher de la Dent du Chat, pouvoir observer la falaise d'en bas, prémices de notre arrière-pays qui n'en finissait pas de venir mourir sur la Côte. Le décor du restaurant s'avérait plus que sommaire : chaises en plastique, murs recouverts de contreplaqué. L'éloignement de la route de la corniche dissuadait les touristes de s'aventurer jusque-là. Léna but deux verres de vin et se laissa aller un peu plus à la confidence. Je savais que l'ivresse, fût-elle légère, exacerbait toujours sa mélancolie. Son visage, étrangement, exprimait aussi une grande détermination, comme si elle ne pouvait échapper à son destin.

— Notre dossier avance, Jo, mais le fond reste précaire.

— Tout ce que tu me racontes depuis des semaines a l'air pourtant bien sérieux.

— Il ne s'agit que d'indications.

— Tu as l'air sûre de ton coup.

— Ce n'est pas moi mais nous, un travail d'équipe… avec des informateurs.

— Certains sont peut-être impliqués et veulent se dédouaner.

— Et alors ? C'est leur droit ! On promet des remises de peine aux mafieux italiens qui parlent. Comment crois-tu que les flics travaillent ici ?

Léna était particulièrement véhémente. Je préférais cet état-là à l'abattement. On nous servit des sardines grillées accompagnées de courgettes au basilic et d'aubergines de l'arrière-pays. Léna raffolait de ces plats simples, pratiquement impossibles à trouver « en bas », dans les restaurants du Rocher. Elle cherchait ses mots.

— On a mis le doigt sur une affaire importante et complexe.

— Ça ressemble à du blanchiment. Stratégie de la pelote de laine : si tu tires le bon fil, difficile à trouver entre mille, ça n'arrête plus, jusqu'à ce que la pelote se vide.

Léna m'écoutait et marqua un temps de silence avant de reprendre :

— Oui, c'est la bonne image. On a des Russes dans notre affaire.

— Pas grand-chose de nouveau sous le soleil de la Côte.

— Sauf que ceux-là investissent beaucoup en sous-main dans l'immobilier. Ils jouent pour d'autres. Pour des notables du coin…

Elle se retourna. Je remarquai des chauffeurs routiers, deux routards avec sacs à dos à l'entrée et un couple de retraités qui en étaient à leur deuxième bouteille de vin blanc.

— Ne t'inquiète pas, Léna, on ne pose pas des micros dans tous les restaurants. Et ceux qui veulent savoir savent déjà.

— C'est ce qu'on craint, à l'asso. Heitor veut continuer, moi aussi. Les autres ont peur.

Léna prit une inspiration. Elle et plusieurs autres membres remontaient différentes filières : un permis de construire obtenu frauduleusement, des versements de pots-de-vin importants à des élus et un blanchiment. Les affaires en elles-mêmes ne paraissaient pas extraordinaires. Le lien entre elles présentait en revanche un cas rare. L'un des informateurs d'ISF était un employé du cadastre de la petite mairie de Lourdon, le village fortifié qui se trouvait à quelques kilomètres du Rocher. Sa fille avait été battue en sortant d'une boîte de nuit lorsqu'elle avait tenté de protéger son petit ami, lui-même frappé violemment par un Tchétchène, vigile de l'établissement. Le père avait porté plainte mais celle-ci n'avait pas abouti. Selon lui, le Tchétchène était protégé par le maire de Lourdon et lui servait de garde du corps plusieurs fois par semaine. Le préposé cadastral avait voulu rendre justice lui-même mais y avait renoncé en considérant la carrure du Tchétchène. Sa seule possibilité de vengeance résidait dans les dossiers qu'il manipulait à la mairie de Lourdon, dont la divulgation permettrait peut-être d'atteindre le protecteur du Tchétchène. Ce qu'avait découvert Leïla, l'avocate d'ISF, était plus grave et lié aux dossiers de faux permis de construire.

— Des Russes se font construire de magnifiques villas à Lourdon, au-dessus du précipice, avec vue sur mer. Ça devient aussi cher au mètre carré qu'au cap.

— Pas nouveau là non plus, Léna.

Elle aimait que je l'interrompe fréquemment afin de mieux comprendre elle-même l'énorme affaire qui commençait à émerger.

— Ce n'est pas nouveau, mais ce qui l'est, ce sont les dépenses. Faramineuses. Tous les travaux ont vu leurs prix multipliés par cinq ou six.

— C'est fait au noir ?

— Non, et c'est ce qui a attiré notre attention. Tout est déclaré. Des millions d'euros par villa ou par domaine. Parfois vingt ou trente, voire plus, sans compter le prix d'achat. L'un de nos informateurs, au fisc, nous a confirmé les chiffres pour trois dossiers. Ces travaux permettent de blanchir de l'argent, de le faire passer sur les comptes de plusieurs entrepreneurs.

— Si l'argent vient de Russie, au moins reste-t-il dans le coin.

— Il ne vient pas de Russie…

Léna prononça calmement ces derniers mots. Tout était dit. Les Russes de la Côte et du Rocher agissaient sur ordre, certes, mais sur des ordres locaux. Je regardai au loin, devant nous, le rideau sombre de l'horizon que les lumières des avenues du Rocher en contrebas dramatisaient, le transformant en un trou sans fond, une frontière sans bornes.

— Goldman Sachs est partie prenante dans ce blanchiment. D'autres banques sont impliquées. Une partie de l'argent arrive de Chypre.

— On s'éloigne de la Côte.

— Oui et non. Un autre dossier concerne une curieuse affaire de corruption à propos d'une usine, à cent kilomètres de là. Elle déverse des boues rouges dans notre mer.

J'avais entendu parler à plusieurs reprises de ce scandale concernant le rejet d'eaux polluées en Méditerranée. Après quelques broncas, l'usine avait pu poursuivre son activité. Étrangement, cette histoire me rapprochait de Guillaume qui, le premier, m'en avait parlé. Il m'avait semblé alors abasourdi par l'ampleur de la pollution, mais peut-être avait-il peur à l'idée de se confronter au pollueur, manifestement très puissant et ancré dans le paysage politique local. De par sa célébrité, les multiples événements auxquels il participait, les réceptions et mondanités où il était reçu en vedette, il en savait beaucoup sur les réseaux et les secrets de la Côte. Léna était absorbée dans ses pensées. Je désignai la sardine qui restait dans son assiette.

— Heureusement que nous n'avons pas pris des rougets.

— Oui, c'est tout le problème. Ces boues rouges abîment la faune et la flore. Les poissons sont menacés, surtout les poissons de roche, et bientôt certaines espèces ne pourront plus se reproduire.

— Les associations et la presse ont pourtant déjà dénoncé le scandale des boues rouges. C'est allé très loin puis c'est retombé comme un soufflé.

J'avais lu que l'usine s'était défendue en invoquant le besoin de préserver les emplois directs et surtout indirects. Des milliers de personnes étaient concernées. La ministre de l'Environnement en personne avait dû reculer.

Léna énuméra les résidus déversés par l'usine dans les eaux de la Méditerranée par un conduit long de vingt kilomètres : du chrome, de l'arsenic, de l'uranium, du mercure, du plomb. Elle évoqua aussi un chiffre ahurissant vérifié par le ministère de l'Environnement, l'usine rejetait dans les eaux des milliers de tonnes de déchets chaque année. Une nouvelle concession venait d'être signée, les élus avaient étrangement changé de position.

— Il y a quelque chose de pourri là-dedans, Jo. Je ne sais pas quoi mais vraiment pourri. Pourquoi ont-ils tous retourné leur veste si vite ? Je suis sûre que dans l'opinion publique le dossier est clos, et j'allais dire propre.

Léna passait souvent de phases d'abattement à l'ironie mordante. Je ne savais pas comment elle s'était construite mais je savais combien la réputation de son père, ses frasques, ses agissements sur la Côte l'avaient détruite. Sans cesse, elle cherchait à se détacher de cette figure imposante qui l'avait éduquée, lui avait payé ses études tout en salissant les valeurs qu'elle s'était forgées. Léna avait hérité de son père une blessure. Il lui offrait à l'âge adulte un cadeau empoisonné, le nom d'Ughetto.

Je n'étais pas malheureux, au fond, de n'avoir aucun lien avec le Père-la-Goutte. Léna, elle, devait se débarrasser de scories qui lui laissaient l'âme noire. Elle aurait pu devenir avocate et disposer d'un beau cabinet à P., son engagement à ISF représentait à la fois une sorte de vengeance contre son père et une expiation. Le don de soi cachait chez Léna une envie de se racheter une conduite. Je lui servais peut-être à cela, aussi. Il est toujours curieux de découvrir que l'on peut participer à un projet de rédemption, même lorsqu'il s'agit d'intentions tout à fait louables.

*

Léna me parla longtemps du dossier des boues rouges. Elle, Heitor et Sarah avaient rassemblé énormément d'éléments et consulté en secret un biologiste du CNRS, installé dans un laboratoire près de Lourdon, un établissement recherché par tous les experts en biologie marine de France et même d'Europe pour son emplacement unique. Heitor avait lui-même des connaissances en matière d'océanographie puisqu'il était diplômé de Lisbonne et de P. Mais il manquait une pièce maîtresse au trio. Quelque chose ne tournait pas rond. L'usine produisait de l'alumine de qualité, dans la plaine d'Orgens, qui permettait de fabriquer nos écrans à cristaux liquides, ceux des télévisions, des ordinateurs, et on nous envoyait en punition les déchets au large, incognito ou presque. La firme agitait la menace du chômage. Le « préservons l'emploi » remplaçait avantageusement le « préservons l'environnement ».

— Pourquoi l'usine ne traite-t-elle pas les déchets à terre ?

— C'est précisément ce qu'ils font, en partie, et ce qui leur a permis de voir leur bail vieux de cinquante ans renouvelé il y a six mois. Une part des déchets solides est traitée à l'air libre. L'autre continue d'être rejetée dans cet immense tuyau qu'ils ont fait rallonger de quinze kilomètres.

— C'est quand même mieux qu'avant, non ?

— Si on veut, oui ! Mais on parle toujours de milliers de tonnes de déchets toxiques déversés. On est largement au-dessus des normes. Même les déchets solides, traités à terre, sont loin d'être inoffensifs. La majorité des élus, contre toute attente, a dit oui. Toujours pour l'emploi. Je suis sûre que plusieurs de ces députés, maires et conseillers municipaux ont été achetés. Ils se moquent bien de ce qui arrivera dans vingt ou trente ans.

— Que disent les pêcheurs ?

— Pas grand-chose pour le moment. Nous, on y va mollo. On a peur des gros bras, soupira-t-elle.

Il lui paraissait évident que tout était lié : la pollution au large, les affaires de corruption de grande ampleur, l'implication de certaines banques de P. et du Rocher, dont Goldman Sachs. Lorsque je dis à Léna que je n'y connaissais pas grand-chose en finance, elle me répondit qu'elle non plus, « sauf que j'ai été élevée par un banquier et que nos écrans étaient toujours allumés sur Wall Street, la City, Tokyo et Hong Kong ».

Des nuages s'étaient subitement avancés du grand large vers le littoral, sous Lourdon. Des éclairs se mirent à zébrer le ciel noir. Une averse soudaine inonda la terrasse et les clients levèrent le camp. La paroi de la Dent du Chat dégoulinait d'eau, frappée dans tous les sens par l'averse. À ses pieds, canalisations, tranchées et réservoirs récoltaient les eaux. Rien ne devait salir le Rocher. La nature sauvage n'y avait pas droit de cité. Seuls les fleurs, les palmiers bien taillés y étaient tolérés. Je pensais aux orages en montagne, dans l'arrière-pays, et au cours de la Brandasque qui se gonflait brusquement, emportant parfois des ponts et des maisons trop proches du fleuve.

Léna ne bougeait pas. Je réglai l'addition, laissai un joli pourboire, puis elle prit ma main.

— Non, Jo, attends encore un peu. C'est si beau !

— Mais on ne voit rien !

— Justement. La Côte est magnifique aussi lorsque nous devenons aveugles ! Et puis cette pluie lavera tout…

Malgré un store solidement amarré, le vent portait quelques gouttes jusqu'à notre table. Je cristallisais, au sens de Stendhal. Chaque grain de pluie posée sur nos peaux était un instant de bonheur qui nous rapprochait, lentement, sereinement, au-delà des tempêtes et des crues, des débordements et des déluges, des marécages et des tourbières.

Le visage de Léna se perlait d'eau et cela la rendait plus désirable encore. Je surpris quelques larmes dans ses yeux. J'apprendrais plus tard que d'autres charges pesaient sur ses épaules.

CHAPITRE 29

Je n'avais nulle envie de devenir croupier. « Vous aurez un bon salaire et tous les pourboires ainsi que les gratifications de la maison », avait dit Berta.

Seul Marco pouvait m'aider.

Je montai au vingt-deuxième étage de l'immeuble Sky Tower. Marco me reçut sur sa terrasse, sous un dais de toile que des câbles amarraient au mur. On pouvait voir une bonne partie de la Côte, jusqu'aux prémices de P. À droite et à gauche, d'autres tours – bâtiments d'habitations, hôtels, banques –, une guirlande de ce que le Rocher pouvait présenter de meilleur. Un gazon synthétique absorbait la lumière éblouissante qui se reflétait de paroi en paroi sur les gratte-ciel voisins, jusqu'à ceux de la promenade du bord de mer.

Marco me paraissait soucieux malgré son après-midi passée sur le golf dix-huit trous de la corniche. Je lui exposai les raisons de ma venue, la convocation de Berta Bertolucci et son ultimatum.

Il me servit un jus de fruits frais qu'il avait commandé au premier étage. L'immeuble fonctionnait comme un hôtel avec services à domicile, restauration et traiteur sur commande, salle de sport haut de gamme.

— Je suis au courant, Jo.

Marco ne se privait pas de me rappeler ses liens privilégiés avec Berta Bertolucci, à qui il devait beaucoup.

— On m'a proposé moi aussi un super job. Et j'ai donné ton nom à Berta pour me remplacer.

Il demeura très évasif sur le poste, comme s'il hésitait encore, lui aussi, ou comme s'il devait garder un lourd secret.

— Mais, Marco, je n'y connais rien !

— Quinze jours de formation à la Société des jeux du Rocher et tu seras dans le bain.

Un sourire éphémère éclaira son visage.

— Allez, Jonathan, accepte.

La lueur dans les yeux de Marco me fit comprendre qu'il espérait que je dise oui, comme pour suivre sa trace, légitimer ses propres choix, la fuite hors de l'enclave, le saut dans l'inconnu. Il me raconta ses succès au casino et qu'on voulait le nommer chef de la police des jeux pour toute la ville, un poste qui en réalité consistait à faire le ménage et à chasser une partie des Russes de la Côte. Il semblait les connaître de près mais je ne pus en apprendre davantage. Berta Bertolucci et ses amis haut placés devaient le tenir, ils lui avaient offert sa chance et exigeaient en contrepartie ses bons et loyaux services.

— Et ton nouveau job sera bien payé ? Mieux que croupier ?

Marco posa son verre sur la table basse, de la même couleur que le gazon synthétique.

— Bien mieux. Ça pourrait être surtout moins reposant.

— Et plus risqué !

— C'est ce qui me fait peur. Jo, il faut que tu acceptes !

— Pour te rendre service ?

Il marqua un temps d'arrêt.

— Non, parce que les choses vont changer sur le Rocher.

— Il va y avoir du grabuge ?

Marco prit un air énigmatique que je lui connaissais bien, un rien frimeur.

— Peut-être davantage que ça, mais je ne peux pas t'en dire plus aujourd'hui. Accepte, Jo. Tu ne le regretteras pas.

J'étais aussi peu conforté dans mon choix que lors de mon arrivée. La rapidité de l'ascenseur me rappela que l'un des ingrédients de la réussite, ici, était la vitesse : vitesse de déplacement, vitesse du blanchiment, vitesse de l'ascension sociale.

Elle me rappelait aussi que l'on pouvait très vite descendre aux enfers.

CHAPITRE 30

Je retrouvai Léna à P. et elle me convia aux réunions de fin de semaine d'Intégrité Sans Frontières. Ces rendez-vous devenaient de plus en plus enflammés. Heitor menaçait de porter sur la place publique deux ou trois affaires dont celle que Léna appelait « le gros coup » ; Manu, lui, exigeait plus de retenue, tandis que Sarah, certes favorable à une action radicale, estimait qu'il manquait des pièces importantes.

Je sentais une réserve dans la voix de Léna, une réserve que j'assimilais à de la peur. Elle était toujours aussi fatiguée. Non pas affaiblie car elle diffusait toujours autant d'énergie autour d'elle mais un peu usée, sans doute par une peur lancinante. Elle continuait d'avancer, tête baissée, prudente aussi, avec cette symbiose qui faisait tout son charme, l'intelligence et la sensibilité. Je me demandais si elle n'avait pas mis le doigt sur un élément qui la freinait. Qui pouvait-elle gêner par d'éventuelles déclarations ? Léna n'était pas femme à renoncer. Elle plaçait la morale et l'intégrité au-dessus de tout, et sur ce point je lui donnais raison. Elle comparait son combat au sein d'ISF à une longue ascension en montagne avec maintes tempêtes et chutes de pierres. « Je sortirai par le haut, on sortira tous ensemble, on ne doit pas reculer, et de toute façon on ne peut plus reculer. » Quand je lui avais demandé ce qu'elle entendait par « on ne peut plus reculer », elle avait gardé un silence énigmatique.

Le soir, nous prîmes tous ensemble un verre dans la vieille ville, sur la colline protégée par la petite citadelle qui surplombait le port. Le bar était bondé et Sarah préféra que l'on s'installe dans un coin discret, du côté des remparts, avec vue sur la mer. En bonne avocate, elle voulait davantage de pièces à verser au dossier et souhaitait que l'on sollicite d'autres informateurs, des fonctionnaires de la préfecture en particulier, des policiers et des employés de la ville. Léna, au contraire, demandait la plus grande discrétion. Heitor but plus que de coutume, le regard perdu vers le port en contrebas, au-delà des jardins de la citadelle. Il ne cachait plus ses ambitions, transformer ISF en une grande organisation mondiale, ce que contestaient les autres, par crainte de devoir renoncer à leur indépendance. Tous m'associaient à leurs passions. Pourtant, je sentais une étrange atmosphère autour de moi, non pas une pression à mon égard mais bien plutôt une volonté commune de me cacher certains éléments de l'enquête. Si le dossier s'avérait aussi important qu'ils le disaient, si l'affaire allait soulever une tempête, il était normal qu'un tel petit groupe puisse se sentir submergé par la tâche, et un peu apeuré. Je décidai de retrouver Léna plus tard dans la soirée et je rentrai seul le long de la mer.

*

J'avais l'impression de me trahir moi-même, d'entrer peu à peu dans un jeu dont les règles m'échappaient. Telles étaient sans doute aussi les limites de cette symbiose qui m'avait paru un temps si naturelle entre l'arrière-pays et la Côte, mais qui se confrontait à l'existence de codes, de langages, de castes, de comportements distincts. Comment un berger pouvait-il se perdre sur ce littoral ? Nous sommes condamnés à une guerre sans fin, une migration martiale d'enclave en enclave, car tel sera le monde de demain. Les migrations sont soit des aveux de défaite soit des avis de conquête. Ma conquête voyait ce jour-là sa frontière se dessiner. J'avais voulu un temps quitter mon enclave, la prison montagneuse, si loin de mes rêves, aux horizons à la fois si vastes et si fermés. La mort de Guillaume était pour beaucoup dans ce souhait. Je m'étais finalement approché de ses deux fiefs : le littoral et la Dent du Chat. J'en avais découvert toute la beauté, des facettes magnifiques, le décor sordide aussi. Le front de mer, cet habillage, permettait de masquer les calculs de la Côte, ses arnaques diverses, ses appétits qui passaient désormais par la maîtrise de la vitesse. Le marchand de sable m'avait porté loin de mes cimes et il était devenu vendeur d'algorithmes. Et voilà que les militants de la générosité infinie, les humanitaires de l'anticorruption me demandaient de rejoindre leurs rangs. J'admirais leur combat, leurs engagements, mais ils n'étaient pour moi que piqûres de moustiques sur un dos d'éléphant. Les envolées d'Heitor me paraissaient suspectes. Tous les membres d'Intégrité Sans Frontières ou presque étaient fils ou filles de bonne famille, ils avaient des comptes à régler. Leurs études avaient été payées, ils en étaient sortis avec de beaux diplômes, acquis sur la Côte, à Paris, à Harvard ou à Stanford, leur avenir était tout sauf incertain, leur héritage, déjà assuré. Ils obéissaient à une pulsion de nos sociétés occidentales, faire le bien pour effacer une culpabilité, celle d'abord de la colonisation, puis des fortunes mal acquises. La générosité était devenue un faire-valoir que l'Occident produisait pour mieux exister. Je donne donc je suis, je donne donc j'existe.

Qui se soucierait sur la Côte d'une « méga affaire anticorruption », d'un « gros coup », hormis quelques personnes incriminées, que des entreprises s'empresseraient de lâcher et la justice de donner en pâture pour mieux protéger les autres ? Depuis le classement sans suites de la mort de Guillaume, je ne doutais plus des capacités de la République à neutraliser tel ou tel dossier gênant ou complexe. Même dans l'enclave, nous étions englués dans une empathie bureaucratique, une dérive de l'État qui ne pensait qu'à son centre et ne se souciait guère de ses confins. Ma thèse sur les frontières m'avait au moins appris cela : la gestion du droit international à l'ONU s'opérait selon la règle du consensus, en dehors du Conseil de sécurité, et la cuisine des résolutions se concluait par le plus petit dénominateur commun, l'embêtement *a minima*, un consentement mou où l'éthique n'avait plus beaucoup d'importance. Parfois, on parvenait à éviter les guerres. Parfois, on concluait la paix, comme pour un divorce, par consentement mutuel. L'algorithme était en train de gagner du terrain.

CHAPITRE 31

Je pris mon courage à deux mains et décidai de devancer l'appel de Berta Bertolucci. Passablement énervée, elle rentrait d'une réunion au siège de la Société des jeux du Rocher.

— Alors, vous acceptez, bien sûr, me lança-t-elle en jetant un dossier sur son bureau, après avoir congédié sa secrétaire.

Elle portait une jupe courte, une veste de cuir noire et paraissait moins stricte.

— Je suis désolé, mais je ne prends pas ce poste de croupier. J'ai trop à faire de mon côté.

Elle se laissa tomber dans son fauteuil.

— Vous imaginez, Jonathan, les conséquences ? On a besoin de vous, ici ! Certes, les postulants sont nombreux, mais je vous l'ai déjà dit, on veut quelqu'un de confiance.

Je triturai mes doigts, conscient que je risquais de perdre aussi ma place à la piscine.

— Allez, je vous donne encore un jour de réflexion !

C'était tout vu et elle le savait. Berta Bertolucci se leva, un brin furieuse. Elle avait pris son air le plus féroce, un rictus aux lèvres, pour me montrer que mon refus l'agaçait, mais cette fois elle n'excellait pas en la matière. Son regard trahissait soit de la commisération, soit de la considération. Que représentais-je pour la directrice adjointe ? Un ange gardien, plus important que Marco, m'avait-il recommandé pour cette promotion, qui pour moi n'en était pas une ?

Je pensai au docteur Petru, qui rôdait dans les parages. Sans doute m'avait-il éclairé le chemin de loin en loin. Sans doute me donnait-il des clés. « Vas-y, mon gars, ne reste pas dans la panade, bats-toi, sinon tu devras retourner dans le hameau de Tozza avec les chèvres. » Cette voix... Oui, il m'avait donné ma chance, après avoir détecté au collège de la vallée que je n'étais pas trop mauvais pour les mathématiques.

Berta Bertolucci ne m'en voulait pas, au fond, et cela était dû à une solidarité des gens de l'arrière-pays. Elle comprenait que j'avais déjà fait beaucoup en venant sur le Rocher, descendre jusqu'au pied des falaises, affronter le littoral. Ma mélancolie des montagnes ne pouvait se cacher. Il ne s'agissait en rien d'une nostalgie mais d'une *senhsucht* chère aux romantiques allemands et à Goethe, d'une mélancolie du lendemain, d'une douce tristesse que permettait l'espérance. Je me souvins des vers de García Lorca dans son *Livre de poèmes,* tant imprégné de la magie de Cervantès : « L'ombre de mon âme ! / J'ai atteint la ligne où cesse / La nostalgie, / Où se fige la goutte des larmes. »

Je regagnai mon poste, bien calme au demeurant. La piscine était toujours là, la mer aussi, et cela suffisait à bercer l'ombre de l'âme.

*

Marco m'avait appelé et demandé de passer chez lui. Depuis la cage en verre de l'ascenseur ultra-rapide, la Dent du Chat montrait ses premières griffes, rappelant aux tours et aux banques de la ville et du littoral qu'elles n'étaient qu'éphémères, nullement à l'abri d'un séisme, d'un caprice de la Terre ou d'un spasme de la falaise.

Mon ami m'accueillit à la porte de son immense appartement. Il était furieux.

— Ça va pas la tête ? Tu n'aurais jamais dû refuser !

— Ah, je vois que les nouvelles vont vite.

— Ne sois pas ironique. J'ai des infos.

— Dis plutôt que tu es en contact direct avec Berta Bertolucci.

— Fais pas le malin. Elle a ses préférences.

— Alors tu dois en faire partie.

— Cette place est en or, Jonathan. Tu fais une grave erreur !

— Tu veux que je finisse cardiaque ? Ou empêtré dans des affaires de jetons volés et de détournement ?

— S'agit pas de ça. C'est ta carrière, la chance de ta vie !

Il n'avait pas tort. Je regardai la terrasse et lui dis :

— Bon, en matière de carrière, je reconnais que tu as eu une belle trajectoire. Mais pour moi, regarde, ce n'est pas si mal ! J'ai quand même dirigé une centaine de chèvres et de chevaux, les bêtes, je les ai câlinées, j'en ai promu certaines. Et j'ai augmenté mes capacités de production de fromage.

Il leva les yeux au plafond mais je savais que nous nous comprenions. Il m'invita à boire le café dans la salle à manger, la terrasse étant trop lumineuse à cette heure de la journée.

— C'est vrai que tu t'es pas trop mal débrouillé pour un enfant du pays.

Il s'était calmé, je le trouvais en revanche inquiet. Son téléphone portable sonna et il s'allongea sur le canapé du second salon. Son visage parut se fermer.

— Oui, je vous rappelle.

Quand il raccrocha, je lui demandai s'il savait qui était mon ange gardien.

— Berta t'aime bien, Jonathan. Dans les casinos de la maison, on a besoin de gens comme toi, elle a dû te le dire.

— Et pour toi, tout se passe bien ?

Il baissa la tête, comme si un énorme poids pesait sur ses épaules.

— Le nouveau poste dont je t'ai parlé, c'est tradeur, de haut niveau, dans une grosse boîte… Je n'en reviens pas.

— Eh bien, tu vois, chacun son tour ! Mais là, je pense que tu ne vas pas dire non. Et ce sera où ?

— Ici, dans une filiale de Goldman Sachs qui fait aussi dans le courtage. Ils ont appris que j'avais travaillé dans la finance à Beyrouth. Ça leur a plu. Et ils ont besoin d'un carnet d'adresses.

Il me regarda, comme s'il craignait un quelconque geste de réprobation de ma part.

— Tu retourneras un jour dans la vallée tel un roi.

— Ne plaisante pas avec ça, Jo. Je ne trahis pas !

— Ce n'est pas ce que j'ai dit. Tu as le droit. Pourquoi ce serait toujours les autres ?

Marco, avec sa mémoire phénoménale, me rappela que les Suisses avaient popularisé la notion d'*exclave*, l'antonyme d'enclave, pour qualifier des excroissances de cantons dans d'autres régions.

— Et notre vallée, c'est peut-être une exclave, une excroissance de je-ne-sais-quoi.

— Notre vallée a le droit en retour d'absorber d'autres vallées. Et même le littoral !

Marco rit de ma remarque.

— Tu vendras des fromages sur la Côte.

J'aurais pu devenir croupier, assumer plusieurs tables de jeu, diriger ce petit monde de joueurs tel un troupeau, les caresser dans le sens du poil, guetter leurs maladies, leurs tics, leur donner un coup sur la tête en cas de grabuge, appeler non pas le vétérinaire mais la sécurité de la salle. Je savais traiter certaines plaies, la démence des bêtes, la bave au coin des lèvres, la folie du bouc, et l'homme devant sa table de jeu n'était pas loin de ce tableau : le joueur invétéré mordu par la martingale, la fièvre du gain, la schizophrénie qui s'empare de vous, telle que l'ont décrite Dostoïevski et Zweig dont j'avais dévoré les livres à la bibliothèque de la vallée. Je songeai à la ville de Roulettenbourg imaginée par l'auteur des *Possédés*, aux mains qui trahissent les pulsions, au regard maladif qui creuse le visage et l'âme, à la hantise des poches vides, à la boule qui vacille sur la table et à la tête qui tangue.

— Ça ne va pas être trop dur, d'être tradeur ?

— Moins dur pour les nerfs, j'en suis certain, que croupier, répondit Marco.

— Tu vas recevoir une formation…

— À peine. On apprend vite dans le métier. Et puis tout se fait par écritures électroniques.

— J'imagine : les virements, les transactions pour semer le doute, embrouiller les enquêteurs…

Marco marqua une pause. Il voyait où je voulais en venir.

— On ne peut rien te cacher, Jo. C'est la bosse des maths, ça ! Oui, ça sert surtout à blanchir. Mais motus…

Je faillis lui dire que je ne voulais pas finir dans un ravin pour être régurgité dix ans plus tard par un glacier en gestation, mais je m'abstins.

— Il faut sûrement être bien soutenu, du moins avoir les reins solides financièrement, ajoutai-je.

— *Backé*, comme on dit dans le métier, de *back up* en anglais. Il y a du fric derrière.

— Tu as tout ce qu'il faut ici.

— Tu ne crois pas si bien dire, répondit Marco en se retournant et en désignant les quelques hautes tours que l'on pouvait apercevoir depuis la terrasse. Ici, à P., sur la Côte, à Paris, à Londres.

— Tu me fascines, Marco. Tu vas y arriver.

— Toi aussi, Jo, depuis le collège et ce que tu appelles la bergitude. Mais vraiment, tu fais une grosse connerie, tu devrais accepter.

Je me levai et tendis la main à mon ami d'enfance, fils de sculpteur sur bois devenu croupier et bientôt tradeur.

— Je veux bien le croire, mais c'est trop tard.

Je laissai Marco. Il avait fort à faire avant de prendre son nouvel emploi. Il garderait le même appartement, achèterait sans doute une résidence secondaire dans l'arrière-pays, continuerait à rouler en Porsche, injecterait un jour des liasses de billets dans l'atelier de son père qui périclitait. Marco avait choisi depuis longtemps et je ne pouvais lui en vouloir. Peut-être allait-il bientôt me mépriser, règle d'or à l'égard de ceux qui avaient laissé passer leur chance sur la Côte, surtout lorsqu'ils venaient de « là-haut ». Une complicité forte nous liait cependant, fruit des années de misère dans la vallée mais aussi des expéditions sur les hauteurs. Lui avait reçu un magnifique cadeau, la considération d'un père. Comment lui dire qu'il me manquait des fondations ? Que des abîmes infinis s'ouvraient sous mes pieds depuis l'enfance ? Que j'étais sensible à toutes les secousses ?

CHAPITRE 32

J'avais au moins échappé à la chute vers les enfers. Être croupier au casino du Cap, cela signifiait descendre dans l'atrium de l'hôtel, franchir l'une des portes en sous-sol, être au niveau de la mer et même en dessous à certains endroits. Je ne voyais pas de plus cruelle métaphore pour cette promotion. Marco, lui, estimait en être sorti, sûr de son rebond. Il remontait à la surface, prenait de l'altitude, non pour entamer une voie rocheuse mais pour poursuivre une « vraie carrière », disait-il, et renouer aussi avec son goût pour les mathématiques. Enfin, c'était ce qu'il croyait.

Ce casino, je le connaissais peu, pour avoir gravité pendant des mois autour de la terrasse du toit et de la piscine de l'hôtel. Je décidai de m'aventurer dans les sous-sols, avec mon badge d'entrée et en tenue civile, pour conforter mon refus, me guérir d'une éventuelle culpabilité, pour ne plus entendre les voix lancinantes de Berta Bertolucci, de Marco et de Brian. L'atrium débordait de clients de l'hôtel et de joueurs, il en allait de même pour le grand escalier de marbre et les salles de jeu où paradaient des femmes en robes longues, des hommes en smokings et d'autres en tenues bien plus légères. Le casino du Cap était aussi réputé pour ses libéralités en matière de code vestimentaire. Dès les dernières marches, on était agressé par le bruit incessant des machines à sous. Des individus abaissaient mécaniquement les bras des engins ou appuyaient sur un bouton tout en plaçant des jetons ou des pièces dans une fente. Avant même d'entrer dans la grande salle, je pénétrais dans un étrange lieu de perdition, où les pulsions feignaient de s'ériger en passions.

Sous une nuée de caméras, David, l'épais agent de sécurité à oreillette et à barbichette, me laissa entrer avec un sourire appuyé. J'allai d'une table à l'autre, sans but précis. Marco n'était pas de service, sans doute avait-il déjà démissionné afin de rejoindre son nouveau poste d'opérateur de marchés financiers. Les joueurs avaient les yeux rivés sur les tapis verts. L'un d'eux, légèrement chauve et replet, en pantalon de flanelle et chapeau blanc, se tordait la lèvre inférieure dans tous les sens. Les yeux exorbités, il jouait des dizaines de jetons au baccarat, perdait sans cesse, se levait pour aller à la caisse, revenait avec des piles de pièces en plastique de différentes couleurs et marquées 20, 50, 100, 500, qu'il plaçait anxieusement, la poitrine secouée d'inspirations brèves. Puis il attendait. Le croupier actionnait une manette, la roulette entamait son cercle infernal, une bille surgissait en sens inverse, cherchait la case de la fortune. L'homme, en transe, prenait un jeton, le malaxait, le faisait rouler entre ses phalanges pour le placer sur les cases rouge, noir, pair, impair, attendait que la bille arrête sa course folle, se précipitait sur la table, perdait à tous les coups ou presque, s'épongeait le front, fouillait dans ses poches. Combien de temps tiendrait-il ainsi ? Je me retournai, deux vigiles emmenaient un joueur au bord de la crise de nerfs et qui murmurait : « J'ai tout perdu, j'ai tout perdu. »

J'étais dans l'enfer du jeu, le paradis des gagnants, si peu nombreux. La banque du casino, elle, ne perdait jamais, la Société des jeux du Rocher, accessoirement mon employeur puisqu'elle possédait l'hôtel, pouvait s'enorgueillir d'encaisser des trésors chaque mois. Le fisc, lui aussi, se frottait les mains, en empochant la moitié des gains. Le casino est une maison des impôts qui cache son nom. On me proposait ni plus ni moins de participer au renflouement des finances du Rocher et de la France. On rentrait heureux, on sortait déprimé. Comment Marco avait-il tenu si longtemps ?

L'homme au panama blanc allait bientôt quitter la salle, abattu, fiévreux. D'une main crispée, il enleva son chapeau et regarda une dernière fois le râteau du croupier aller et venir sur le tapis vert, qui jamais ne contenterait les plus profondes de ses pulsions, comme si la vraie pulsion consistait au fond à perdre, à se ruiner, à mordre la poussière, à se damner.

Je me souvins alors des mots de Léna sur le fils du ministre des Affaires étrangères qui était sous le coup d'une enquête judiciaire. À trente ans et des poussières, sans emploi connu et sans pouvoir justifier d'aucun revenu fixe, il avait acheté un immense appartement dans l'un des quartiers les plus chers de Paris, boulevard Raspail. Une enquête avait été lancée, la justice le soupçonnant de blanchiment d'argent sale, d'escroquerie, de faux et usage de faux. Jérôme Pisan avait rétorqué qu'il était passionné par le jeu, il en était malade même, et cela avait contribué à réduire le nombre d'accusations portées contre lui. Il aurait gagné, disait-il, beaucoup d'argent à la roulette et au baccarat, notamment à Macao, Las Vegas et dans les casinos du sud de la France. Le remboursement de son prêt pour son appartement ne commencerait que dans plusieurs années, parade surréaliste qui lui avait valu d'échapper à la mise en examen pour blanchiment.

À regarder les tables de jeu, je réalisai brusquement combien il était facile de blanchir l'argent de la corruption. Il suffisait de se faire remarquer dans un casino, de payer un photographe, de garder quelques factures de bar ou de restaurant pour prouver que l'on était un perdant perpétuel mais aussi un gagnant potentiel. Une technique importée de Macao, qui blanchissait deux cents à deux cent dix milliards de dollars d'argent sale chinois par an. Sarah en avait parlé à plusieurs reprises lors des réunions d'ISF à P. Le fléau de la corruption en Chine était davantage craint par le pouvoir de Pékin que les jacqueries et les révoltes étudiantes ou ouvrières. Macao servait de paravent au système de prévarication pour tous, en tout cas pour les nantis, privilégiés et membres du parti communiste. Les transactions frauduleuses augmentaient de vingt pour cent par an selon le Bureau d'intelligence financière chinois.

Sarah redoutait que ces pratiques subtiles ne se banalisent sur la Côte.

Léna lui répondait que le mal était déjà fait.

CHAPITRE 33

— Tu aurais dû accepter, Jonathan. Pas pour l'argent, pour m'informer !

Léna ne croyait pas un mot de ce qu'elle venait de dire et, au fond d'elle-même, me comprenait. Je la trouvais inquiète. Elle avait besoin de rire, d'oublier, mais d'oublier quoi ? Elle demeurait discrète, voire secrète.

La mer était démontée ce jour-là et P. présentait un visage d'automne défait. Léna et moi nous marchâmes un moment, main dans la main, tandis que l'avenue du bord de mer se vidait. Le littoral ressemblait à un tableau lavé par les embruns. Une personne avait été emportée par une vague quelques semaines plus tôt sur le chemin des contrebandiers. Léna ironisa sur le nom de ce chemin, les petits contrebandiers du sel et des épices, devenus de gros poissons, passaient en Rolls un peu plus haut, sur la corniche, tandis que leurs bras armés défilaient sur l'autoroute avec des chargements de drogue, de billets de banque, d'armes et parfois d'êtres humains.

Une forte brise secouait les palmiers. Léna aimait ce temps maussade, il dissimulait sa mélancolie, la mélangeait aux humeurs du large, à l'humidité ambiante, à la tempête rampante. Elle aimait sentir les embruns sur ses joues, les caprices du vent l'emmenaient loin, hors de sa ville, et si profondément en elle.

— Pourquoi faut-il que nous soyons toujours perdants ? souffla-t-elle en marchant.

Nous étions sous la corniche, au-delà du phare. Nous n'entendions plus le bruit des voitures. Des maisons bordées de cactées et d'aloe vera s'étiolaient entre les collines et la mer, paraissant inaccessibles. La nature ici était aussi sauvage que les prix de l'immobilier. Je retrouvais la flore de l'arrière-pays, avec deux zéros en plus par mètre carré.

— Nous ?

— Nous, les hypersensibles, toi, moi, bien d'autres, on est perdants.

Elle n'avait pas tort de placer la discussion sur ce terrain-là. Elle connaissait mon parcours, je connaissais plus ou moins le sien, le déshonneur qui rejaillissait depuis que son père avait été inquiété par la justice à plusieurs reprises, la solitude de son frère Geoffrey, la demi-folie de leur mère, qui avait tout accepté, beaucoup trop en tout cas. Je connaissais aussi les réticences formulées par plusieurs membres d'Intégrité Sans Frontières quant à sa présence au sein du bureau directeur.

— On est souvent perdants parce qu'on ne veut pas blesser, on a peur de faire du mal.

— Eux, en face, ils frappent, ils n'ont pas de complexes, répondit-elle laconiquement.

Le vent forçait et s'invitait sur les terrasses, envoyait des feuilles de palmier sur les toits.

— Que veux-tu dire ?

— Eux n'ont pas d'états d'âme. Ils sont immunisés très tôt. Leur cuirasse les protège. Ils ne se posent aucune question. Ils n'ont pas de mauvais rêves, pas de remords, pas de regrets. Nous, les hypersensibles, on part avec des handicaps.

Les tourments de Léna étaient devenus lourds à porter dès l'adolescence. Sa mère, dépressive chronique, passait par des phases de violence à l'égard de ses enfants et à son propre endroit, versant parfois dans le sadisme. Elle buvait des journées entières, en cachette. Sans doute songeait-elle à se suicider. Entre deux propos incohérents, elle évoquait souvent une hypothétique vengeance, vraisemblablement à l'encontre de son mari.

— On a tous envie de se laver d'une quelconque culpabilité, poursuivit Léna. Culpabilité de quoi, je me le demande… Faire le bien est sans doute plus facile.

Léna se voulait une missionnaire du bien à Intégrité Sans Frontières. Sans cynisme aucun, contrairement à Heitor, elle voulait soigner les plaies du monde ou du moins certaines et non des moindres, la corruption, les abus de biens sociaux, les prévarications. Nous avions dépassé le promontoire rocheux à partir duquel le sentier devenait étroit, empruntant des couloirs pierreux au-dessus de la mer.

— Je ne crois pas que faire le bien soit facile. Je ne crois pas non plus que ce soit innocent. On a besoin de donner pour exister mais, même si on agit par amour ou de manière désintéressée, le don crée une dette. Quand on aide, on initie un lien et souvent une dépendance. Rappelle-toi cette phrase de Tacite : « Les hommes sont plus enclins à rendre le mal que le bien, car la reconnaissance est un poids alors que la vengeance est un plaisir. »

— Arrête de philosopher, Jo. On n'a plus le choix. Une société qui ne donnerait pas s'écroulerait. Nous sommes tous devenus égoïstes, à des degrés divers, repliés sur notre autisme.

— On est bien d'accord, mais ce n'est pas l'action d'ISF qui changera le cours du monde.

— Qu'est-ce que tu en sais ?

Je voulais juste lui signifier qu'elle ne devait pas se perdre dans ce combat. Si une certaine candeur était recommandée, la naïveté, elle, était à bannir dans ce domaine. Le terrain de jeux de certaines ONG était devenu hautement politique et exposé, surtout sur la Côte.

Nous approchions du cap de P., sous le mont Cougoule, dans la descente de Lourdon. Le vent avait chassé les promeneurs. Le sentier se désertait, les rochers en contrebas aussi. Léna me prit par la main et nous nous assîmes face à l'horizon, les yeux rivés à cet océan d'espoirs et de gouttes d'eau.

— Tu vois la maison blanche, au-dessus de la petite falaise, après le versant ? Voilà, encore une maison que mon père a fait construire et qu'il a aussitôt revendue.

Elle avait prononcé ces mots avec une certaine émotion.

— Mon père, ses réseaux, ses copains, ses maîtresses...

Elle préféra changer de sujet et me demanda des nouvelles du Rocher. Quand je lui dis que Marco allait devenir tradeur dans une grande société de courtage, elle sursauta.

— Mais voilà ce qu'il nous faut ! Tu crois qu'il pourrait travailler pour nous ?

— Je ne pense pas. Il ne trahira pas sa boîte.

— On ne lui demande pas de trahir mais de nous informer.

— Il n'y trouvera pas son intérêt.

— C'est vrai qu'on ne paie pas aussi bien que Goldman Sachs, si c'est ce que tu veux dire !

— Arrête, Léna ! Marco veut faire carrière. Pourquoi pas, après tout, certains veulent faire pareil à ISF.

— Tu penses à Heitor, oui, je sais. Mais Marco pourrait servir l'intérêt de l'arrière-pays.

— Il aura d'autres chats à fouetter, crois-moi.

Nous rebroussâmes chemin. Il était temps de rentrer. Le vent n'avait pas faibli, la peine de Léna non plus. Au loin, les vagues envoyaient des crinières blanches vers le ciel, qui s'était teinté de gris. Sur le chemin du retour, Léna marchait résolument, le visage mangé par ses cheveux qu'elle devait sans cesse rejeter en arrière. Avant d'atteindre le port, elle dit doucement :

— Mon père et le docteur Petru se sont vus hier, à Lourdon. Ne me demande pas pourquoi, je n'en sais rien.

Je fus surpris par une telle nouvelle. Je savais que Petru et Raymond Ughetto se connaissaient et avaient été en affaires, Léna me l'avait raconté un soir dans le casoun de Tozza, mais je pensais qu'il s'agissait d'une vieille histoire. Que tramaient-ils là-haut, au-dessus de l'à-pic, dans ce village à la fois très fréquenté et secret, ce nid d'aigle dont les remparts semblaient jeter ses pierres de l'arrière-pays dans la Méditerranée ? Je tentai d'en apprendre plus mais Léna n'était au courant de rien et voulait juste oublier son père.

CHAPITRE 34

J'avais demandé à David, l'épais agent de sécurité à oreillette et à barbichette, de me tenir informé s'il voyait le docteur Petru revenir à l'hôtel ou dans les salles du casino. Il me laissa un message trois jours plus tard, en fin d'après-midi.

Je décidai d'aller à la rencontre de Petru. Il fut surpris de me voir dans l'atrium. Il sortait d'un salon surnommé « chambres VIP », loué à prix d'or, à l'heure ou à la journée, par des personnalités ou de grands joueurs. Il n'avait pas changé. Il portait une chemise et un pantalon blancs, la crinière abondante, coiffée en brosse, des lunettes d'écaille agrandissaient ses yeux noirs.

— Oh, Jonathan, quel plaisir de te voir !

— Ravi moi aussi, docteur. Et vous savez bien que, si je suis là, c'est grâce à vous.

Petru aimait qu'on lui rappelât sa générosité. Je ne savais comment poser mes questions. Il m'était toujours difficile de parler à celui qui m'avait offert ma chance. J'aurais pu, j'aurais dû, tomber bien plus bas, sans aucun moyen de passer mon bac, de pouvoir faire des études, de sortir de l'enclave. Petru m'avait permis de monter à Tozza, en fait de m'élever, dans tous les sens du terme, et n'avait jamais contesté mes projets de fromages littéraires. Grâce à lui, j'avais pu rencontrer Titin, le berger magnifique, le père de substitution. De là-haut, le vieux berger m'accompagnait de sa bienveillance, un cadeau qui vous reste à vie.

— Alors, Jonathan, tu voulais me dire quelque chose ?

Petru me tira de mon mutisme. Je me lançai d'une voix mesurée et ferme en même temps :

— Vous savez pourquoi Guillaume Lacoste a disparu ?

Petru marqua un mouvement de surprise.

— Pourquoi me demandes-tu ça ? Je le connaissais à peine…

Je vacillai sans n'en rien montrer. Il était faux de dire qu'il ne le connaissait pas ou si peu. Guillaume avait travaillé pour l'une de ses bergeries en aval de Tozza, à La Taglia, pendant les vacances scolaires. Petru ne s'en était pas occupé comme il s'était occupé de Marco ou de moi, certes, mais il n'avait pu oublier Guillaume.

— Il a pourtant travaillé pour vous.

— Oh, ça se peut bien ! Il faudrait vérifier avec Albert-les-Bretelles.

Petru connaissait les querelles qui nous avaient opposés, Albert-les-Bretelles et moi, la propension de son intendant à puiser dans la caisse qui devait servir à me nourrir, ses incartades, ses coups de gueule, mon envie de le balancer dans un ravin, ce qui avait failli se produire à deux ou trois reprises.

— Il faut que tu oublies ce garçon, Jonathan. Ça fait dix ans !

Petru s'enquit de ma santé, voulut savoir si je me plaisais sur la Côte et si je comptais revenir un jour dans la vallée. Il paraissait gêné de me parler dans l'enceinte de l'hôtel, surpris sans doute de voir débarquer ainsi, au débotté, son ancien employé, et moi j'éprouvais toujours une telle reconnaissance envers lui que j'en étais tétanisé. Cette reconnaissance était un poids ou une dette dont je ne pouvais m'acquitter et qui me marquerait à vie. Petru n'en avait jamais joué sauf ce jour-là, sans doute pour éluder mes questions sur Guillaume. Il ajouta que je serais toujours le bienvenu chez lui, à Village ou sur les hauteurs, et dans ses bergeries, à Tozza ou à La Taglia. Puis il me donna une tape amicale dans le dos et tourna les talons. Sa crinière blanche disparut dans les jardins de l'Hôtel du Cap.

*

Lorsque je retournai à la piscine, je m'empressai de grimper sur le promontoire débouchant sur le toit. Je vis Petru s'engouffrer dans une Bentley décapotable grenat. Le véhicule n'était certes pas rare sur cette partie du littoral, et même jusqu'à P., mais la couleur l'était. Je me souvins des mots de Léna à propos de Virgile Francesco, de son garage à plaque tournante à Lourdon, avec Ferrari, Rolls et Bentley. Nul doute qu'ils devaient concocter ensemble un projet immobilier aux alentours de Lourdon et se rendre dans le village perché, à quelques kilomètres du Rocher. Il était étrange de voir le docteur Petru partir en voiture de luxe vers les hauteurs, non vers l'arrière-pays et les Alpes, mais vers ce village fortifié, bien connu des Américains depuis que des scènes d'un film de Hitchcock avaient été tournées sur la route qui le contournait. Que tramait-il là-haut ? À quel secret conclave allait-il participer ?

*

Je subissais les assauts des souvenirs plus que je ne les désirais. Les strates du passé ne s'envolaient pas. Je vivais avec elles. Les gangues nouvelles étaient parfois fertiles, parfois vérolées. L'image de la crinière blanche du docteur s'engouffrant dans une voiture et disparaissant au claquement d'une portière m'habita pendant des jours et des nuits. Titin était-il de mèche avec lui ? Me revenaient en mémoire des paroles du médecin, prononcées à diverses reprises au chalet de Tozza : « Jonathan, il faut prendre des coups dans la vie, il faut même prendre des coups dans la gueule. Crois-moi, c'est quand tu tombes que tu deviens plus fort. » Je donnais des coups dans la cour de l'école, ne supportais pas que l'on se moque de mes baskets percées, de mes pulls troués. Je m'entraînais sur un punching-ball bricolé à ma manière dans un vieux sac de patates suspendu à une branche de sapin et rempli de paille, de feuilles et de sable. Je frappais, je cognais, je revenais à l'école ou à notre semblant de maison, les poings en sang. J'ai dû longtemps m'entraîner avant de passer à l'action mais les séances de punching-ball portèrent leurs fruits. J'avais ainsi séché trois caïds, sans trop laisser de traces, visant les côtes et près des épaules, et j'eus la paix bien vite. Se relever. Comment apprendre ? Sans doute avais-je commencé en me heurtant aux castes du littoral. Sans doute Petru le savait-il, sans doute m'avait-il envoyé maintes fois au casse-pipe afin de m'endurcir. Il était capable du meilleur comme du pire.

CHAPITRE 35

La route défilait devant nous, les phares de la petite voiture de Léna balayaient les virages inscrits dans la roche. Elle aimait conduire sur la corniche, me montrer les lumières de la Côte, la nuit, tandis que je lui désignais, sur la route entre P. et Lourdon, l'arrière-pays plongé dans le noir, ses collines, ses villages aux maisons éteintes. Parfois, nous prenions la piste qui grimpait au sommet du parc départemental côtier, afin de voir ce que cachaient les montagnes. « Tu vois, tout n'est pas totalement noir », me taquinait Léna.

Le crépuscule donnait une atmosphère irréelle à l'arrière-pays, « l'arrière-boutique », plaisantait Léna. Elle ne croyait pas si bien dire. On y stockait espoirs et désespoirs, on y construisait hôpital psychiatrique, collège pour cas sociaux, station d'épuration pour le Rocher, hangars de « déchets lourds », autant d'établissements dont on ne voulait pas sur le bord de mer.

J'invitai Léna près des remparts, dans l'un des restaurants du vieux village de Lourdon, ouvrant sur l'à-pic et le fantastique jardin de la mairie, cultivé en étages, ancré dans la falaise côté mer. À cette heure, Lourdon oubliait ses appeaux touristiques et basculait dans le vide. Le noir du précipice détalait jusqu'à la mer en contrebas, un noir non pas de l'arrière-pays mais de la zone protégée, de la réserve pour côtiers, de la falaise que l'on exposait au regard des visiteurs, ce qui permettait au maire Virgile Francesco de dire qu'il était intègre et n'accordait pas de permis de construire.

Virgile Francesco s'en sortait toujours bien. Cela énervait Léna, bien plus que les autres membres d'Intégrité Sans Frontières. Le maire avait vingt fois frôlé le procès et la prison, et vingt fois était reparti de plus belle, criant au complot, rappelant ses origines modestes.

Pour accéder au restaurant, il fallait traverser le village piétonnier, étrangement calme dès la nuit tombée. Léna connaissait chaque ruelle avec ses pavés soigneusement conservés, ses petits ponts pour relier les maisons entre elles, les passages souterrains où je l'embrassais à la dérobée. Une placette débouchant sur l'église permettait d'apercevoir les fameux jardins de la mairie en contrebas et le petit parking réservé aux invités de marque. Léna en profita pour m'enlacer tandis que je regardais les pans de la montagne se jeter dans la mer, au-delà du petit vallon que l'on pouvait gagner depuis les rochers. Léna était toujours imprévisible, non pas capricieuse mais tantôt mélancolique tantôt brusquement enthousiaste. Elle mélangeait ces deux états, en jouait, et je détectais ses sentiments à la lueur de ses yeux, au plissement de son front, au mouvement de ses sourcils. Elle se retourna et s'adossa à un muret surplombant le vide, non loin du jardin aux sculptures de bronze. Ses cheveux fouettaient mon visage au gré de la brise du soir. Le parfum de sa peau vint m'enivrer. Étrangement sujette au vertige, elle ne bougeait pas, accrochée au parapet et à moi. Sans doute ma présence la rassurait-elle et je le pris pour un compliment.

Une vieille Mercedes décapotable aux ailes avant allongées et renflées se gara sur le parking privé de la mairie, situé deux terrasses en dessous, légèrement sur la gauche, côté ravin, entre bougainvillées et cyprès. Le chauffeur s'empressa d'ouvrir la portière arrière. Un homme courtaud en costume blanc en sortit. Léna reconnut Virgile

Francesco. Sous le lampadaire à lumière jaune dont la forme imitait les vieux réverbères, une femme, empêtrée dans un tailleur et gênée par ses talons hauts sur les pavés, se retourna.

— Berta Bertolucci…

— Que fait-elle ici ?

— Je n'en sais rien. Ce qui me paraît bizarre, c'est qu'elle soit avec Virgile Francesco.

— Encore une conquête du maire…

— Il y a sûrement plus que ça, Léna. Elle ne prendrait pas de risque pour rien.

— Risque de quoi ? Cette ordure de corrompu sort blanchi de toutes les affaires. À tel point qu'il a conquis le public et la presse du littoral. Il est devenu une vedette rien que pour sa manière de se tirer du pétrin.

— À croire qu'on aime ça sur la Côte…

— Arrête, j'ai l'impression d'entendre mon père !

Je ne poursuivis pas, le terrain était sensible. Son père avait été en cheville avec Virgile Francesco. Comment ce dernier avait-il pu échapper à toutes les accusations, trafic d'influence, association de malfaiteurs, blanchiment en bande organisée ? Comment avait-il pu justifier de la présence d'un petit trésor de guerre dans le coffre-fort d'une agence bancaire de Lourdon ? Chaque fois, Francesco convoquait la presse, se lançait dans de grandes envolées lyriques et n'hésitait pas à attaquer ses anciens compagnons de parti, quelques députés, un sénateur, le maire de P. qu'il avait affublés de noms de crustacés, de mollusques, « bulots », « oursins sans épines ». Francesco avait habilement créé une petite entreprise de maçonnerie en clamant qu'il avait été maçon jeune, ce qui s'était révélé faux. La société recevait de beaux versements dans lesquels il se servait en dividendes.

— C'est quand même incroyable que Bertolucci soit avec Francesco !

— Elle joue à la pute.

— Elle n'en a pas besoin avec le poste qu'elle a !

— Détrompe-toi, Jonathan. Cet argent rend fou, parce que les corrompus sont fous à la base ou le sont devenus. Crois-moi, j'en connais un rayon.

Elle se mordit les lèvres, ses yeux noirs apeurés et à peine éclairés par le lampadaire lui donnaient un air énigmatique.

— Oui, mon père, tu as deviné. Mais lui, là, le maire de mes deux, il sait s'y prendre. Ce mélange de fric qui pue le pouvoir, c'est la grande maladie de la Côte. On ne sait plus qui l'emporte sur qui. Les deux sont obligés de marcher ensemble.

Le maire et Berta Bertolucci s'engouffrèrent dans la coursive ajourée du cloître qui permettait d'accéder à l'hôtel de luxe jouxtant la mairie. Le claquement des talons de Bertolucci sur les dalles d'ardoise de l'allée s'évanouit à l'approche de la fontaine en marbre.

Pendant le dîner, sans aucune raison, je ressassai un mauvais rêve que j'avais fait la nuit précédente sur la chute de Guillaume et la découverte de son corps recraché par le glacier en gestation sur les flancs du Mérache. Léna me prit la main, nous regardâmes ensemble la profondeur infinie de la mer noire, le grand trou dans l'obscurité devant nous, par-delà la falaise que surmontait le petit restaurant. Un immense figuier servait de tonnelle, le menu était accroché à son tronc et de minuscules lampes électriques en guirlandes dansaient entre ses branches, telle une pluie de lumières timides.

Au moment où l'on nous servit, le téléphone portable de Léna vibra. Elle changea d'expression. Heitor lui signalait dans un message qu'une dizaine de croupiers de l'Hôtel du Cap avaient été arrêtés, ainsi que des joueurs britanniques. « On a gagné, une belle récompense pour ISF ! » concluait Heitor.

— Tu as bien fait de ne pas accepter ce poste, me lança Léna.

Elle chercha des informations sur son téléphone portable mais la presse ne donnait encore aucune indication. Un courriel d'ISF précisait cependant les conditions des arrestations, sur dénonciation, après une enquête sur les agissements de certains croupiers qui détournaient des jetons de faible valeur, dix ou vingt euros, pour les redonner à des joueurs, lesquels les plaçaient sur des valeurs de mille euros. Quatre millions d'euros avaient été ainsi détournés pour la seule année en cours. Pendant un an, grâce aux caméras, la Société des jeux du Rocher avait analysé et décodé chaque geste. Des comptes bancaires avaient été épluchés. ISF, visiblement, disposait de nombreux éléments non encore en possession des journalistes locaux ou de Paris.

— Il n'y a pas de quoi se réjouir.

Léna sursauta à ma remarque.

— Comment ça ? Toute dénonciation d'une magouille sur la Côte est une victoire pour nous, Jonathan. Donc il faut s'en réjouir !

— Léna, on est en train de nous gruger.

Je baissai le ton, bien que personne ne pût nous écouter.

— La Société des jeux donne en pâture quelques croupiers, on arrête trois joueurs britanniques, des pros de la fraude, sûrement, et on oublie le reste.

— Tu veux dire… que c'est la Société des jeux du Rocher qui a organisé tout ça ?

— Évidemment, c'est une opération de séduction. Regardez comme je suis propre, moi, vous n'allez pas me chercher des noises alors qu'on fout en taule les méchants ? Voilà le message que voulait faire passer la Société des jeux.

— Je sais que ça va te paraître idiot, Jonathan, mais je ne vois pas de quoi peut se protéger la Société des jeux en se livrant à un tel stratagème. C'est risqué !

— Bien sûr, et c'est le but de la manœuvre. Ils lâchent quelques biscuits et tout le monde est content. C'est comme lorsqu'on arrête à la frontière italienne des soi-disant passeurs, des militants qui aident les migrants, des retraités qui emmènent dans leur camionnette un ou deux malheureux, ou même de vrais passeurs mais de petit calibre. Les gros, eux, sont à deux pas et courent toujours ! Pareil pour la corruption, le blanchiment de l'argent sale d'une partie du monde qui transite par ici. On arrête une opération alors que mille autres passent.

— Tu oublies que c'est important pour nous, à ISF, d'avoir gain de cause sur des réseaux véreux.

— Vous ne sauverez pas grand-chose si vous ne regardez que par le petit bout de la lorgnette.

Je sentais Léna prête à bondir.

— Tu veux dire qu'on ne fait que de la com ?

— Oui, en quelque sorte. Les dix croupiers seront condamnés ou pas, les trois Britanniques iront en taule, je n'en doute pas. Et les vrais corrompus resteront en activité.

Léna se calma, blessée, ce qui n'avait pas été mon intention. Elle devait penser à son père, un loup toujours en liberté. Ni son engagement auprès d'ISF ni l'amour n'avaient pu rompre son lien avec Raymond Ughetto, un lien d'hostilité mais aussi un lien d'admiration. Je ne percevais pas jusqu'où elle était capable d'aller. Un jour, forcément, elle aurait entre les mains un dossier qui incriminerait son père. Bien sûr, il s'en sortirait car les nantis s'en sortent toujours, à peu de chose près, surtout lorsque l'on donne en pâture quelques seconds couteaux, des exécutants de basses œuvres ou des intermédiaires un peu niais. Léna aurait cette bombe entre les mains, si ce n'était déjà fait, et elle ne saurait que faire, jeter le dossier ou jeter le père, le conduire en prison et sombrer elle aussi.

Je n'osai aborder le sujet. Notre relation pâtirait un jour de ces recherches, sorte de quête du père, fût-ce à contre-pied, alors qu'elle n'attendait qu'un geste de lui, un rien, une marque d'affection.

Léna me promit du nouveau dans l'avancement des enquêtes en cours, comme si je n'étais pour elle qu'un juge d'instruction ou un des responsables de son association.

— Je ne demande aucun compte, Léna.

— Mais enfin, on va la faire bouger cette Côte !

— Je ne pense pas que des dossiers sur de faux permis de construire puissent suffire à faire bouger les choses.

— On aura plus gros que ça.

CHAPITRE 36

L'hôtel puait, les couloirs puaient, le grand escalier de marbre descendant vers le casino puait, tout puait, tout sentait la moisissure, la pourriture, végétale et humaine, le renfermé, le repli sur soi. La vermine me rongeait de l'intérieur, elle pénétrait par mes oreilles, par mon nez, ma bouche, mon sexe. Je devenais un entonnoir, un croupier que l'on gavait, un agent de l'argent sale et compagnie. J'en rêvais la nuit, les yeux fermés, les yeux ouverts, la tête pleine, et les étoiles au-dessus de la mer ne parvenaient plus à me redonner espoir. J'avais l'impression d'avoir trahi la vallée, d'avoir boudé l'enclave, et j'avais peine à sortir de cette culpabilité. L'œil de Titin me regardait depuis le plafond, qui prenait des airs de voûte céleste au-dessus de Cabanes-Vieilles, et il se penchait sur moi, père à la fois attentif et implacable, pour me rappeler un serment de jadis.

Les mauvais songes me rattrapaient.

Sous mon lit, dix étages plus bas, dans les sous-sols du casino, s'opéraient les grandes arnaques. On y façonnait les paravents d'une vaste comédie destinés à cacher les engeances du littoral et de l'humanité.

Lorsque je sortis de ma torpeur dans la nuit étoilée, je me dis que je devais fuir le Rocher et son hôtel maudit, à jamais, fuir ses promesses de richesses, ses marchands de sable qui aveuglaient la Côte et l'arrière-pays par une façade de légalité pour mieux siphonner les comptes par algorithmes.

*

Un jour, je revis Marco et nous en vînmes pratiquement aux mains après une longue discussion sur le monde de la finance, la crise de 2008 et les emprunts à hauts risques.

Je me rendis compte ce jour-là que nos chemins divergeaient vraiment.

— On a peur du vide, du chaos, Jo, du *niente*, du rien. Alors que cela arrivera un jour ou l'autre. Autant tirer son épingle du jeu avant que ce ne soit trop tard.

— C'est un jeu malsain. Tu oublies tes promesses, tout ce que tu voulais faire ou plutôt ne pas faire.

Marco sursauta, un brin énervé.

— Je ne me compromets pas, Jo, ou alors tout est compromis ! On ne peut pas échapper à ce mouvement. Ce n'est pas la corde qui va casser, c'est toute la montagne qui va s'effondrer ! Alors je me dépêche d'arriver au sommet tant qu'il en est encore temps. Chacun pour soi. Voilà à quoi ressemble notre monde. Et puis après, je reviendrai dans la vallée.

— C'est fini tout ça. S'il y a le chaos, tout y passera. Ces vallées perdues, elles tiennent aussi grâce aux billets déversés par la République. Il n'y a même que ça qui tienne, les retraites et les cadeaux de l'État, les primes aux paysans isolés, les subventions aux plus démunis, les allocations.

— Alors il nous restera à planter des légumes.

— Oui, c'est exactement ce que m'a dit un jour Brian, le tradeur de la piscine. Cultiver un potager, le meilleur placement…

Je racontai alors à Marco ce que m'avait confié Brian, à savoir que la prévision de la crise de 2008, pourtant repérée en amont, avait été tue, les banques et les États avaient menti. Outre le potager, investissement de base, Brian pariait sur la dette qu'il fallait racheter. « Les banques et les États paieront toujours. » Lorsque je lui avais fait remarquer qu'on avait procédé à quelques opérations de nettoyage après 2008, le banquier aux bracelets d'argent avait rétorqué : « C'est bidon ! Tous les dix ans, on remet le couvert. Les États ont tellement la trouille que tout le monde se tait. Regardez les obligations risquées : pour les rendre invisibles, on les mélange à des créances hypothécaires et on habille tout ça en triple A, *via* les agences de notation. » En clair, Brian conseillait de racheter les dettes pourries.

— Voilà, Marco, pourquoi les banques et les sociétés de courtage recrutent des matheux cyniques.

— Merci du compliment, je crois que je saurai comment m'en sortir.

*

— Il faut que tu viennes à la maison, pour dîner.

— Chez toi ?

— Non… chez mon père.

— Mais je croyais que tu ne voulais plus le voir !

Imprévisible, comme d'habitude, Léna me proposait de dîner dans la maison familiale, en clair de rencontrer Raymond Ughetto, la cible d'Intégrité Sans Frontières ou du moins l'une d'elles, celui que Heitor surnommait la « Crapule suprême », l'homme qui avait facilité maintes transactions, octroyé des permis de construire à diverses personnalités, soutenu le maire de Lourdon et celui de P., le faiseur de rois, de députés. Sans doute par lâcheté, sûrement par amour, je ne refusai pas tant les frontières me paraissaient floues depuis que je connaissais Léna. Pour moi qui voulais fuir le Rocher et m'installer à P., cette invitation était sans doute de bon augure, même si cela signifiait plonger au cœur de la mêlée.

CHAPITRE 37

Je me rendis deux jours plus tard chez les Ughetto par le train du début de soirée puis par le bus qui menait de la gare à la colline de Quiriez. La résidence où habitaient les parents de Léna, avec son escalier de marbre, son immense pergola et son parc exotique, avait des allures de petit palais. Je sonnai, un bouquet de fleurs à la main. Je ne pus m'empêcher d'essuyer mes chaussures sur le paillasson trois fois de suite puis d'ajuster ma veste élimée. Ce fut Léna qui m'accueillit. Elle s'abstint de m'embrasser sur les lèvres et me fit entrer dans une immense salle à manger ouverte sur d'autres salons et une alcôve. Ses parents m'attendaient, un brin solennels, dans deux canapés distincts, lui le cigare à la main. Des meubles anciens de mauvais goût côtoyaient des tableaux un peu kitch. Les fenêtres donnaient sur un parc ombragé. En sourdine, je reconnus une cantate de Bach.

Raymond Ughetto ne correspondait pas à l'idée que je m'étais faite de lui. Dans son costume trois pièces, la moustache finement taillée, il ressemblait davantage à un bourgeois récemment enrichi qu'à un parrain. Léna m'avait murmuré dans le creux de l'oreille, avant de passer à table : « Il me pardonne. Moi pas. » Quel étrange repas… Sa mère cachait mal un regard inquiet derrière ses fines lunettes. Redoutait-elle une altercation entre le père et la fille ? Raymond Ughetto évoqua ses activités d'entrepreneur et de promoteur, activités officielles. Léna hochait la tête. Les deux avaient dû passer un accord. Léna ne pouvait sortir les griffes, du moins le temps de ce dîner. Je remarquai des photos d'elle sur la cheminée ainsi que dans le hall d'entrée, mais aucune de son frère Geoffrey, comme si on avait voulu le gommer de la famille.

Raymond Ughetto me signifia que son monde m'était inaccessible. Au moins avais-je le droit de fréquenter sa fille puisqu'il ne pouvait s'y opposer. Sa classe sociale nécessitant cependant un viatique, il fallait montrer patte blanche.

— Et quels sont vos projets d'avenir ?

J'eus envie de parler de la proposition de Berta Bertolucci, devenir croupier au casino du Cap, qui appartenait à la Société des jeux du Rocher, laquelle appartenait à la Côte. Mal à l'aise, je m'abstins, par peur de me noyer. Ce fut Léna qui enfonça le clou.

— Jonathan a été berger.

— Ah… Très bien. C'est vrai que ça peut rapporter.

— Jonathan lit beaucoup et a obtenu un doctorat de droit international, crut bon d'insister Léna.

Raymond Ughetto n'en avait cure. Il se mit à parler de la vallée de la Brandasque. Il y avait convoité le siège de conseiller général, sans succès. Il comptait se représenter, sauf à hériter d'une circonscription de député taillée sur mesure. Il se détendit après deux verres d'un excellent bordeaux et passa le reste du repas à évoquer les riches heures de la Côte, les placements dans des valeurs sûres : haute technologie, recherche de pointe, un peu d'industrie spatiale. Il se livrait à un long monologue, relancé de temps à autre par sa femme ou Léna. Raymond Ughetto, avec sa manière de vous placer au centre du monde pour mieux récupérer la mise, me faisait une démonstration sournoise de ses différents pouvoirs : pouvoir de l'argent, pouvoir des affaires, pouvoir de nuisance.

Je me sentais gauche dans mon costume. Ancré dans la caste, le paraître, le formel, ce monde n'était pas fait pour moi. Léna ne s'en souciait guère. Sans doute me croyait-elle capable de m'adapter à tous les milieux, à toutes les classes sociales, ce qui était à moitié vrai. J'avais beau multiplier les efforts, me rappeler les bonnes manières observées au bord de la piscine, tenter d'utiliser de beaux mots, je ne parvenais pas à obtenir leur considération et cela se voyait.

Un silence s'installa. J'eus envie de leur parler de *Don Quichotte*, de son influence sur la littérature française et anglaise, ainsi que sur l'art de fabriquer du fromage, mais je m'abstins. Le col de ma chemise était trop serré, ma chemise trop étriquée. J'avais des difficultés à articuler. Mes ongles étaient propres, mes mains lavées, ma cravate ajustée, mes chaussures cirées, mais le cœur n'y était pas.

Ses parents maintenaient une distance. Je ne pouvais pénétrer leur cercle de nouveaux riches dont l'entrée se négociait à coups de millions d'euros et non en troupeaux de chèvres ou en pourboires pour garçons de bain. J'avais l'impression d'être prisonnier d'une double enclave, celle de ma vallée et celle de la caste, ou plutôt des parias. Léna paraissait étrangement soumise à son père, fascinée par ses mots, suspendue à ses lèvres. Plus aucune animosité n'était perceptible. Était-ce un jeu, la peur de révéler une fragilité ou une tactique pour ne pas dévoiler ses intentions ?

Ughetto évoquait ses affaires, sa femme opinait de la tête, absente. Ses convictions les plus intimes paraissaient mises à mal. Une étrange atmosphère régnait alors, de plomb et de soumission. Raymond Ughetto en imposait, il glaçait avec ses remarques cyniques. Toréador prêt à mettre à mort, il m'observait froidement puis me lançait des piques, attendait ma réponse. Cet homme faisait peur, il le savait, il en abusait, il vivait pour cette jouissance. Lorsqu'il baissait la garde, c'était pour inciter sa proie à venir vers lui, afin de mieux la ferrer. J'essayais de n'en rien montrer, ce qui l'excitait davantage encore. Léna réagissait souvent, mais elle ne voulait pas d'un pugilat et laissait faire cet ogre, qui s'en donnait à cœur joie. Elle semblait ne plus maîtriser la situation, même si elle savait que son père ne m'attaquerait jamais de front. Non, il était plus subtil, pervers. Il évaluait le rapport de forces, prenait soin de se retirer sur la pointe des pieds pour mieux revenir. Il démontrait une grande habileté à déployer son savoir et sa capacité de nuisance, pour mieux rappeler sans doute, comme si besoin était, que l'on ne pouvait aisément pénétrer sur son territoire et qu'il demeurait un fieffé manipulateur, gage de survie sur la Côte. Mon arrivée à P., où j'avais décidé de m'installer, ne se présentait pas sous les meilleurs auspices.

Quand nous quittâmes les lieux, je bouillonnais de colère. Léna me prit par la main pour me dire que j'avais réussi à maîtriser le fauve et qu'il n'aimait rien tant qu'on lui résiste. Elle savait me calmer. J'avais surtout réussi à comprendre ce soir-là l'emprise de la corruption sur la Côte et la perversité de ses barons.

III

LA VILLE

CHAPITRE 38

Je n'étais pas mécontent de fuir le Rocher et de quitter l'hôtel pour revenir m'installer à P., la ville de mes études. J'avais conscience certes de pénétrer dans l'œil du cyclone, de retrouver les avanies du Rocher, à vingt kilomètres à l'ouest, en sûrement plus grand, plus insidieux. Mais après tout il y avait pire, et P. était aussi le réceptacle des désirs de fuite de maints jeunes de l'arrière-pays. Des bars et des restaurants portaient la marque des vallées reculées, Café de la Brandasque, Brasserie de Village, Traiteur Le Mérache, plage de la Maragne. Dans certains quartiers, notamment près du port, j'étais certain de ne pas être dépaysé. Et au moins serais-je proche de Léna.

Je trouvai un poste au Secours en mer de P. Un des instructeurs était en maladie longue durée et le directeur, le commandant Perlot, me proposa de le remplacer, à temps partiel l'hiver, à plein temps l'été. Je n'hésitai pas un seul instant. Ce travail me laisserait du temps libre, surtout en basse saison. Et j'aurais pour balcon la mer et son horizon.

Le centre du Secours en mer se situait au bout du vieux port de P., près du quai où amarraient les petits cargos. Plusieurs postes de secours jalonnaient la plage, la sortie du port ainsi que la longue avenue du bord de mer. Ceux-là ne rouvraient qu'au mois de mai, afin de porter assistance aux victimes d'électrocution, aux baigneurs imbibés d'alcool, aux plongeurs sous-marins n'ayant pas respecté les tables de sécurité, aux enfants plongeant depuis les pontons dans quelques centimètres d'eau. L'hiver, je le passerais avec les autres sauveteurs, plongeurs, maîtres-nageurs dans le baraquement du port, à m'entraîner, à guetter les voiliers en perdition, les coups de tabac. Mes collègues, dont je connaissais certains depuis mes brefs débuts au Secours en mer au cours de mes études de droit, m'avaient déjà adopté. Ils n'aimaient rien tant que de conter les légendes et les petites histoires de la Côte et du large, car le temps lors des gardes, des patrouilles et des astreintes était long, très long.

Je serais loin du casino et des sociétés de courtage, du moins le croyais-je.

*

Léna m'accueillit dans son petit deux-pièces. J'aimais cette idée d'habiter ensemble, de nous essayer à une nouvelle existence, loin de la montagne, loin du Rocher, au plus près de ses engagements au sein d'ISF, au plus près de ses mystères et de ses drames. Cette vie plaisait également à Léna. Je compris que je recueillerais des versions différentes de ses relations avec son père, de ses secrets, non pas qu'elle voulût auparavant me cacher certaines vérités mais parce qu'elle-même était en partie aveuglée par une réalité hétéroclite. Sa complexité et sa tristesse mélangées me renvoyaient sans cesse à mes origines. La mélancolie non seulement nous rapprochait mais elle nous permettait aussi de communiquer, de décrypter un réel confus, soumis à un rythme effréné qui entravait l'introspection. Moi-même, j'avais connu la rapidité, surtout en montagne, le besoin de tout entreprendre en même temps, ramener les bêtes, m'occuper du hameau, lire, étudier, la nuit, le jour, dans un dénuement quasi absolu, sans eau ni électricité. Je m'étais fixé des objectifs chaque jour, des pages de mathématiques à remplir, des chapitres de Goethe à lire et à traduire, des manuels d'histoire et de géographie à digérer, puis de droit international pour cette longue parenthèse d'études.

Je me rappelais comment le père adopté me sermonnait gentiment et tentait de m'enseigner la lenteur en altitude. « Ralentis, Jonathan, ça sert à rien de singer les branquignols de la Côte. Freine le rythme, regarde tes moutons, tes chevaux à moitié sauvages qui ont oublié la folie de l'homme. Ne te fracasse pas, Jo, ne t'égare pas, ne te perds pas. »

Marco avait pris la trajectoire inverse, il était descendu de la vallée pour tomber dans l'hyperrapidité, dans le courtage à haute fréquence, dans la nanoseconde, l'hypersegmentation du temps, sans doute pour mieux jouir de la vie et la gaspiller. Guillaume le disparu, en revanche, avait choisi la lenteur. Il venait de la Côte, à l'inverse de Marco. Danseur-né, as de la paroi et voltigeur en libre des versants verticaux, il avait voulu figer l'instant dans la pierre, conjuguer le minéral et le céleste. C'était un projet fou car le temps ultra-rapide allait le rattraper, le liquider. La lenteur, ou en tout cas le temps long, dix ans déjà, offrirait une nouvelle lecture de sa chute, ou plutôt de son assassinat.

CHAPITRE 39

Je redécouvrais P. en marchant tous les jours jusqu'au port afin de prendre mon service, assez fluctuant en cette demi-saison. Le poste de secours fermait tôt et les permanences de nuit se déroulaient à bord de l'une des vedettes rapides, une Bertram de quatre cent quarante chevaux, qu'il convenait de préparer et de désamarrer du quai à la première alerte. J'optais souvent pour les veilles de nuit et Léna ne s'en offusquait pas. Elle connaissait mon besoin de solitude et elle me soufflait à l'oreille : « Comme ça, je pourrai me reposer. » Elle en profiterait, me disait-elle, pour lire du Goethe, elle y avait pris goût, des auteurs italiens, le Polonais Kapuściński, qui la fascinait, et enfin Borges, pour sa folle imagination et son audace sans limites. « Il nous faudrait trois gars comme Borges à ISF et on referait le monde. Un tel génie, il lit un dossier et te recrache ça en plan de bataille pour l'humanité. »

*

À bord de la Bertram ou de garde dans le poste de secours à terre, je lisais moi aussi. Seul le bourdonnement des moteurs des yachts, à l'entrée du port, parvenait à mes oreilles. Ce calme relatif était propice à la réflexion ou à l'étude. Il est étrange de réaliser combien certaines obsessions peuvent s'oublier, s'ensevelir sous des couches de souvenirs récents puis resurgir brusquement, au gré du hasard, d'un mot ou d'un paysage. Je revivais littéralement la chute de Guillaume. Je l'entendais hurler pendant mes gardes à bord de la Bertram. À quoi avait-il pensé pendant les quelques secondes de sa chute interminable ? Avait-il pressenti qu'il finirait broyé, fracassé par la montagne, giflé par les parois qu'il avait tant caressées ? Sans doute sommes-nous tous soumis dans notre vie consciente ou inconsciente à une chute un jour ou l'autre, *la* chute ou le néant, une descente brutale ou lente que nous percevons dans tous les cas, un effondrement des corps et des âmes. La nuit, je me réveillais en me cognant la tête au plafond de la cabine, alors j'ouvrais le hublot pour regarder les eaux noires et le bout de quai, terriblement rassurant.

*

Léna venait parfois me rejoindre au milieu de la soirée. Elle passait par le petit escalier de la Rotonde, l'enjambait pour rejoindre le quai du centre du Secours en mer puis m'appelait pour savoir si la voie était libre. Nous jouions au chat et à la souris, même si au fond le commandant Perlot ne nous aurait pas désavoués, lui qui passait son temps à emmener sa maîtresse avec l'une des vedettes sur les îles ou même jusqu'au Rocher, aux frais de la République. Cela nous rappelait nos nuits clandestines, qui l'avaient été de moins en moins, à l'Hôtel du Cap, et je crois que Léna adorait cela. Lorsqu'elle montait sur le pont de la vedette, elle arborait toujours un large sourire. Elle observait longuement les cartes maritimes, elle cuisinait sur le petit réchaud, rangeait mes affaires. J'aimais son énergie à vouloir tout ordonner, elle désirait m'offrir en cadeau ces moments qu'elle passait à s'occuper de mon modeste habitat.

Lors de nos départs nocturnes, Léna s'accrochait à la barre dans la cabine de pilotage, les yeux rivés sur l'horizon noir, les lumières de la baie de P. dans le dos, le reflet de sa ville dans les cheveux. Je sortais toujours lentement du port puis j'accélérais, à vitesse moyenne. Arc-boutée sur la poignée de la cabine, Léna avait du mal à cacher ses larmes.

La manœuvre consistait à se rendre au large, à préparer les combinaisons de plongée pour une éventuelle intervention et à repérer les lieux. À vrai dire, en dehors de la haute saison, le Secours en mer n'était guère appelé pour des sauvetages de nuit. De temps à autre, nous éclairions l'eau noire avec la lampe de sauvetage dont le faisceau pénétrait à plusieurs mètres de profondeur.

Ce soir-là, Léna réchauffa dans la cabine un risotto qu'elle avait préparé chez elle. Elle avait sorti le plat de son panier en osier avec un geste las, la mine triste. Quelque chose dans son comportement avait changé depuis le dîner chez ses parents, et je ne parvenais pas à comprendre si elle éprouvait de la gêne ou de la colère. Léna s'allongea sur le banc arrière et s'endormit quelques instants sous une couverture.

La demi-lune reflétait les moutonnements au large. Tandis que je filais à faible allure afin de ne pas réveiller Léna, des vaguelettes tachetées de blanc s'évanouissaient à tribord puis réapparaissaient en une lente sarabande. Je ne pouvais m'empêcher de songer à la crinière blanche du docteur Petru. Je sentis une main sur mon épaule et je sursautai.

— Jo, tu devrais décrocher. Tu penses trop à Guillaume.

— Non, je ne pensais pas exactement à lui.

— Pas à ce moment précis, peut-être, mais tu ne fais qu'en parler, même la nuit.

Léna m'avait réveillé les nuits précédentes à plusieurs reprises alors que je murmurais le prénom de Guillaume. Elle avait raison. J'étais hanté par sa disparition, surtout depuis la découverte du corps et de la lettre.

— Tu n'y es pour rien, Jo. On a l'impression que tu te sens coupable de quelque chose.

— Toi, tu es bloquée sur quelqu'un d'autre.

Ma remarque la calma un bref instant.

— Sur qui ?

— Sur ton père !

Elle hésita, baissa les yeux.

— Il y a de quoi, Jo. Tu as vu l'autre soir de quoi il est capable. Il se trahit tout seul. Un peu truand, parfaitement manipulateur. Voilà de quoi j'hérite…

— Tu n'hérites pas, tu subis, c'est différent.

— C'est un double père, Jo. Je ne peux pas m'en défaire. Il ne changera jamais. J'ai essayé de le rayer de ma vie, de ne plus le voir mais des fils invisibles nous relient qui sans cesse nous éloignent pour mieux nous rapprocher. C'est ainsi avec tous les pères, qu'on les aime ou pas, non ?

Je fis la moue.

— Pas tant que ça. On peut arriver à couper la corde.

Je me mordis les lèvres aussitôt. L'image n'était pas la bonne, qui renvoyait au drame du glacier.

— Mais toi, Jo, je peux te dire que la mort de Guillaume t'empoisonne la vie. Je ne voudrais pas qu'elle pourrisse aussi ce que nous vivons.

Sa réplique me désarma. Elle masquait certes une menace, ce qui au fond ne me dérangeait guère. Elle révélait surtout un attachement, jusqu'à présent rarement manifesté.

— Tu t'empêches même de progresser. Regarde devant toi, bordel ! Oublie tout ça !

Son ton ferme et suppliant me fit l'effet d'une nouvelle démonstration d'affection.

Nous approchions de Lourdon, après le cap de la Baume. Au-dessus des lampadaires du village fortifié, on devinait les contreforts de la montagne noire. Vue de la rade, la Côte ressemblait plus que jamais à un décor de carton-pâte, avec ses devantures de magasins chics, les néons de ses hôtels cinq étoiles délaissés par la clientèle depuis la fin de la saison, ses villas luxueuses sur les façades desquelles dansaient de temps à autre les reflets des piscines éclairées. Au-delà, le regard se perdait sur les versants obscurs de l'arrière-pays hanté. Là résidait une partie infime de la France oubliée.

Léna avait très vite retrouvé son air mutin et charmeur. Avait-elle envie que nous nous aimions une nouvelle fois sur le pont, voulait-elle rêver à ces hauteurs où nous nous étions connus, voulait-elle que je l'emmène au-delà des parois de la démesure, noires, hostiles et accueillantes à la fois ? J'étais affairé à barrer le bateau, masse glissante et obscure, pour éviter qu'il ne s'approchât trop de la Côte et des récifs de l'ouest de Lourdon-Plage. Léna se contenta de m'embrasser longuement dans le cou. Ma peau frissonna.

À force de parcourir la mer de nuit, de plonger dans ses entrailles, à l'entraînement ou lors d'interventions, elle me paraissait étonnamment tangible pour un élément liquide. Une certitude, une fondation sur laquelle je pouvais me reposer. La falaise en face de moi tanguait et je crus qu'elle allait avaler la Méditerranée, la prendre dans ses flancs, provoquer par ses soubresauts un gigantesque raz-de-marée qui serait l'expression de la colère de là-haut. J'avais rarement eu cette impression vu d'en bas. Cette fois, une menace de chaos émanait de cette partie du pays qui avançait vers le littoral, peut-être pour rappeler sa puissance, sa capacité non de nuisance mais ses forces vives, ses frustrations qui devenaient insupportables, en une tragédie programmée que rien ni personne ne pouvait prédire, pas même les algorithmes.

La falaise de Lourdon restait encore visible à tribord et nous commencions à doubler le petit cap avant l'entrée du port de P., lorsque Léna me demanda de ralentir afin de continuer à discuter. Les yeux fixés sur la poupe qui s'enfonçait dans les vaguelettes, elle me dit qu'elle avait lu *Le Chevalier à la main de fer*, cette pièce de Goethe que j'avais jouée maintes fois à mes chèvres, quand le spectre de la folie due à la solitude prononcée se rapprochait. Elle avait rapidement identifié le personnage principal de Goetz à son père, le jugeant aussi machiavélique, pervers et manipulateur. Elle voyait en Raymond Ughetto une version moderne du seigneur féodal, tyrannique à souhait, confronté au bien et au mal, à la différence près qu'elle ne discernait en son père aucun remords. Passé maître dans l'art des magouilles, il avançait dans la vie au gré de ses actes de vilenie, chacun d'entre eux représentait un tremplin lui permettant de rebondir financièrement et de progresser dans l'exercice du mal et de la corruption. Il invitait des élus à la maison et souvent dans un chalet de montagne qui ne lui appartenait pas, organisant des levées de fonds pour des politiciens locaux grâce à son carnet d'adresses ou demandant des sauf-conduits pour promoteurs et hôteliers désireux de s'agrandir ou de construire sur la Côte. Léna avait compris trop vite que Raymond Ughetto excellait dans le domaine de l'entregent et de la compromission. Intermédiaire obligé de toute tractation licite ou illicite sur la Côte, il avait toujours des conseils à prodiguer. Il parlait de temps à autre de nettoyage, sans que Léna puisse saisir de quoi l'opération relevait, sans doute une affaire de gros bras impliquant la petite compagnie de gardes du corps et de vigiles que Raymond sollicitait régulièrement ou d'un incendie volontaire afin de rendre propres des terrains non constructibles.

Léna avait longtemps imaginé que son père travaillait pour les services secrets, et peut-être même pour une officine étrangère. Ces bruits, ces rumeurs, chuchotements, tractations plus ou moins discrètes l'avaient intriguée tout au long de son adolescence. Elle avait dévoré nombre de livres pour tenter de pénétrer cet univers occulte. Peu à peu, elle avait compris la titrisation, le blanchiment, les fonds spéculatifs, les placements alternatifs, les fonds d'arbitrage et de couverture. Parfois tapie derrière les rideaux, elle ressortait abasourdie de ces conclaves, avec le sentiment d'avoir trahi son père. Elle ne pouvait se confier à sa mère. Ughetto lui avait signifié un jour qu'elle « ferait mieux de la fermer ». Elle s'était aussitôt exécutée. L'envie de faire du droit lui était venue pour contrer les penchants paternels, pour redorer le blason familial, surtout après les différentes plaintes portées contre son père dont certaines avaient abouti, comme un procès pour corruption d'agents publics et privés, des affaires dans lesquelles il était l'un des protagonistes sinon le principal acteur. Une étrange culpabilité habitait cependant Léna. Il lui était difficile de laver les affronts, de réparer l'innommable, obsédée par certaines images de son père, celle du départ pour le tribunal de P., le jour du procès, celle où il avait ouvert son coffre-fort pour en extraire d'énormes liasses de billets. Léna avait appris à fermer les yeux.

Alors que nous rentrions sous la lune, à faible allure en longeant le sentier du littoral, à travers la rocaille dont on devinait les éclats blancs, Léna me raconta que son travail lui permettait de couper le cordon ombilical. Ses enquêtes étaient des actes de trahison à l'égard de son père, ainsi que le proclamait son frère Geoffrey.

Léna souhaitait se défaire du lien paternel, considérant que Raymond Ughetto était d'abord un escroc avant d'être son père. Elle exprimait au fond une sorte de dégoût, au-delà même du sentiment de défiance. Elle était déjà détachée, loin du giron familial, loin des manipulations de la mère qui avait toujours privilégié l'intérêt matériel sans penser à ses enfants.

La promenade en mer dans l'obscurité avait brutalement ramené Léna à cette réalité crue.

CHAPITRE 40

Un soir, tandis que je débarquais à Intégrité Sans Frontières après ma garde, je trouvai Léna et son équipe en pleine effervescence. La porte du local avait été fracturée.

— On nous a cambriolés ! Cette nuit, sûrement après la tournée du gardien de l'immeuble.

Depuis la matinée, Léna tentait de remettre de l'ordre dans le bureau avec l'aide de Sarah. Toutes deux étaient très agitées. Léna toutefois maîtrisait ses émotions. Elle m'indiqua un coin de la pièce où des classeurs avaient été jetés et les pages de certains d'entre eux arrachées. Les cambrioleurs savaient ce qu'ils cherchaient. Léna me fascinait. La menace, cette fois, était sérieuse et elle ne montrait aucun signe d'effroi. Elle continuait de ranger inlassablement, de noter les pièces manquantes sur un carnet. Deux agents de police avaient constaté l'effraction, sans conclusion aucune, en stipulant que ce devait être l'œuvre d'un maniaque signalé à plusieurs reprises dans le quartier.

Léna, bien sûr, n'en avait rien cru. Elle leur avait demandé d'enregistrer sur le procès-verbal les documents disparus. En réponse, ils l'enjoignirent à se rendre au commissariat de l'avenue Joffre dans la journée ou le lendemain. Léna, furieuse, avait précisé qu'il s'agissait de dossiers importants. L'un des agents avait murmuré à l'autre :

— Ils disent tous ça.

Une demi-heure après leur départ, elle avait reçu un appel d'Heitor. Il venait d'être tabassé dans le centre-ville, à dix minutes à pied du bureau, et se trouvait à l'hôpital Carnot. Il souffrait de quelques contusions légères et portait des marques sur le côté droit du visage. Un homme l'avait approché dans la rue, à l'angle d'une impasse, lui avait demandé du feu avant de l'entraîner sous un porche. Frappé à coups de matraque, Heitor avait « hurlé à la mort » et provoqué la fuite de l'assaillant. À son chevet à l'hôpital, Léna lui avait raconté le cambriolage au siège de l'association et lui avait prodigué quelques conseils pour la visite à venir de la police.

Léna me donna rendez-vous au bistrot du coin. Elle commanda une bière, ce qui était inhabituel de sa part.

— Ils cherchent *le* dossier.

Elle but une longue gorgée.

— Il s'agit de l'affaire des boues rouges…

— Ce n'était peut-être pas compliqué à avouer, lui dis-je sur un ton de reproche. Et puis vous n'êtes sûrement pas les seuls sur le coup.

— Il y a d'autres associations qui enquêtent. La différence, c'est que nous, à ISF, nous avons levé un lièvre, les versements de pots-de-vin.

Elle redoutait d'être épiée et se retourna. Je connaissais ce tic qui m'était devenu, je dois l'avouer, à la fois familier et insupportable.

— Mon père est impliqué, lâcha Léna.

Elle me détailla comment Manu et Sarah avaient remonté une filière grâce à un ingénieur de l'usine d'aluminium et à l'employé d'une banque, tous deux consternés par la destinée des espèces animales au large de la Côte.

Raymond Ughetto avait intrigué pour le renouvellement de la concession de l'usine. Son boulot avait été de repérer, grâce à des intermédiaires et à des enquêteurs, les principaux protagonistes de l'affaire : élus du conseil régional, conseillers départementaux, responsables d'associations de protection de l'environnement. Tous ceux qui pouvaient influer sur le sort de la canalisation polluante avaient été répertoriés dans des fichiers informatiques que Manu avait pu pirater grâce à un informateur. Il ne pouvait en parler à personne mais avait tenu à mettre Heitor au courant. ISF se trouvait au centre d'une affaire qui la dépassait, avec des intérêts chiffrés en millions d'euros. Manu n'était parvenu à copier que quelques fiches, sans preuve aucune d'une compromission. En reliant les éléments les uns aux autres, il avait recomposé la « toile », un grand dessin représentant le plan de cette corruption gigantesque mêlant particuliers, associatifs, élus locaux. Les différents personnages apparaissaient dans des fiches généralement sous leurs initiales ou leurs pseudonymes. Vu leurs fonctions, il n'était pas compliqué de deviner de qui il s'agissait.

Léna me cita un exemple. Une association de défense du littoral, qui représentait surtout les copropriétaires de villas et d'appartements entre la sortie du port de P. et Lourdon, avait porté plainte pour que la canalisation soit fermée. Le président de l'association, membre du conseil municipal de l'une des bourgades du littoral, avait brusquement retiré la plainte au motif qu'elle était non fondée. Le fichier que Manu s'était procuré mentionnait : « Gratification à voir, entre 10 000 et 15 000. » La corruption, parfois, s'avérait plus opaque, des sociétés-écrans étaient déployées par un stratagème complexe, que Manu, au fond, trouvait simple : « C'est comme pour les multinationales et leurs filiales bidon. » Sans être à la tête du système, Raymond Ughetto constituait un maillon essentiel. Confrontée à un choix éthique, dénoncer l'ensemble du système et la place occupée par son père ou ne rien dire, Léna se sentait en porte-à-faux, réalisant que toute sa famille lui en voudrait. Un procès pouvait avoir lieu, mouillant des élus, des responsables politiques et le clan Ughetto.

Léna m'avoua qu'elle s'inquiétait davantage de la dégradation de l'environnement que de l'avenir de son père. Elle me parla longuement des périls pour la mer et pour l'homme. Les boues rouges avaient envahi les hauts-fonds et les fosses à poissons. Les grondins avaient déjà pratiquement disparu et nombre d'espèces ne trouvaient plus de quoi se nourrir. Il lui semblait étrange que les associations de protection de l'environnement en aient si peu parlé, hormis deux ou trois, comme si le combat était perdu d'avance. Le nom de l'entreprise était certes cité par quelques pêcheurs mais sans plus.

Le réseau de corruption s'avéra plus vaste que Léna ne le pensait au début de son enquête. Les coutumes de la Côte, le laisser-faire, les liens avérés entre la mafia et les politiques avaient rendu possible cette « belle entente ». L'affaire des boues rouges pourrait tout changer, espérait Léna, et elle se sentait prête à sacrifier quelques personnes chères. Son credo était simple : il fallait se débarrasser des brebis galeuses. Léna avait raison. On se doit de couper les branches pourries d'un arbre, même s'il est généalogique.

Les confidences de Léna confortaient sa détermination à mener, avec toute l'équipe d'ISF, l'enquête jusqu'au bout. Elle voulait en finir avec ce père manipulateur qui ne s'était jamais soucié de ses deux enfants et qui avait plongé son fils dans la dépression, à force de perversité, de menaces et d'oppression.

Léna ajouta que le dossier des boues rouges concernait aussi Petru. Sa venue dans le hameau perdu de Tozza ne devait rien au hasard. Elle avait voulu savoir ce qui unissait les deux hommes. Petru avait pu bénéficier d'un permis de construire « spécial » pour son chalet situé à l'intérieur du parc national et Léna m'assura qu'il s'agissait d'un cadeau offert par les connaissances de son père. Petru avait ainsi réussi à bâtir son chalet, en plus des maisonnées et des casouns déjà existants, grâce à cet entregent dûment monnayé. Il s'agissait surtout d'une récompense pour services rendus. L'homme qui tirait toutes les ficelles n'était autre que Virgile Francesco. Il usait de son carnet d'adresses et de son prestige d'ancien secrétaire d'État pour se constituer une petite fortune et surtout revenir en politique. Virgile Francesco se trouvait dès lors au cœur d'un savant dispositif de relations et de blanchiment d'argent. Mes amis du Secours en mer en parlaient régulièrement, eux qui étaient informés par les policiers des affaires criminelles concernant le littoral. Je me demandai alors si Guillaume n'était pas venu lui aussi dix ans plus tôt dans le hameau, après avoir séjourné deux étés dans la ferme de Tozza, pour en savoir davantage sur les agissements du docteur Petru et enquêter sur ses liens avec l'usine. Plus rien ne m'étonnait désormais. Guillaume avait été l'un des premiers à dénoncer cette affaire, encore étouffée à l'époque, il s'était battu pour faire connaître cette cause, avait lancé des tracts depuis la Dent du Chat au-dessus du Rocher. Par sa persévérance, par sa lucidité et son sens de l'engagement, Guillaume me semblait plus proche de moi que jamais. Nul doute que Léna l'eût aimé elle aussi.

Depuis le large, on disposait d'une vue imprenable sur la nature humaine. J'avais enterré sur les rives de la Méditerranée tous mes espoirs, ma candeur. Léna me permettait de mettre des mots sur le malaise que je ressentais depuis que j'avais quitté l'arrière-pays. Elle m'avait ouvert les yeux et je ne voulais surtout pas les refermer.

Ses mains tremblaient. Émue, elle continuait à s'épancher. Consciente des périls, elle demeurait déterminée. Ses choix étaient faits, les dés étaient jetés. Il ne s'agissait pas d'une vengeance. Seul un devoir de vérité s'imposait à elle. Léna me prit la main et son geste me toucha. J'étais bouleversé d'apprendre que son cheminement, celui de l'enquête, était finalement lié à notre relation. Léna était montée sur les hauteurs de l'arrière-pays pour « se rendre compte », pour voir le chalet maudit, celui qui rattachait son père à Petru, et elle avait suivi l'itinéraire jusqu'à P., puis encore plus loin, au large, avec l'affaire des boues rouges qui traînaient leur langue de couleur à des dizaines de kilomètres devant Lourdon, une enveloppe de corruption et de produits toxiques diluée dans les eaux. J'avais atterri sur la Côte comme nombre d'habitants de la vallée, comme nombre de paysans des montagnes, et je découvrais que l'arrière-pays déversait aussi ses déchets sur le littoral, salissait la nature de ses excréments, comme si les deux versants de la falaise étaient irrémédiablement unis entre eux, par le prolongement de ses excavations, par l'intelligence barbare dont l'homme use pour tuer son prochain.

Le bocal perdait ses terres ocre et ses habitants. Bientôt, il n'y aurait plus de forces vives, que des vieillards, des grabataires et des sacs d'os vermoulus, des agents d'État poussiéreux. L'arrière-pays se vidait de ses indigènes et ceux-ci étaient contraints de vider les entrailles de leurs montagnes dans la mer. Les ethnologues pouvaient continuer à étudier les mœurs locales, le dialecte de la vallée, le haut-brandasque, bientôt il n'y aurait plus personne pour le parler, plus personne pour habiter les rives du fleuve de montagne.

Nous allions vivre l'angoisse de Lévi-Strauss.

J'écoutai longuement Léna s'épancher et tentai de resituer les éléments de l'histoire, notre histoire. Nos deux destins, depuis notre rencontre, étaient liés à ce double cheminement, celui des habitants de la vallée incités à s'en aller et celui de l'enquête sur l'affaire des boues rouges. Je gardais en tête une image, celle des boues polluantes serpentant entre les flancs de montagne, s'engouffrant dans un long tuyau pour resurgir à des dizaines de kilomètres du littoral, comme si l'arrière-pays, soumis à toutes les engeances, toutes les saloperies du monde, se vengeait, en larguant des tonnes de fange et de terres abîmées, blessures déversées au large de la Côte pour mieux la punir. J'étais descendu à mon tour sur le littoral pour tenter ma chance, oublier l'enclave, jouir un jour du plaisir de voyager, de franchir ces frontières qui me narguaient tant au ras de mes moutons, au-dessus de l'encolure de mes chevaux de montagne. Marco, lui, voulait revenir dans la vallée, assuré de sa fortune, pour montrer ce qu'il en était de l'ambition au petit peuple de l'hyper-ruralité, aux gueux de la France oubliée, aux paysans des parcelles d'altitude, avec vue sur le torrent et parfois sur la mer.

CHAPITRE 41

Nous étions au pied du mur, Léna et moi. Je l'aimais et je crois qu'elle m'aimait aussi. Nous étions encordés à la fois par le secret, par le redoutable péril du tremblement de terre qui s'annonçait, et par la volonté de redonner son honneur à l'arrière-cour du littoral.

En tant qu'enfant du pays, cela me paraissait normal. Pour Léna, c'était un devoir. Sans doute pourrions-nous trouver un terrain d'entente, avec mes envies d'écrire tout cela un jour, en hommage à mes pâturages, à mes aînés, mes vrais pères, Titin, Goethe et Cervantès. L'arrière-cour pouvait devenir une avant-scène. Après tout, la vie dans la vallée, aussi pauvre paraissait-elle, n'était pas si méprisable.

*

Les yeux cernés depuis quelques jours, Léna, tendue et fatiguée, était aspirée dans une spirale. Elle travaillait trop, manquait de sommeil, s'investissait avec une fougue irrationnelle dans son association. Elle buvait plus que de coutume, « pour me détendre », disait-elle. Je redoutais qu'une dispute avec son père puisse la fragiliser encore davantage.

— Mon père va tomber, me dit-elle un soir, pas à cause de nous mais parce qu'il a trempé dans trop d'affaires. Intégrité Sans Frontières ne fera qu'accélérer le mouvement.

Elle releva la tête, dans une posture de défi.

— En fait, je vais lui rendre service… On va crever l'abcès sur des points mineurs. Les boues rouges, c'est grave, mais lui n'a pas commis de gros délits dans ce dossier, rien que de la corruption.

Elle avait subitement haussé le ton.

— Il est impliqué partout, il a placé ses billes dans des affaires crapuleuses, des salles de jeu, il a soudoyé des politiques, payé pour des permis de construire de soi-disant amis qui le faisaient chanter. Le plus grave, c'est qu'un homme le tient. C'est comme s'il avait un droit de vie et de mort sur mon père.

Je ne bronchai pas, je connaissais la réponse. Léna ajouta :

— C'est Virgile Francesco. Mon père ne peut le lâcher, sous peine de finir en prison, au mieux, sinon avec une balle dans la tête. Ils ont trop de combines en commun, des sales trucs.

— Ce ne serait que justice que ton père aille en prison.

— Je préférerais ça à un assassinat. Et ça arrive souvent dans le coin. On dit qu'il s'agit de règlements de comptes mais c'est la loi de l'omerta. Celui qui parle est un homme mort.

— Tu risques autant que ton père, alors…

J'avais fait mouche. Léna baissa les bras.

— Oui, je sais. Et c'est pour ça qu'Heitor s'est fait casser la gueule.

Elle me raconta dans le détail ses soupçons à propos de Virgile Francesco. Depuis son petit village fortifié, il constituait un maillon essentiel d'un gigantesque réseau de corruption. Impossible de démêler tous les fils, tant les institutions étaient enlacées à cette pieuvre, tant maints fonctionnaires de la police et de la justice trempaient de près ou de loin dans ce système opaque. Plus personne n'y comprenait rien. Virgile Francesco s'était rendu indispensable dans le domaine du blanchiment. Le réseau en avait besoin, ne sachant plus que faire de son argent.

Léna s'avoua meurtrie d'avoir appris que son père était mêlé au scandale des boues rouges. Là encore, il avait fallu blanchir de l'argent afin de corrompre des élus et des responsables d'associations, y compris de défense de l'environnement, les sommes avaient transité entre les mains de Virgile Francesco, décidément au centre de tout, sans en être le maître d'œuvre. Caltis, la société qui exploitait la bauxite dans la vallée voisine de la Brandasque, avait eu recours à plusieurs intermédiaires notables pour soudoyer ses proies. Léna me cita l'achat de voitures haut de gamme auprès de concessionnaires. Les véhicules étaient ensuite revendus à très bas prix et la carte grise changeait de propriétaire, qui se retrouvait avec un cadeau à la hauteur de sa compromission. Des séjours à l'étranger étaient offerts, à Las Vegas, Macao, Rio et New York. Virgile Francesco distribuait des montres en or, certaines serties de diamants, sur les conseils de Raymond Ughetto. On ne savait plus qui tenait qui.

À écouter Léna, nous dansions tous sur un volcan. L'arrière-pays, là-haut, se rebellait, le littoral persistait, la concussion allait bon train, tandis que la nation s'endettait de plus belle. Sans doute la Côte servait-elle de soupape de sécurité à tout le système, avec sa corruption pratiquement légalisée par le laisser-faire et l'implication du nombre de décideurs.

Léna avait perdu de son aplomb durant sa confession. Cela accroissait son charme. Elle se débarrassait de toute une gangue, d'un poids incommensurable, d'une grande culpabilité, semblable à celle que je portais adolescent lorsque ma mère subissait les coups du Père-la-Goutte. Il me paraissait de plus en plus évident que Léna était liée par un autre secret à Raymond Ughetto, un secret qui l'autorisait à divulguer ces informations, le résultat de l'enquête menée par ISF, même si selon elle son père avait plus à y gagner qu'à y perdre, une explication dont je ne me satisfaisais pas. Léna me confirma que Berta Bertolucci remplissait la fonction de blanchisseur en chef. De par ses positions au Rocher, à l'hôtel et à la Société des jeux, elle se situait au centre du dispositif, selon les éléments recueillis par Heitor. Grâce au casino et à l'Hôtel du Cap, elle avait mis sur pied, avec l'aide de banquiers, un ingénieux système de redistribution destiné en partie aux élus et aux responsables d'associations sur une zone de vingt à trente kilomètres le long de la Côte. Plus loin, d'autres personnes prenaient le relais. Tout cela me semblait étonnamment cohérent.

Léna avait manifestement envie de tout dire. Pourtant, elle ne me livrait pas encore tous ses secrets. Je reconnus sa lucidité et son intelligence, prompte à dresser des lignes rouges. Une chose l'inquiétait, l'acquisition par son père d'actions de l'entreprise Caltis, responsable de la propagation des boues rouges au large. Ughetto avait acheté ces titres en masse et les avait récemment revendus selon des documents qu'elle avait trouvés une nuit au domicile familial. Les opérations avaient été effectuées par l'intermédiaire de deux agents de change, l'un à Paris, l'autre au Rocher, et portaient sur des sommes importantes. Elles représentaient au bas mot un délit d'initié. Son père devait être au courant d'un changement drastique à la direction de l'entreprise ou dans l'évolution de son image. Soit il s'agissait d'un pur calcul de la part d'un joueur, d'un homme à l'affût du gain mais aussi et surtout d'un coup de poker, soit d'une volonté de nuire à Caltis, de manière à provoquer l'effondrement du cours.

Léna se mordit les lèvres et je compris qu'elle avait détesté jouer les cambrioleurs. Elle ne s'expliquait pas cette revente, comme si Raymond Ughetto voulait spéculer sur la faillite de Caltis. Marco, lui, aurait pu nous aider à comprendre le stratagème et la motivation de Raymond Ughetto, mais il n'était pas question de le mettre dans la confidence.

*

L'incendie avait repris dans l'arrière-pays, attisé par un vent sournois. De quel crime était-il le fruit ? Je me souvins de ce que disait le commandant Perlot au Secours en mer, à savoir que les deux tiers des incendies de la Côte et des montagnes alentour étaient d'origine criminelle. J'avais déjà aperçu, à la jumelle, quelques bergers au-dessus de la Brandasque se livrer à des départs de feu puis disparaître à pas lents, assurés de n'être jamais retrouvés. Les maquis de l'arrière-pays aiment l'oubli.

Nous prîmes la route à l'aube, je conduisais la voiture. Léna somnolait sur son siège. Avant de partir, je tentai d'apercevoir le nuage de l'incendie depuis l'hôtel et la colline au-dessus mais sans succès, la première chaîne de petites montagnes interdisant toute vue directe sur la Brandasque. Je ne savais pourquoi mais il me paraissait que la Côte était inquiète, craintive de ces nuages gris colportant les souvenirs calcinés des vallées lointaines. Nombre de volets des villas étaient fermés. À sept heures du matin, les abords du port étaient moins fréquentés que d'habitude et les passants tendaient leur cou vers le nord-est, vers la Brandasque.

Au siège du Secours en mer, je demandai au commandant Perlot de m'affecter au détachement de sapeurs-pompiers partis en renfort dans la vallée, mais il refusa, prétextant que je n'étais pas habitué au feu, ce qui était vrai. J'éprouvais beaucoup de sympathie pour Perlot, qui m'avait embauché, malgré ses frasques, ses maîtresses innombrables, ses coups tordus pour tenir à distance les associations de protection de l'environnement qu'il ne pouvait pas supporter en raison de la pression qu'exerçait sur lui le tout-puissant patron du syndicat des plagistes. Car Perlot, homme sorti du rang et devenu commandant, avait le cœur sur la main et il était sensible au parcours des gens de l'arrière-pays qui voulaient tenter leur chance sur la Côte. Il avait été aussi un grand soldat du feu, honoré par maintes médailles, brûlé au second degré dans le dos et au bras lors d'un incendie de forêt spectaculaire où il était arrivé avec un premier détachement de dix hommes. Il avait préféré opter pour le Secours en mer. Il y trouvait son compte, espérant encore un grade de colonel et attendant la retraite en emmenant « les petites », comme il disait, à bord de la Bertram qu'il réquisitionnait pour une journée entière.

Il finit par m'octroyer trois jours de congés, comme je le lui avais demandé, afin que je puisse me rendre sur les hauteurs, sans gêner pour autant les soldats des flammes. Léna me prêterait sa voiture. Il me tardait de monter au pays et de savoir ce que devenait Titin.

CHAPITRE 42

La vallée sentait le roussi. Dès le col Saint-Jean, après trois lacets dans la descente, j'aperçus le feu sur l'ouest de la Brandasque. L'incendie était à l'œuvre, par-delà les forêts, sous les pâturages de mon adolescence. L'enclave entière semblait la proie des flammes.

Le vent ne faisait qu'attiser le grand fagot. Les services de secours bloquaient une partie de la vallée, cernée par les langues de feu. L'écrin enclavé se défendait mais les traces en contrebas laissaient présager que l'incendie gagnait du terrain en cherchant son chemin, forcé par la brise.

Je choisis de passer par le col de Passin, un long détour qui me permettrait de rejoindre Cabanes-Vieilles par la piste militaire, après une ou deux heures de marche à pied, et m'offrirait un point de vue sur le désastre. La voiture de Léna était poussive et j'eus du mal à grimper les derniers virages. La fumée se rapprochait. Deux Canadair arrivaient en provenance de la Côte pour plonger sur la forêt rougie. Les pilotes prenaient de grands risques, frôlant les crêtes pour s'approcher du foyer d'incendie au plus près et le circonscrire par leur ballet en rase-mottes. Le feu se propageait depuis la veille et menaçait des hameaux, sans descendre pour autant dans la vallée, protégée par des coupe-feu, des saillies déboisées, dont certaines cependant étaient mal nettoyées, contrairement à celles du littoral.

Je m'arrêtai au début de la piste militaire. Des camions de sapeurs-pompiers disposés sur la piste d'en face, en dessous de la Cime de l'Ange, près de l'ancien fort datant de Napoléon III, attendaient la montée des flammes mais celles-ci ne prenaient pas cette voie pour l'heure. La ronde des avions se poursuivait. La mer se jetait sur la montagne, tentait d'éteindre ses soubresauts, de noyer ses flancs enflammés. Le littoral manifestait sa compassion pour l'autre pays, on montrait aux paysans que l'on n'abandonnait pas l'arrière-cour, l'arrière-fief des grands, on leur donnait de l'eau en quantité. J'imaginais ce que l'on disait en contrebas, sur les rivages. « Cette garrigue ne va quand même pas crever, il y a assez de choses désolées dans cette contrée perdue, les pauvres. » Et le Rocher regardait, impavide, les avions de la charité monter dans le ciel, voler au-dessus du port, au-dessus des yachts, des vedettes à cabine pour couples légitimes et illégitimes, des bateaux de croisière pour Américains en goguette, en mal d'impressions. « Oui, les Français aussi ont des Mexicains, ils ont leurs *mojados*, des migrants qui mouillent leur chemise. Regardez, là, au-dessus de la frontière, le Pas-de-la-Mort, de temps en temps, il en tombe. Du haut de la falaise, ils descendent vers le rivage et viennent se fracasser sur les rochers, la tête explosée, les membres écrasés. Oui, chers clients des croisières Cruises of the Sun, il y a des morts, mais ne vous inquiétez pas, vous ne les verrez pas, ils sont loin. On nettoie vite sur la Côte, surtout aux abords du Rocher, tout est propre ici, oui, oui, même l'argent des casinos, c'est contrôlé. »

Je redoutais de découvrir le vallon de Tozza. À en croire les nuages de fumée et le ciel bas, il devait être réduit en cendres, dans sa partie inférieure du moins.

Une tornade de feu surgit sur ma droite, vers le nord-est. Cachée par un morceau de montagne, elle s'élançait telle une torchère entre deux mamelons. Les Canadair s'abattirent brusquement sur le vallon. Là-bas, une poignée d'individus devait se battre contre la folie d'un incendiaire à la solde d'un promoteur. Tout était possible dans cette enclave de la perdition, oubliée des dieux, oubliée des autres hommes. Les bêtes devaient fuir, affolées par ce bruit assourdissant de fin du monde.

Je garai la voiture de Léna en bout de piste carrossable, pris mon sac à dos et marchai pendant deux heures. Le nuage s'épaississait, nourri des troncs calcinés, épicéas, mélèzes, sapins. Au détour du chemin, je vis le petit hameau de Cabanes-Vieilles, sur les hauteurs, toujours debout. Le feu ne pouvait monter jusque-là. J'aperçus au loin le vallon où j'avais vécu en quasi-ermite avec mes chevaux et mes chèvres. Le chalet de Petru avait partiellement brûlé. De la charpente, il ne restait plus que la colonne de la cheminée, les murs, épais, tenaient encore, noircis. Les Canadair devaient avoir jeté leurs cargaisons d'eau sur le vallon ; il n'y avait plus aucune flamme. Les sapeurs-pompiers n'avaient pas pris la peine de venir sur ces hauteurs, affairés à sauver l'essentiel, les villages en contrebas et la vallée de la Brandasque. Devant moi dansait un bosquet de fougères épargnées par le feu. Je crus y voir les cheveux de Léna.

Depuis la nuit à l'auberge du col Saint-Jean, en aval de la falaise bordant l'arrière-pays, en aval de la catastrophe, je m'inquiétais pour sa santé mentale. Ses envolées lyriques et ses emportements me faisaient peur. J'avais moi-même dû si souvent maîtriser les prémices de la folie dans le vallon de Tozza, en proie à une trop grande solitude. La solitude vous permet de vous élever ou de descendre aux enfers, c'est selon. Léna, elle, était prise dans un conflit de loyauté entre son appartenance au clan des Ughetto et le devoir moral qu'elle s'était imposé. Je ne savais si cette confusion mentale provenait d'une forme de messianisme, d'une volonté de jouer à la Jeanne d'Arc anticorruption ou de l'envie de se venger du père. J'étais troublé de voir son visage et sa chevelure se décalquer sur les herbes qui tanguaient dans le vent. Nous nous étions aimés en dessous, au bout de la sente, entre les deux flancs du vallon séparés par un ruisseau gorgé d'eau en hiver et au printemps.

Oui, ses cheveux dansaient dans le vent, caressaient les reins de la montagne, s'infiltraient dans les grottes, et cela me rendait fou. Au-delà de toute attente, Léna avait soulevé en moi une tempête d'émotions. Ses atermoiements engendraient des vagues, ses afflictions nourrissaient ma mélancolie, son spleen atteignait en moi les cordes les plus sensibles. En retour, elle avait sans doute capté quelques-uns de mes tourments.

Le chagrin est une trace que l'on garde et que l'on suit lorsque les souvenirs se sont effacés. J'oubliai à cet instant précis, loin de la Côte, les instants de folie de Léna, j'édulcorai ses sautes d'humeur pour ne conserver que la beauté de ses émois à travers ce filigrane gambadant dans les pâturages et sur les terrasses de mon passé de berger.

Je priai pour que ces terres résistent à la plaie rampante.

Je voulus descendre sur le sentier et m'approcher de Tozza mais Titin déboula des hauteurs, à quelques centaines de mètres de Cabanes-Vieilles. Il avait le souffle coupé et je tombai dans ses bras puissants. Ses bêtes, il les avait parquées au-dessus, « avant que tout ça finisse par s'escagasser, encore une belle entourloupe d'un demeuré de la vallée ». Pour lui, l'origine criminelle de l'incendie ne faisait aucun doute, vu son départ dans la vallée adjacente, côté nord, sur cet ubac dense de conifères qui ne brûlait jamais.

— On le trouvera, ce saligaud, ce *bastardoun*, ce falabrac de mes deux, et on le transformera en saucisson ! On le découpera pour la salaison d'hiver !

J'avais rarement vu mon père adoptif dans une telle colère. Il m'entraîna dans son casoun en amont autour duquel il avait hâtivement creusé une tranchée peu profonde. Dérisoire protection, il l'avait remplie d'eau avec les seaux destinés à la traite. Le feu ne pouvait venir jusqu'ici, sauf en cas de vent violent.

— Tout est possible, *fistoun*, même le pire. Crois-moi, j'ai tout vu dans cette enclave de malheur. Et c'est pour ça, tu le sais bien, que je ne veux pas redescendre dans la vallée.

Il me demanda des nouvelles de Léna. Je ne pouvais lui dire toute la vérité, cet autre cataclysme tant redouté, celui de son état mental, ce délabrement dû à la suractivité, à la culpabilité aussi, que l'amour parvenait à peine à endiguer, tout juste à freiner. Puis il dessina sur sa table de merisier une carte sommaire des vallées adjacentes, désigna le point de départ du feu et exprima sa peur que les vallons perpendiculaires à la Brandasque ne fussent entièrement calcinés. Il ajouta qu'un second foyer d'incendie avait été allumé non loin de Village, près de la bergerie d'Anton, vu la direction des nuages de fumée.

Les feux s'étaient rapprochés puis unis pour dévaster le haut plateau voisin.

— C'est d'origine criminelle, garçon, tu me l'enlèveras pas de la tête ! Tu as vu le chalet de Petru ?

— Oui, de loin. Il n'y a plus grand-chose debout. Ça fait mal au cœur. Mon casoun, lui, semble épargné. Il est tout en pierres.

— Et ça ne te frappe pas que le feu soit monté jusque-là, à Tozza ?

— C'est vrai que l'endroit est assez nettoyé, les bois sont juste en bas, mais pas assez denses pour propager le feu jusqu'au chalet. Et le Bois Noir est loin…

— Pose-toi la question, *fistoun*. Si tu regardes bien, ça fait même trois foyers d'incendie différents, car les flammes de l'autre vallée ne sont pas arrivées jusqu'ici. Quelqu'un a foutu le feu dans le coin ! Regarde !

Il désigna le bois au-dessus de Tozza, sur la crête menant aux contreforts de la Cime de l'Ange, côté ouest. Rien ou si peu avait brûlé. Titin avait raison. Le chalet du docteur Petru avait été la proie des flammes isolément, seuls quelques arbres aux alentours avaient brûlé afin de masquer le méfait.

— Bon, et tu ne sais pas la meilleure ? J'ai vu un homme rôder dans le coin, la veille de l'incendie. Il était à une demi-heure de Tozza. Je l'ai chopé par hasard dans mes jumelles en regardant le bas du vallon. J'ai cru à un promeneur, bien que ce soit rare, tu le sais autant que moi, d'en voir des tout seuls, des pas en groupe. C'est peut-être un coup de Petru.

— Tu plaisantes, Titin ! Je ne vois pas dans quel intérêt.

— L'assurance, pardi ! C'te maison est invendable, boudiou. En tout cas, la propriété. Trop grande, trop chère, trop loin de tout.

— Je n'y crois pas, Titin. Petru est trop riche, avec toutes ses inventions et ses brevets médicaux, sans compter les consultations dans la vallée. Je crois qu'il n'a pas besoin de ça.

Titin n'en démordait pas. J'aimais au fond qu'il soit en colère. Il rajeunissait, retrouvait toute la faconde qu'il oubliait, ivre de solitude dans les pâturages, soucieux de ne pas s'encombrer de mots. Quand il avait un interlocuteur en face de lui, il repartait de plus belle, déclamait des poèmes.

— De toute façon, c'est tout ce qu'il mérite, ton Petru.

Sa remarque me peina mais elle confirmait un peu plus ce que j'avais appris sur Petru et les agissements de celui qui avait été sinon un mentor en tout cas un bienfaiteur.

— Je veux bien qu'on lui reproche d'être riche, d'avoir eu beaucoup de conquêtes, de connaître des gens pas très recommandables, mais tu ne peux pas dire ça, Titin. Petru a un bon fond.

— Tu parles ! Il faudrait que tu saches comment il a acquis son chalet.

Là encore, les propos de Léna me revinrent en tête. Le chalet de Petru situé à l'orée du parc national avait dû être construit grâce à ses contacts à P. Le permis stipulait qu'il s'agissait de la rénovation d'un casoun de berger, alors qu'il avait été bâti de toutes pièces, avec de nouvelles fondations. Tout cela ne représentait que des peccadilles pour moi, mais Titin soupçonnait Petru d'arroser tout le monde, et d'être à son tour manipulé par son réseau d'amitiés plus ou moins suspectes.

Je sortis sur la terrasse de Cabanes-Vieilles, une dalle faite de terre et de mortier. Le feu ne semblait pas s'étendre en cette fin de journée et la fumée restait cantonnée au nord-est, dans la partie supérieure de la vallée de la Brandasque. Les odeurs montaient de ce vallon que j'avais si souvent parcouru avec mes bêtes, enclave dans l'enclave, odeurs de thym brûlé et de pin cramé, de fougère grillée et d'acacia calciné, de chalet détruit et de rêves enfouis. Ces hautes terres n'avaient comme richesse que leur passé et voilà qu'une calamité éradiquait le peu de mémoire que j'avais pu accumuler, le peu de racines que je m'étais fabriquées. Le feu prenait pour moi des couleurs de fin du monde. Le feu nettoyait le souvenir.

J'aperçus sur le sentier qui descendait vers Tozza un petit chevreuil. Il était affolé, cherchait ses repères, ne reconnaissait plus la brousse grise alentour. Il me vit au-dessus de la piste militaire et dévala la pente côté ubac. Je craignais qu'il ne vienne se brûler les pattes sur le sol noirci. Comme les habitants de l'enclave, il était apeuré. Il devait vivre désormais avec la menace de cette foudre humaine qui permettait de mener la guerre sans le dire, par les flammes, ce malheur déclenché par des manipulateurs soucieux de bouleverser l'ordre des choses, l'équilibre naturel, ou d'humilier un peu plus l'arrière-pays, de le réduire en cendres, c'est-à-dire en esclavage. Je ne pouvais distinguer la tête du chevreuil, si loin en aval, mais j'étais certain qu'il avait un regard d'épouvante. Nous étions tous soumis aux mêmes caprices du destin, le vent qui pouvait enflammer et détruire tout ce vallon et la montagne et les hameaux et la Brandasque entière, la pluie rédemptrice que l'on attendait et qui, par quelques gouttes, annoncerait la délivrance, la fin du calvaire. Je me dis que j'avais grandi sous le sceau de la chance et de la malédiction, deux signes sûrement venus du ciel eux aussi, la chance d'avoir sillonné ces sentes, parcouru ces montagnes, éprouvé très tôt un sentiment de liberté, pour le meilleur et pour le pire, et la malédiction d'avoir été longtemps relégué dans une enclave, avant d'échouer sur la Côte des mauvaises engeances, avec les fauteurs de troubles et des gens qui naviguent en eaux troubles, entre deux mondes, faire-valoir de la promotion des oubliés, garantie d'une soupape de sécurité, tels Marco et d'autres, ceux qui retourneront un jour dans l'arrière-pays pour porter la bonne parole et ceux qui n'y retourneront probablement jamais, trop heureux de leur nouvelle vie et de leur participation aux combines de la Côte.

CHAPITRE 43

Je rentrai dans la maison de Titin, un bien grand mot vu la vétusté des lieux, l'étroitesse des deux pièces et le crépi de pisé aux murs noircis par la cheminée dans laquelle il cuisinait, lorsque j'entendis des cris.

— Hé oh, c'est Marco ! Tu es là, Titin ?

Marco s'annonçait toujours en hurlant à cause des chiens.

— Qu'est-ce que tu fais là ?

— Eh bien, comme toi, je viens voir si Titin a besoin d'aide et si le coin n'a pas brûlé.

Titin dévala de sa bergerie et accueillit mon ami d'enfance. Il ne le reconnaissait plus, avec son costume, sa chemise blanche, sa petite barbe soigneusement taillée.

— Toi, t'as grimpé dans les étages, *fichtre diou* !

Marco avait un regard enfiévré que je mis sur le compte de son inquiétude pour la vallée. Il était d'une nervosité à vous contaminer tout le vallon, même les bêtes. Pourtant, Marco savait maîtriser ses émotions, en montagne ou dans ses tours d'agent de change. Était-il dépassé par une faute, une catastrophe annoncée, par le dépérissement de la vallée qui, après un tel incendie, pouvait craindre le départ de ses jeunes ou de ses paysans qui avaient eu le courage de s'installer sur ces terres ingrates, terrasses de Babylone au bord du vide, planches d'infortune en suspension au-dessus des ravins ? Marco avait déjà intégré tout cela, les défis le galvanisaient, lui, le drogué à l'adrénaline, incapable de vivre sans se mettre en danger. Son inquiétude sautait tellement aux yeux que je ne pouvais m'empêcher d'en rechercher la cause. Titin, d'une manière inhabituellement bourrue, nous servit un bol de bouillon puis repartit voir ses bêtes. La présence de Marco l'énervait. Nous restâmes longtemps silencieux.

— Le vallon de Tozza au moins aura été épargné.

— Oui, si on veut…

Ma remarque l'avait gêné.

— Ils brouillent les pistes avec le feu.

— Ce n'est pas nouveau, Marco. On agrandit les terrains avec ça, tu le sais.

— Ne fais pas l'idiot, Jo. Là, on efface des traces et des preuves !

— Des traces de quoi ?

— Tu comprendras plus tard. On brûle le chalet pour ce qu'il y a dedans ! Le blanchiment des sales affaires de l'usine Caltis, toujours. Et Berta Bertolucci y est pour beaucoup !

Il me dit alors une chose étrange, qui ne cadrait pas avec ce que je lui demandais :

— Sache que si Albert-les-Bretelles venait à disparaître, ce ne serait pas un accident !

— Tu veux dire quoi ?

Il se leva sans répondre, monta vers la bergerie, où se trouvait Titin, lui parla un long moment puis s'évanouit sur le sentier qui rejoignait la piste militaire en m'adressant un vague geste de la main. Je ruminais l'étrangeté de la visite de Marco.

Pourquoi avait-il évoqué le sort d'Albert-les-Bretelles ?

*

Je gardai longtemps en mémoire cette image de Marco s'enfuyant dans les herbes, au-dessus d'un spectacle de terres calcinées. Je me demandai ce qu'il avait voulu signifier par ses phrases raccourcies, ses confessions mangées par le vent. Que venait faire là-dedans l'abruti d'Albert-les-Bretelles, dont je n'avais plus aucune nouvelle depuis mon départ pour le Rocher ? Marco le menaçait en fait, comme s'ils avaient eu de sales histoires ensemble. Il prenait des risques en mentionnant son nom et en me révélant que Berta Bertolucci blanchissait pour le compte de la compagnie aux boues rouges. Sans doute s'était-il fâché avec elle, sans doute était-il peiné qu'elle soit devenue la maîtresse de Virgile Francesco. Elle-même ne devait être qu'un maillon de la chaîne, la longue chaîne de la prévarication, de la concussion, de la corruption, la chaîne qui salissait la Côte et les alentours autant que les boues rouges salissaient le grand large. Elle avait attiré Marco dans ses rets car elle avait remarqué son intelligence, qui était évidente, sa capacité à manier les chiffres, à comprendre les rouages des flux, et surtout à maîtriser la rapidité, la clé de toutes les opérations de blanchiment.

Si Marco avait lâché ces quelques mots à Cabanes-Vieilles, c'est qu'il en avait gros sur le cœur, et sans doute éprouvait-il depuis longtemps le sentiment d'avoir trahi, trahi l'esprit de la vallée, ses racines, moi, son ami d'enfance, ce qu'il lui restait d'éthique, forgée dans la nébuleuse confuse des lectures de notre adolescence : Nietzsche, Cervantès, Goethe et son *Chevalier à la main de fer*.

*

Titin était encore plus taciturne que d'habitude. J'eus du mal à le décoincer lorsque j'évoquai la visite de Marco, enfant du pays devenu richissime agent de change sur la Côte, par-delà les montagnes, si proche, si lointaine. Comme le docteur Petru, il aimait voir partir les jeunes de la vallée pour un avenir meilleur, loin de ces frontières invisibles. Il aimait les voir revenir quand il descendait à Village et qu'il les croisait sur la place du marché ou au bistrot. Il ironisait sur leurs voitures de luxe ou sur leurs photos de vacances à New York, à Miami ou à Hong Kong, mais au fond il les appréciait. Il savait que cela était bon pour la vallée, cette soupape de rêve, cet horizon d'évasion qui permettait aux autres de rester, d'espérer et qui empêchait le nombre des suicides de monter, car il y en avait de temps à autre, surtout dans la partie haute de Village, le quartier adossé à la montagne où suintait toute l'humidité des rochers, infiltrant les murs, les planchers, les toits, les corps et les âmes. « Les gars de la vallée qui se barrent, c'est comme les brebis égarées, elles finissent toujours par revenir. Sauf s'il y a le loup ! » cracha Titin, avant de se murer dans le silence et de s'affairer à jeter de la paille à ses bêtes. Je lui emboîtai le pas, sans mot dire, et nettoyai à mon tour un coin de la bergerie, des gestes que j'avais appris à aimer durant mon long séjour en contrebas, dans le hameau vide de Tozza, désormais bordé par un chalet en ruine. Je mis un peu d'ordre dans son nécessaire à fromage, colmatai un trou dans le mur de pierre. Au bout de quelques heures, Titin finit par sortir de son mutisme et me mit la main sur l'épaule.

— Viens, on va boire un coup.

Il apporta une bouteille de vin rouge sur la terrasse blanchie à la chaux qui donnait sur le vallon de Tozza, une position de tireur d'élite, à deux mille mètres d'altitude sous la Cime de l'Ange, ou du moins ses contreforts, dominant des centaines d'hectares de forêts et de pâturages qui s'étageaient à droite et à gauche. Le vent s'engouffrait dans cet entonnoir naturel. Les bêtes, elles, restaient protégées par les méplats et les petits plateaux où se nichaient les lacs. Le casoun de Titin, sorte de guérite imprenable, lui aurait permis de tenir la vallée en cas de grabuge. Il en riait et m'avait montré un jour un vieux tromblon. « Avec ça, si on a une invasion, je garde tout le versant et même plus, alors l'ennemi, je le guette de pied ferme. »

— Il faut que je te dise quelque chose sur Marco, *fistoun*.

— Je n'attends que ça.

— Il a du mérite. Il a du cran, il a pu réussir, là en bas, chez les falabracs de la Côte. Il a du revenu, il a une belle voiture, sûrement des filles, bien plus que ce qu'il aurait pu dégoter dans la vallée. Mais enfin, il fait le mariole lui aussi ! Il parle beaucoup.

— Oui, je suis d'accord, Titin, mais c'est ce qui fait son charme.

— Il parle beaucoup mais il ne dit pas tout. Ce qu'il traficouille sur la Côte, ça le regarde. Il peut pas s'empêcher de s'enrichir, lui. Il veut toujours plus ! C'est pas pour ça qu'il est heureux. Et sûrement pas plus heureux que moi ! Un jour, il va vouloir m'acheter des terres ou m'agrandir le troupeau, m'offrir de beaux cadeaux, je le sens comme ça. Eh bien, je lui dirai non ! Rien à foutre !

Titin reprit ses esprits. Ses colères ne duraient jamais longtemps.

— Y'a des choses qui s'emberlificotent en bas et c'est pas beau à voir. Et je sais qu'il trempe là-dedans.

— Marco n'est pas le pire, Titin, tu le sais bien. Sur le fond, il ne changera jamais, il aura toujours un grand cœur.

— Qui vole un œuf vole un bœuf ! Si on commence à mettre la main dans ces emboucanes, on est mort ! On est toujours obligé de recommencer, d'aller plus loin, de demander plus. C'est la loi de la Côte, et d'ailleurs aussi. Regarde, moi, j'ai des fromages, de l'huile d'olive, du pain. Si tu doubles la mise, eh bien j'pourrais pas tout manger ! Pareil si je fais trois ou quatre fois plus de fromage. Pas ça qui va me rendre heureux. Tu sais, ce qu'il me faut, c'est du ciel bleu, ces montagnes, et voir ma compagne une fois par mois.

Je le reconnaissais bien là, un sauvage au raisonnement implacable, qui valait ce qu'il valait mais qui correspondait à la vie sur ces pâturages, une existence ivre de vent et de parole donnée. Vivre sur les crêtes et sous les sommets vous oblige à plus d'humilité et parfois à plus de folie. Titin avait versé dans les deux et c'était aussi pour cela que je l'aimais.

— Ton Marco, il t'a menti. Il a fait de la taule !

Sa remarque claqua dans l'air comme un terrible présage.

— De la prison ?

— Ouais ! Quand il raconte au village qu'il est parti étudier puis combattre au Liban.

— Pourtant il parle bien de Beyrouth.

— Ça n'empêche pas ! Il a dû y traîner ses guêtres, mais pour autre chose. Et ses études, c'était de la taule, à deux cents kilomètres d'ici. C'est même là qu'il a connu Albert-les-Bretelles…

J'étais abasourdi.

— Et comment tu as su qu'il avait fait de la prison ?

— C'est lui qui me l'a dit. Quand j'ai vu le tatouage dépasser de sa chemise, j'ai compris. J'avais vu le même dans le dos d'Albert-les-Bretelles. Un matin, je l'avais surpris en train de se laver dans le torrent en dessous du chalet de Petru. Il venait de passer la nuit avec une coquine de Village. Et il paradait, il montrait ses muscles, à poil sur les rochers, les pieds dans l'eau. Quand il m'a vu, il s'est vite rhabillé. Je l'ai ignoré. Son tatouage m'a surpris. Pas courant. Et ton Marco, il a le même, en plus petit.

— Ça ne veut rien dire. Un catalogue de tatouages sans doute.

— Tu plaisantes ? C'est la marque de leur bande ! Marco, il a pas dû avoir le choix. Il serait sans doute mort s'il n'avait pas rejoint les autres salopards. Cet Albert-les-Bretelles, ce *pourcas*, ce *brutesc*, je n'ai jamais pu le blairer.

— Je pensais qu'il avait quitté la région.

— Il est lié au toubib, c'est son homme de main. On ne quitte pas Petru. Surtout que c'est lui qui l'a sorti de prison.

— Le docteur a le bras si long que ça ?

— Et *pardiou,* qu'est-ce que tu crois ? Bien sûr qu'il a le bras long comme la Brandasque !

— Et tu sais pourquoi Marco a fait de la prison ?

— Il a traficouillé de l'argent, il a cru faire du fric comme Jésus avec ses pains de la table de multiplication. Mais ton Marco, il sait pas marcher sur l'eau. Il s'est fait emberlificoter dans des trucs qu'on appelle blanchiment. En fait, c'est la banque qui lui est tombée dessus.

Titin émit un rot qui ébranla la montagne et roula dans le vallon. Il ne se servit pas davantage de vin. Il en avait bu assez. Il maîtrisait la situation. Que cet abruti d'Albert-les-Bretelles soit revenu dans les parages ne me rassurait pas, en raison de cet incendie. Titin crut déceler une interrogation dans mon regard alors que j'observais le vallon de Tozza, en direction du chalet calciné. Je décidai de monter vers le Bois-Noir avant la tombée de la nuit, sans raison aucune puisque je n'apprendrais rien de plus. Marco devait être loin désormais, sûrement sous le col de Turano. J'aperçus aux dernières lueurs un semblant de hameau, sans rien discerner. Un calme impressionnant régnait aux alentours. Personne ne s'intéressait au sort de Tozza alors que la vallée de la Brandasque devait mobiliser ses enfants pour circonscrire l'incendie ailleurs, et d'abord plus au nord, dans la vallée adjacente. De la barre rocheuse qui menait à la Cime de l'Ange, je pouvais encore distinguer les volutes grises de la calamité rampante. Je tournai la tête vers le nord-ouest, par-delà les sommets.

Je ne pouvais voir le Mérache, trop éloigné, caché par d'autres crêtes. Je me mis à penser à Guillaume comme chaque fois que je voyais les montagnes de mon adolescence ou lisais leur nom sur une carte.

CHAPITRE 44

Marco avait trahi par omission, comme on ment par omission, mais je ne pouvais lui en vouloir. Il démontrait une fois de plus son intelligence. Pour s'extraire de l'enclave, il fallait ruser, s'affranchir de la rumeur, de l'aimantation des vieux enclavés, un brin culpabilisateurs. « Comment, tu quittes le pays ? Mais c'est une fuite plutôt, tu vas faire le pitchoun sur la Côte, tu vas faire le mariole avec les donzelles et les belles carrosseries, tu vas barjaquer, tu vas jacasser, discutailler avec les marlous d'en bas, ah ah ! »

Marco avait joué avec l'aimantation, était revenu de temps à autre, faux élastique et fils prodigue de pacotille. Il s'en moquait, contentait le désir du paternel. « Oui, fiston, tu reprendras un jour la baraque et l'atelier de sculpture, ça me ferait mal au cœur de fermer tout ça. Tu es le seul garçon de la famille », etc. Je repensai à cette vision du chevreuil apeuré en aval, près du torrent qui menait à Tozza. Le regard de Marco trahissait un mélange singulier de crainte et d'enfièvrement, et je ne parvenais pas à savoir lequel des deux l'emportait. Ses poings étaient serrés et je le sentais prêt à frapper au moindre prétexte. « Il est venu voir si le chalet de Petru a bien brûlé », m'avait dit Titin. Je n'en croyais pas un mot. Marco n'était pas l'homme de main du docteur Petru. Il était trop libre pour cela. La phrase qu'il avait lâchée sur Albert-les-Bretelles suffisait à le réhabiliter.

J'avais discerné alors une lueur de vengeance dans ses yeux.

*

Je descendis à Tozza par le vallon du torrent pour constater les dégâts. Je courais même, comme me l'avait appris Titin jadis, sautant d'une pierre à l'autre, dévalant les planches. Le feu s'était arrêté à quelques dizaines de mètres du chalet et avait épargné les casouns et maisonnées de pierre du hameau déserté. La grange et la petite scierie, là où je coupais le bois avec l'abruti d'Albert-les-Bretelles, avaient disparu sous les flammes. Je ne pouvais voir si l'incendie s'était éteint de lui-même, évanoui dans la maigreur des pâturages au-delà des bosquets, ou s'il avait été noyé par les Canadair. J'imaginais la pluie artificielle venant au secours des bibelots du chalet secret, où jamais je ne fus autorisé à entrer, comme si Petru y cachait des coffres-forts, des fortunes, des manuscrits maudits. L'impossibilité d'y accéder avait hanté mes nuits, peuplé mes rêves et mes cauchemars. Couplé à la profonde solitude, l'interdit avait alimenté mes fantasmes. Étrangement, le chalet représentait une sorte de contre-enclave, une échappatoire dans le monde où je vivais, un monde à la fois sans bornes et confiné, qui me permettait d'espérer. Le chalet aux volets fermés était un entonnoir vers l'ailleurs, une porte vers la liberté qu'un jour je parviendrais à franchir.

La maison d'altitude de Petru n'était plus qu'un tas de cendres ou presque. Je pouvais enfin pénétrer dans les lieux, frappés désormais d'une malédiction que j'ignorais. Le plancher de bois s'était écroulé, les poutres noircies du toit menaçaient de s'effondrer et le ciel s'invitait entre les murs. L'intérieur avait dû être cossu. Les tableaux aux murs ne présentaient plus que des squelettes de cadres. Le canapé de l'entrée dévoilait ses ressorts entre des restes de garniture carbonisée. Si le docteur Petru avait vu ce spectacle, nul doute qu'il en aurait pleuré. S'il n'avait pas daigné dépêcher les services de secours sur les lieux, lui qui se targuait de pouvoir déplacer toute la Côte sur un simple coup de fil, c'est qu'il avait ses raisons. L'assurance du domaine était-elle la seule ? Petru n'éprouvait plus guère d'engouement pour ce vallon perdu ni pour les hauteurs. Mais Titin avait tort, pour une fois, j'en étais certain, et Marco n'était pour rien dans l'incendie criminel de Tozza, cadet des soucis de la vallée de la Brandasque vu l'étendue des dégâts.

Dans le coin de la salle à manger, un coffre-fort avait été fracturé, la porte était ouverte et l'intérieur vide. S'agissait-il d'un vol commis avant l'incendie ? Ou les voleurs avaient-ils profité du drame pour s'inviter dans les ruines ? Le coffre portait des traces de coups sur le côté, on avait voulu le desceller du mur. Les cambrioleurs avaient essayé d'effacer leurs traces. Je me souvins que Marco avait prononcé ces mots, « effacer des traces ». Il en savait sans doute beaucoup sur Petru et consorts, les folles soirées, les réseaux occultes convoqués à mille quatre cents mètres, sans que le berger de service, moi en l'occurrence, fût informé de quoi que ce soit. Je contemplai cet ancien objet de rêve qui ressemblait désormais à un champ de bataille. Ce retour au pays était cruel.

Au-delà de ma peine pour la lande calcinée, de ma tristesse à penser aux bêtes apeurées, je réalisai que je vivais la fin de l'innocence.

La terre brûlée aux alentours, même si la forêt et le Bois Noir, trop loin sur le versant nord du vallon, avaient été épargnés, rendait le paysage lugubre. Ce spectacle de désolation emportait mes derniers souvenirs. Seule la maisonnée de Titin offrait un semblant de vie et de réconfort à la contrée. La Cime de l'Ange présentait quelques plaques de neige sur le flanc donnant sur la baisse, au-dessus de

Tozza. Il aurait fallu la rebaptiser Cime du Diable. En fermant la page de Tozza, je pensai au long chemin parcouru pour m'extraire de l'enclave et y revenir. La Côte m'avait paru si lointaine lorsque j'étais berger, malgré le bleu du large que j'observais en grimpant aux abords du Mérache. Un monde nous séparait. Et on osait nous appeler, en bas, « les résidents de l'hyper-ruralité ». Les habitants des villes se flagellaient une fois de plus d'avoir oublié ces paysans, ceux qu'on feignait de ne plus qualifier de bouseux. Je perdais mon innocence car les mêmes vengeances se concoctaient ici, les mêmes complots s'élaboraient dans les chalets secrets, les officines de haute montagne, les fausses bergeries qui accueillaient les huiles et conspirateurs en chef, les conspirateurs du blanchiment, les fabricants de coups tordus, les maîtres des alliances entre élus et mafieux, une mafia de plus en plus licite, infiltrée dans les rouages de l'État, de l'administration régionale. « Oui, foutez-nous la paix, laissez-nous blanchir, laissez-nous prospérer. De toute façon, il est déjà trop tard. Et sinon on fout le bordel, on laisse les marges des villes se soulever, on ne fait plus de sécurité sociale, on ne joue plus à la nourrice, on laisse les trafics, petits et grands, se développer sans barrières, sans garde-fous. » Le docteur Petru… Je l'avais tellement idéalisé, sublimé, lui qui m'avait donné ma chance, offert ce poste de berger, permis en partie d'étudier. Et voilà qu'il trempait dans toutes les intrigues de la Côte, son nom figurait dans les enquêtes d'Intégrité Sans Frontières, il était lié à Virgile Francesco. C'était lui qui avait récupéré Marco à sa sortie de prison. Et cette âme damnée d'Albert-les-Bretelles. L'arrière-pays s'était transformé en un laboratoire des manigances. Petru s'était bien servi des gens autour de lui. Beaucoup avaient plongé sans réfléchir, par appât du gain, pour services rendus ou dans l'espoir d'une vie meilleure après la case prison. Mon père biologique avait sans doute dû tomber lui aussi dans ces pièges.

Je me retournai pour observer la maisonnée de Titin plus haut, au-dessus de la piste militaire. Plus rien ne me retenait dans l'enclave, plus de famille, plus de docteur Petru, plus de Père-la-Goutte, plus d'amours anciennes, plus rien hormis Titin. Le père adopté, à deux mille mètres d'altitude, avait échappé à maints périls. Il pouvait survoler tout cela, se moquer des moqueurs, railler les conspirateurs. Nulle remarque ne l'atteignait, trop loin, trop haut, trop libre. « Au prix où est le fromage, je peux encore tenir un brin. » Oui, Titin pouvait encore tenir, tant que ses jambes le porteraient. J'avais connu grâce à lui la liberté sans m'en apercevoir, je l'avais savourée et je tentais de la retrouver maintenant, mais je me sentais pris dans des rets de complicités et d'hypocrisies, un filet qui nous unissait tous et permettrait de pêcher en eaux troubles. Il m'était inconcevable de perdre ma liberté, même et surtout sur la Côte. Je compris aussi que nous nous aimions, Léna et moi, en raison de ce sentiment auquel elle avait goûté ici même, en montagne, à Tozza et sur les hauteurs. Je sentis à ce moment une odeur de bois brûlé monter du vallon, portée par la brise de fin d'après-midi. Dans ce relent d'air vicié, je vis un mauvais présage.

Je remontai vers Cabanes-Vieilles pour y passer la nuit au côté de mon père adopté. Sans doute allions-nous lire à nouveau, à la lueur de la lampe à huile, des pages de Goethe et de Cervantès. Je savais d'avance qu'il ne voudrait pas reparler de la venue de Marco, bourru malgré son grand cœur, sa gentillesse. Je savais aussi que ce soir-là nous allions boire plus que de coutume, pour fêter mon retour mais aussi le crépuscule d'une époque.

Je me sentis débarrassé pour longtemps de la mélancolie.

CHAPITRE 45

Je redescendis le lendemain en pensant aux désastres causés par le feu de l'autre côté de l'enclave, au nord de la Brandasque. Des hameaux avaient été évacués, des bergeries cernées par les flammes, deux ou trois villages menacés, et sans doute nombre de maisons et de résidences secondaires brûlées, malgré l'acharnement des Canadair et le déploiement des sapeurs-pompiers que je savais très mobilisés. En passant le col de Turano, je voyais de temps à autre, entre deux versants, les volutes de fumée planer sur le nord de l'enclave. Les bêtes devaient être affolées, les troupeaux disséminés, les bergers désemparés. Un seul incendiaire suffit parfois à dépeupler un coin de paradis. La main de l'homme prolongeait l'œuvre de destruction que le loup n'avait pas réussi à achever.

En dévalant la route en lacets qui plongeait vers les gorges, loin déjà des abords de la Brandasque, je songeai à ce que j'avais toujours pensé en observant la Côte depuis la vedette du Secours en mer : un décor de carton-pâte, dont la facticité s'atténuait l'hiver lorsque les grands hôtels se vidaient, lorsque l'argent régnait un peu moins en maître, du moins en apparence. Désormais, c'était l'arrière-pays qui allait ressembler à un décor de cinéma, un décor brûlé, un décor pour films apocalyptiques. On avait acheté les gens, les terrains, on avait acheté les esprits, on avait acheté les âmes, on avait acheté toutes les valeurs, et cela étrangement ne me choquait plus. J'étais lavé au sens littéral du terme, noyé sous cette déferlante comme les flancs de montagne avaient été noyés par les trombes d'eau déversées par les secours. La République avait été généreuse dans l'enclave, elle savait que cette France-là ne pouvait tenir qu'ainsi, la subvention pour ne pas se révolter, les aides d'urgence pour éviter le naufrage. On s'entendait bien, donnant-donnant. De temps en temps, l'entente ne fonctionnait plus et l'on allumait des contre-feux.

Désormais, l'arrière-pays récoltait les cendres.

*

Léna avait savamment préparé la conférence de presse, Heitor aussi. Les médias de la région et ceux de Paris furent avertis deux jours plus tôt de l'événement organisé par Intégrité Sans Frontières. Le communiqué évoquait des déclarations fracassantes sur quelques scandales de la Côte, sans précision de lieux toutefois. Au dernier moment, les journalistes furent convoqués dans les salons d'un hôtel du centre. Léna n'était jamais aussi belle que lorsqu'elle était inquiète.

Le visage encore un peu abîmé par son agression, Heitor avait pris place à la tribune, aux côtés de Léna et de Sarah, tandis que Samuel et d'autres volontaires contrôlaient les entrées, aidés par le frère de Léna, Geoffrey, accouru de son camping de la vallée d'Orgens pour arborer sa ceinture noire de judo. J'aimais le retrouver et voir Léna sourire à chacune de leurs embrassades. Il était plus que jamais à l'écoute de sa sœur, mais très anxieux aussi, sans doute par le fait de revenir dans la ville qu'il avait fuie en même temps que le clan Ughetto, malgré la brillante carrière à laquelle il avait été promis. Il me rappelait étrangement mon propre frère qui avait fini par suivre notre mère en Allemagne, mais sans pour autant s'installer dans la même ville qu'elle. Léna attaqua fort.

— Nous allons vous parler d'une affaire qui compromet nombre de responsables de la ville, d'élus et même de représentants de l'État. Vous connaissez bien sûr la pollution des boues rouges, celle qui salit notre littoral, le large, et détruit des espèces animales.

Elle donna la parole à Heitor qui détailla les dernières pièces du dossier. Il y était question de l'acheminement des déchets de l'usine de Caltis vers le large par une nouvelle canalisation, censée ne déverser que des boues débarrassées de leurs métaux lourds. Heitor confirma, chiffres et projections de graphiques à l'appui, qu'il n'en était rien. L'entreprise Caltis avait fait de fausses promesses. Son filtre de purification n'était qu'une vaste plaisanterie. La pollution continuait de plus belle, elle s'aggravait même. Les poissons étaient menacés, les cétacés aussi, dauphins, baleines, marsouins. Si rien n'était décidé rapidement, cette zone de la Méditerranée risquait de n'être plus jamais la même.

Il s'attarda sur la stratégie de Caltis pour fausser les chiffres puis Léna reprit la parole. Je m'étais posté près du mur de sortie, dans l'obscurité. Elle me regarda, prit son inspiration et poursuivit.

— Pour parvenir à vous cacher la réalité, Caltis a eu recours à des laboratoires à sa solde. Les échantillons d'eau de mer ont été prélevés à trois kilomètres du lieu de sortie de la canalisation et non à ses abords immédiats. Et surtout en amont du courant ! Or le courant sous-marin emporte les déchets vers cette zone-là.

De nouvelles images furent projetées au mur. Les journalistes notaient soigneusement, concentrés et apparemment fascinés par la conférence et par l'implication des membres de l'association.

— Si on n'y prend pas garde, la Côte sera bientôt un tas de boue. Cette zone rouge va se déplacer, c'est certain. On ne pourra plus revenir en arrière. C'est pour l'instant une enclave au large, mais elle ne demande qu'à s'étendre. Les enclaves se défendent comme elles peuvent du mal qu'on leur fait.

Je sursautai au mot « enclave », je savais que Léna pensait à moi à ce moment-là. Sentait-elle mes baisers qui se posaient sur ses lèvres agitées ? Léna parlait avec émotion. Heitor lui jetait des regards en coin. Avait-il peur ? Le dossier le dépassait-il ? Si des noms étaient donnés, il faudrait pouvoir tout prouver, répondre à des plaintes pour diffamation. Je n'aimais ni ses regards ni son attitude de tireur embusqué. Son altruisme était de façade. Son dévouement à l'association s'apparentait à l'attente d'un jeune loup en mal de curriculum vitae pour sa carrière. Il avait maintes fois attiré les caméras à lui, sous couvert de défendre les valeurs d'ISF, afin de mieux soigner son image. La notion de compassion dans sa bouche avait des relents d'autocentration. L'humanitaire est souvent un prolongement paradoxal du nombrilisme. Et puis que signifiait son agression ? Personne n'avait vu quoi que ce soit dans la rue. Les policiers avaient conclu à une agression sans agresseurs.

Léna évoqua les liens entre la firme et les élus. Juriste, elle savait comme Sarah que l'affaire était périlleuse. Donner des noms représentait un dérapage sans garde-fous. Des avocats avaient été consultés et exprimaient la même crainte. Léna fut habile. Elle égrena des fonctions – conseiller régional, membre d'un conseil municipal – sans donner aucun patronyme, tout en mentionnant des versements occultes.

Léna était magnifique. C'était une combattante infatigable, une militante qui avait trouvé sa voie, entre droit, préservation de l'environnement et engagement. Je lui envoyai mon soutien depuis le fond de la salle. « Tu vois, Léna, tu es en train de gagner ton pari. Ce n'est pas une vengeance, c'est un combat personnel, une rédemption, une marche vers les sommets, comme lorsque nous grimpions vers le Pentabren pour nous aimer sur la vire au-dessus de mon jardin secret, le bosquet de génépi et d'edelweiss que je n'ai jamais montré à personne, même pas à Guillaume ou à Marco, rien qu'à toi, et tu avais ri. Tu avais vu la mer au loin, à des dizaines de kilomètres, tu avais parlé de ton propre jardin secret, de tes vallées intimes, de tes rêves, et nous avions regardé ensemble l'horizon, les montagnes enneigées au nord, le Mérache si meurtrier, la frontière qui courait sur les hauteurs et l'horizon au sud, les contreforts montagneux qui s'avançaient vers la Côte, les collines à villas de luxe plongeant vers la mer, la Dent du Chat et ses parois vertigineuses dont raffolait Guillaume. »

Nous étions peu à peu redescendus à zéro mètre d'altitude, loin de l'ivresse des crêtes, au ras des pâquerettes, au ras de la corruption, qui pourtant prenait sa source dans l'enclave.

— Pourriez-vous citer des noms ? demanda un journaliste.

Léna hésita un instant puis déclina. Ce n'était pas l'envie qui lui manquait. Elle préféra céder la parole à sa voisine. Sarah détailla longuement la disparition d'une dizaine d'espèces sur une étendue de centaines de kilomètres carrés, à quarante kilomètres des plages, ce qui paraissait très loin aux yeux de l'assistance.

Manu fut invité à son tour à monter sur la tribune afin d'entrer dans des considérations d'ordre plus écologiques. Debout, tourné à moitié vers les cartes qu'il projetait, il ressemblait à un conférencier américain. Il s'avéra un redoutable maître de cérémonie, alerte, éloquent, convaincant. Il avait perdu toute trace de timidité et paraissait entièrement dévoué à sa tâche, courte mais dense. Les journalistes, médusés, savaient que d'autres révélations allaient venir. Certains commençaient à divulguer des informations par téléphone portable ou *via* Internet. Manu n'hésitait pas, ne bredouillait plus. Il avait en tête tous les chiffres de son dossier, constitué grâce à l'informateur dont il tenait à garantir l'anonymat. Il n'avait pas franchi les lignes rouges sur lesquelles les membres d'ISF s'étaient mis d'accord, après d'âpres discussions. Léna, elle-même, fut surprise de la verve de Manu. Elle découvrait les talents de son acolyte, la profondeur de sa vision aussi, sa pédagogie à expliquer leurs combats.

Le quatuor se complétait bien. Il représentait, grâce aux qualités de chacun, une force de frappe assez puissante, même si je trouvais Heitor mal à l'aise, comme s'il jouait un double jeu. Il y eut aussi les étonnantes envolées de Sarah, enfant de la République montée en grade à la force du poignet, qui réglait ses comptes avec le système des castes et évoquait les barrières qu'on avait élevées sur son chemin depuis son enfance dans la banlieue de P. Sa verve cautérisait sans esprit vindicatif les humiliations d'hier. Je sentais le gars assis à sa droite et qui enregistrait se raidir un peu plus. L'avocat, qui avait été sollicité en renfort par l'association pour l'enquête et la conférence de presse, fut lui-même surpris par l'audace de cette jeune consœur, qui n'avait visiblement pas froid aux yeux. Jusqu'où pouvait aller Intégrité Sans Frontières, à la limite du procès et sans doute sous la menace d'une expédition punitive ? Pour une misère, les gros bras qui traînaient sur la Côte s'empresseraient d'exécuter les ordres du premier commanditaire venu.

— Des sommes ont été versées sur le compte de sociétés-écrans à l'étranger afin que plusieurs personnalités, élus et dirigeants d'association ferment les yeux sur ce scandale. L'un d'entre eux a pu acheter une maison à Tanger, avec un soi-disant associé marocain.

Sarah paraissait sûre de son coup. Léna était dans la confidence, mais visiblement pas Heitor, qui semblait très préoccupé. Dans sa démonstration, jamais Sarah ne mentionna l'entreprise Caltis afin d'éviter les foudres de la justice, mais elle détailla longuement les procédures de blanchiment, nomma le Panama, les îles Vierges, les Bahamas, et exposa encore quelques faits sur les cas de corruption, dont la source ne pouvait être que l'informateur anonyme de Manu. Le blanchiment passait notamment par le courtage à haute fréquence, ce dont m'avaient parlé le banquier Brian à la piscine de l'hôtel et Marco.

Sarah cita le Rocher, devenu l'une des plaques tournantes de ce système grâce à des intermédiaires, courtiers et agents de change qui avaient leurs entrées dans de nombreuses places financières, de Hong Kong à Wall Street. Les méthodes étaient parfois assez rudimentaires, comme le portage de valises. Récemment, assura-t-elle, un ancien berger d'un vallon au-dessus de la Brandasque avait été arrêté à la frontière suisse puis relâché. Il s'apprêtait à faire passer deux millions en liquide dans le coffre de sa voiture. Je ne pus m'empêcher de penser à Albert-les-Bretelles, l'homme de main de Petru. Cela expliquerait pourquoi nul n'avait plus de nouvelles de lui dans la vallée. Si Sarah évoquait le rôle d'un petit porteur de valise, c'était non seulement pour donner plus de véracité à l'ensemble des accusations mais aussi pour cibler deux ou trois personnes, dont sans doute Virgile Francesco et Raymond Ughetto. Elle parla du rôle d'un « élu important de la Côte », maire d'un village très fréquenté sur les hauteurs. Elle ne prononça pas le mot « corruption », mais il était évident que ces actes ne s'effectuaient pas dans la transparence fiscale. La description était floue mais suffisamment détaillée cependant pour que l'on puisse reconnaître le maire de Lourdon. Tout cela m'écœurait au plus haut point, même si Léna m'avait soufflé à l'oreille nombre de confidences et quelques données de l'enquête qui allaient être divulguées. La compromission de responsables d'associations de propriétaires, d'organisations écologiques et de protection de l'environnement était évidente. Une toile était tissée depuis belle lurette dont personne ne connaissait les tenants et aboutissants.

La conférence de presse, presque un cours sur la corruption à ramifications internationales, s'éternisa car les journalistes présents posèrent de nombreuses questions. Chacun d'entre eux reçut une petite fiole contenant de l'eau de mer prélevée au large, à quelques dizaines de mètres de l'extrémité de la canalisation. L'eau présentait un léger trouble. Une étiquette indiquait les niveaux de métaux lourds par litre : arsenic, titane, mercure, entre autres. On était loin des chiffres publiés par Caltis. Une autre étiquette donnait les mêmes précisions mais avec un prélèvement à cinq cents mètres de l'embouchure du tuyau. Les résultats contredisaient les statistiques de l'usine d'alumine et l'argument de la dilution dans les eaux, à peu de distance du grand tuyau. Léna sourit. La fiole, son idée, allait sûrement marquer les esprits. Je craignais une vague de représailles pour la femme que j'aimais et ses collègues.

Lorsque je croisai une nouvelle fois le regard de Léna, je m'aperçus qu'elle partageait mon inquiétude.

CHAPITRE 46

Le lendemain, j'appris par la presse locale qu'un certain Albert Morandi avait été retrouvé pendu au nord de la vallée de la Brandasque, au bord d'une piste, sous un arbre solitaire, à deux pas de sa voiture. Je n'en croyais pas mes yeux. Il s'agissait bien d'Albert-les-Bretelles et l'article concluait sur la probabilité d'un suicide. Il avait été aperçu le matin même à Village puis avait emprunté la route de la vallée en direction de la frontière, loin de Tozza, loin des propriétés du docteur Petru. Le journaliste évoquait sa récente interpellation à la frontière suisse puis sa remise en liberté. Aucune plainte n'avait été déposée contre lui, simplement un rappel à l'ordre pour « manquement à l'obligation déclarative ». J'avais vu juste.

Comment croire à un suicide ? Albert-les-Bretelles n'était pas le genre d'homme à se pendre. Même si je n'éprouvais aucune pitié à son égard, ma rancune envers lui s'évanouit à l'instant où je pris connaissance de sa mort. Je songeai aux paroles de Marco à Cabanes-Vieilles. Le docteur Petru les avait sauvés tous les deux à leur sortie de prison. Quel pacte secret les unissait ? Quelle affaire sordide avait pu pousser un individu, quel qu'il soit, Petru, Marco ou un autre, à liquider Albert-les-Bretelles, aussi ignoble fût-il, lui qui traitait par le mépris les personnes qui travaillaient sous ses ordres ? Le lieu de sa mort m'intriguait, en haut de la vallée, vers Maragne. Albert-les-Bretelles n'avait aucune raison de s'aventurer là. Quelqu'un avait dû l'y emmener ou lui donner rendez-vous. Il s'agissait sûrement de l'éloigner de Tozza ou de Village, de brouiller les pistes. Une main inconnue ou amie avait réalisé ce dont j'avais rêvé pendant des mois lorsque j'étais berger à Tozza. Une étrange prémonition me saisit.

Il me fallait une carte d'état-major pour m'éclaircir les idées.

*

L'enclave désormais se vengeait, j'en étais sûr. Il n'était pas anodin d'apprendre qu'Albert-les-Bretelles avait été tué, car telle était la leçon de l'article de *P. Matin* pour qui connaissait la petite frappe et savait lire entre les lignes. Ce suicide à Maragne ne pouvait être qu'une mise en scène. Les gendarmes de la vallée, qui n'avaient pas daigné enquêter véritablement sur la disparition de Guillaume, en tout cas rouvrir le dossier après la découverte de la lettre dans la crevasse, n'allaient sûrement pas s'intéresser à ce cadavre pendu, celui d'un sans-abri comme le mentionnait l'article. L'arrière-pays se vengeait et tout semblait lié : le grand incendie et la pollution du grand large par les boues rouges, le blanchiment de l'argent pourri et les croupiers du Rocher que l'on renvoyait chez eux, pour nettoyer le terrain. On avait confisqué les entrailles de l'arrière-pays, sa bauxite, son alumine, avec leurs excréments qui ruineraient bientôt la Côte, retour de bâton, et l'arrière-pays se rappelait au bon souvenir de la Côte, une façon de dire que l'on n'oublie jamais, que tout est écrit, que rien ne s'efface.

« Vas-y, Léna, ne t'arrête pas, fonce, ne laisse pas les traces s'effacer, participe au rappel permanent et insidieux de la mémoire. Tu répares ainsi beaucoup de choses, des salissures, le mépris à l'annonce de ton nom, Ughetto les voleurs, Ughetto les mafieux. Obstine-toi à appliquer le droit étudié à l'université pour te laver des soupçons et des rumeurs, obstine-toi à laver les affronts. Et ta mère qui ne dit rien, qui consent, qui relance même ton père pour qu'elle puisse elle aussi avoir sa villa à Marrakech. » Sans doute était-ce cela qui nous rapprochait, des pères incapables, immatures, qui se moquaient bien de leur progéniture et des autres, l'un ayant réussi dans les affaires mais constamment sur le fil du rasoir, l'autre s'étant fourvoyé dans les petites combines, les mauvais coups de la vallée. Des hommes les réunissaient, des connaissances communes, le docteur Petru et Virgile Francesco, et cela au fond ne me surprenait plus. Ces deux mondes étaient petits. Le littoral et l'arrière-pays s'offraient en partage.

La greffe prenait ou non. Parfois, des morts sanctionnaient ces relations, que l'on qualifiait de simples pertes, comme si l'on était à la guerre.

*

Cette nuit-là, je sentis Léna se libérer de ses chaînes. J'avais éteint les lumières de notre deux-pièces. Les étoiles s'étaient invitées sur le petit balcon. Elle regarda longuement le ciel puis les quartiers en contrebas. On apercevait un bout de mer, au-delà des rues de la vieille ville. Elle était épuisée par le combat de la journée et sa préparation, la longue enquête, les querelles au sein de l'association, Heitor cherchant à limiter l'offensive et ses dégâts. Elle ne comprenait pas son attitude, si fluctuante. Il semblait vouloir protéger les intérêts des uns ou des autres après avoir longtemps été le fer de lance du dossier des boues rouges, lui, l'océanographe, le spécialiste de la Méditerranée, qui avait vécu deux ans sur un bateau d'études sous-marines et entendait nettoyer la mer de nombre de ses pollueurs. Léna, à la fois candide et cynique sur les personnages qu'elle côtoyait, finit par me dire qu'Heitor avait dû être acheté par l'entreprise Caltis ou alors il était tenu par quelque contrat secret, ici ou au Portugal, sous la menace d'un chantage. Plus rien ne l'étonnait, elle non plus.

Raymond Ughetto avait été en partie malmené par la conférence de presse car nombre de journalistes l'avaient reconnu dans les descriptions données par Sarah sans que son nom ne soit pour autant livré en pâture, même si Léna en avait brûlé d'envie. Son père devait déjà être informé des rumeurs. Les journaux et radios allaient commencer à relater l'affaire, la collusion entre l'usine d'alumine Caltis et les élus et responsables d'associations. L'avocat d'Intégrité Sans Frontières allait avoir du pain sur la planche. Léna avait longuement préparé cette rupture, nécessaire à tous, disait-elle, et surtout à son frère. Pendant des années, elle avait ressenti pour sa mère une profonde empathie, celle-ci générant une culpabilité envahissante. Puis elle s'en était détachée, comprenant que cette épouse docile était autant complice que victime des agissements de son mari.

Léna s'était débarrassée des dernières scories, du moins le croyait-elle, et elle ne craignait aucun retour de bâton. En même temps, elle avait l'impression d'avoir ouvert une boîte de Pandore et craignait que son père n'use de son pouvoir de nuisance.

Sous les étoiles, face au bout de mer que nous apercevions au-delà des lampadaires, nous discutâmes longuement, jusqu'à une heure avancée de la nuit. Léna n'avait plus peur. Nous étions suspendus entre l'arrière-pays, qui venait d'être la proie des flammes, et le littoral balayé par des courants rouges, bientôt noyé sous des monceaux de métaux lourds ramenés du large. À mi-chemin entre cette Méditerranée que l'on empoisonnait et cette montagne que l'on brûlait. Nous étions perdus entre cendres et boues.

Léna attendait beaucoup des suites de la conférence. Elle espérait un écho au niveau national, elle parlait même d'un tremblement de terre à l'échelle de la région, d'un coup de semonce aux pratiques de la Côte afin de la purger du laisser-faire ambiant et de la morgue des corrompus. Léna ne but pas une goutte de vin sous la nuit étoilée. Elle n'en avait nul besoin, malgré notre promesse de fêter l'événement du jour, l'aboutissement de l'enquête et sa rupture avec ce qu'elle appelait les branches pourries, le mauvais socle. Je l'avais rarement vue aussi sereine et sûre d'elle. Elle me prit par la main pour m'inviter dans la chambre. Cette nuit-là, la mélancolie à fleur de peau, une mélancolie créatrice et lyrique et non douloureuse, elle me demanda de l'aimer longtemps, longtemps.

*

En bon escroc, Raymond Ughetto sut contourner le scandale. Le lendemain de la conférence de presse, quelques articles signalaient bien dans les journaux locaux les accusations lancées par Intégrité Sans Frontières. Un long reportage sur la pollution de la Côte reprenait les chiffres donnés par Sarah et Manu. Les soupçons de corruption étaient, eux, relégués aux oubliettes. L'usine d'alumine était rarement mentionnée, malgré certaines évidences, les journaux devaient craindre des poursuites judiciaires. Des radios évoquèrent la campagne menée par ISF, sans plus. L'une d'elles, financée par Virgile Francesco et basée au Rocher, parla de « militants déstabilisateurs » qui ne désiraient qu'une chose, mener le littoral à la faillite. Le maire de Lourdon allumait des contre-feux.

Le plus beau de ces contre-feux fut cependant initié par *P. Matin*, avec une grande interview de Raymond Ughetto dans la section des nouvelles locales. Sur une page entière, le père de Léna exposait sa stratégie pour créer de nouveaux emplois sur la Côte, des projets immobiliers à P. et dans sa banlieue. Il balayait d'un revers de main les rumeurs d'entente secrète avec l'usine d'alumine, histoire d'enterrer une bonne fois pour toutes une éventuelle enquête. La contre-attaque avait été finement planifiée, sans doute bien en amont de la conférence de presse. Raymond Ughetto avait été mis au courant ou avait flairé l'imminence des accusations. Je soupçonnais le maire de Lourdon d'avoir sollicité le directeur du journal pour obtenir cette interview.

Le fief de Raymond Ughetto s'étendait sur une quarantaine de kilomètres, un fief de prébendes, de petits cadeaux, de médiations, de services rendus, de prostitution de luxe. Qu'allait dire Léna ? Elle lisait par-dessus mon épaule, le souffle court. Je m'attendais à ce qu'elle traitât son père de tous les noms, elle n'esquissa qu'un vague sourire.

— Ton père est fort dans la contre-offensive.

— Il a pris les devants. J'avoue que là, il s'est bien débrouillé.

Je notai une nouvelle expression sur son visage. Nous étions loin de sa posture de va-t-en-guerre de la veille, de militante jusqu'au-boutiste qui se prémunissait de sa connaissance du droit pour faire avancer la cause de la protection de l'environnement. Ou peut-être me trompais-je. Ne l'avait-elle pas suggéré elle-même ? Il s'agissait d'attaquer le père pour mieux le protéger. L'abcès était percé, et tant pis s'il allait en éclabousser d'autres. J'étais contraint à de telles spéculations face au silence mystérieux de Léna, ou plutôt au flou qu'elle entretenait. Elle devait repartir au bureau pour discuter de la stratégie à suivre et des lendemains de l'affaire, et moi au poste du Secours en mer.

CHAPITRE 47

Ma journée fut soporifique. Le vague à l'âme regagnait du terrain. Je me portai pâle pour la patrouille en mer du matin, pourtant la meilleure car elle consistait à longer le cap après avoir nagé au large, été comme hiver, mais le cœur n'y était plus. Je restai de garde au port, ce qui n'était pas une sinécure, entre les innombrables demandes de la caserne des pompiers, les rapports à écrire, la main courante à alimenter, l'entraînement quotidien à la natation et à la plongée, un peu de nettoyage aussi. Je montais souvent au premier étage du poste afin de contempler la lumière crue, le large et observer les mouvements des voiliers à la sortie du port, un ballet très calme en demi-saison, voire inexistant. Le journal local traînait sur la table où l'on consignait les opérations et patrouilles du jour. Il évoquait la fin de l'incendie dans l'arrière-pays. Trois hameaux avaient été durement touchés, dont le Gias-des-Déserteurs, au nord de la Brandasque. Les photos montraient la montagne calcinée et une route des hauteurs aux alentours rasés par une tempête. La boule de feu avait écrêté les arbres, dépeuplé les pâturages, balafré les flancs.

Ce spectacle m'attristait, sans plus. Sans doute m'attendais-je depuis longtemps à une nouvelle calamité dans cet arrière-pays incapable de lutter contre les maux qui l'affectaient. À mon grand étonnement, ma révolte d'hier s'était muée en une sorte d'indifférence, un intérêt mou pour le bercail. Les jeux étaient déjà faits, on laissait mourir ce bout de France ainsi que bien d'autres. En revanche, on déployait des moyens conséquents pour le bien-être de la Côte. Tant de postes de secours, de plongeurs sous-marins, de vedettes Bertram pour sauver au final très peu de gens. Je ne voudrais pas minimiser mon travail ni celui des autres sauveteurs, mais un chef de poste, sapeur-pompier professionnel, m'avait avoué n'avoir jamais tiré de l'eau qui que ce soit en vingt ans de vacations sur la plage. Ce n'était certes pas le cas de tous. Lui se déclarait surpris que l'on dépense autant pour surveiller un rivage somme toute assez paisible. Tout cela s'expliquait par l'insistance du puissant patron du syndicat des plagistes, qui voyaient leur chiffre d'affaires augmenter lorsque les postes de secours étaient ouverts.

Pour convaincre le chef des sapeurs-pompiers, le commandant Perlot, les plagistes l'avaient maintes fois invité dans l'un des restaurants les plus luxueux de P., sur le port, avant de lui y concéder une table à l'année, pour deux personnes. Le commandant s'y rendait deux ou trois fois par semaine, toujours élégamment accompagné, et il avait fini par accepter l'ouverture de cinq postes de secours supplémentaires sur l'avenue de la Mer, alors qu'il en existait déjà cinq, ce qui représentait l'une des plus fortes concentrations au monde. Les baigneurs pouvaient être tranquilles, et les restaurateurs-plagistes rassurés.

*

En lisant le grand article du journal sur l'incendie dans l'arrière-pays, je me souvins du lieu de la pendaison d'Albert-les-Bretelles. J'ouvris le placard des rapports et des atlas marins pour en extraire une carte d'état-major de la vallée de la Brandasque. Je soulignai au crayon de papier le hameau où l'on avait retrouvé Albert-les-Bretelles, Maragne, puis le glacier du Mérache qui avait englouti le corps de Guillaume, assez loin de là, de l'autre côté du fleuve au fond de la vallée, et enfin le hameau de Tozza. Avec une règle, je réunis les trois points.

Mon pressentiment fut aussitôt confirmé. Les points formaient un parfait triangle, et le même nombre de kilomètres les séparait, avec une précision étonnante. Ce ne pouvait être le fruit du hasard, d'autant que rien ne prédisposait Albert à s'aventurer vers Maragne, encore moins à y mettre fin à ses jours. Je songeai à une signature. En chacun de ces trois points avait été commis un crime ou un délit. Je fixai les eaux du port devant moi, au-delà du quai des secours, noires et calmes, en partie plongées dans l'ombre de la digue, et tentai d'interpréter les événements de ces derniers jours. La Côte subissait un petit tremblement de terre avec la conférence de presse d'Intégrité Sans Frontières. Il s'agissait d'un acte sans précédent, une dénonciation des habitudes de corruption, la collusion entre élus, certains responsables associatifs et les dirigeants de l'usine d'alumine, l'une des plus polluantes de Méditerranée, et le littoral se montrait indifférent. On enterrait les scandales, on banalisait le mal, on feignait d'ignorer les faits, pourtant tellement évidents, tellement troublants.

Je regardai à nouveau la carte d'état-major et le triangle que j'avais dessiné au crayon, qu'il me faudrait effacer avant le retour de mes collègues, avec leur franc-parler, leurs blagues salaces, leurs allusions au sexe, aux parties fines, aux femmes nues aperçues sur les voiliers. Que Maragne soit relié à Tozza ne m'étonnait pas, puisqu'il s'agissait du hameau où avait longtemps travaillé Albert-les-Bretelles, sous la coupe du docteur Petru, à qui il devait tant, comme moi d'ailleurs. Il avait connu une seconde vie aux abords du chalet aux secrets puis était mort de l'autre côté de la vallée de la Brandasque, plus au nord. Mais comment pouvais-je expliquer le trait qui unissait Maragne au glacier du Mérache ? Deux lieux maudits, sépultures de deux hommes que j'avais connus de près, l'un bienfaisant, altruiste, idéaliste, l'autre calculateur, pingre, délateur. Le premier m'avait emmené vers les sommets, l'autre avait voulu m'entraîner vers l'enfer, me diminuer. Je rêvais avec Guillaume de grimper sur les cimes, je rêvais, concernant Albert-les-Bretelles, d'un vol plané dans le ravin. Ces trois lieux avaient marqué la destinée d'Albert : assassinat, rédemption puis mort volontaire. Il détestait que je lise Goethe et Cervantès mais avait été fasciné par la trajectoire de météore de Jack London, dont l'enfance, ou plutôt l'absence d'enfance, semblable à la sienne, l'avait intrigué. L'autre hypothèse était qu'un individu avait voulu relier lui-même les points afin de montrer, de me montrer, que le « suicidé » était l'auteur du crime sur le glacier du Mérache ou en connaissait au moins les clés. Je penchai pour cette option. Et si elle était avérée, le signataire ne pouvait être que Marco, avec qui j'avais tellement partagé, dont je prédisais les gestes, les envies, tant nous nous ressemblions. Le doute me saisit à nouveau, comme si le décès d'Albert-les-Bretelles devait garder ses secrets, tout comme la disparition de Guillaume. Sans doute ne connaîtrions-nous jamais la vérité, et puis quelle vérité ? Les règles étaient différentes dans l'enclave, sur la Côte aussi, avec cette tendance naturelle à brouiller les pistes, à diluer le vrai dans un océan de mensonges, comme les boues rouges se diluaient dans la Méditerranée, réceptacle des envies de richesse, poubelle des ambitions et de la corruption. L'arrière-pays connaissait le même sort que le large pollué. Il me paraissait désormais tellement loin, oublié de tous, sauf des rubriques de faits divers. Je me rappelais mes ascensions au sommet de la Cime de l'Ange, lorsque j'apercevais par beau temps les humeurs de la mer.

*

La mer, Titin, lui, ne la voyait pas, aveugle à cet espace bleu flottant dans le lointain. Sa condition de berger l'empêchait de se rendre sur le littoral, non pas en raison du coût du train mais pour la garde de ses bêtes. Je lui avais souvent proposé de le remplacer. Je pensais au début que son refus s'expliquait par un manque de confiance à mon égard. Il n'en était rien. Il ne voulait pas voir la mer, encore moins la Côte. Il préférait observer les sommets, les alpages et le ciel. « Regarde, Jo, ça, ces nuages, ces couleurs qui changent sans cesse, du matin au soir, c'est ma télé ! Et c'est gratuit ! » Longtemps, nous avions détaillé les étoiles, deviné les coups de vent, appréhendé les tempêtes. Avant mes premières patrouilles au Secours en mer, j'avais appris à observer le ciel, à admirer le dessin tourmenté des nuages, le fil blanchâtre des nébuleuses, le ballet que permettaient les vents d'est. Un jour où nous étions par beau temps, Titin et moi, sur un sommet du Mérache, où s'étendait côté italien la plaine du Pô, au-delà des derniers contreforts alpins qui s'évanouissaient doucement, nous distinguâmes parfaitement l'arc de cercle des Alpes, le mont Rose, quelques sommets au nord-est de Turin. Et là Titin m'avait pris le bras pour me dire sur un ton grave, en désignant une brume rose qui surplombait la plaine : « Tu vois ce nuage, eh bien c'est de la peste qui nous vient des usines. C'est de la bouillasse de mort recrachée par ces cheminées maudites. Ça saupoudre tout, nos alpages, nos cultures, les terrasses, et les bêtes mangent de la pollution. Ça ne fait que devenir pire, ça escagasse notre nature, et tu verras, elle se vengera, la nature. Elle en aura marre des hommes, ces malotrus qui n'ont rien compris, qui coupent les arbres, qui ravinent les montagnes, qui font reculer la neige sur les sommets. Tu verras ça un jour, Jonathan, moi je ne serai plus là pour assister à ce cauchemar, mais il arrivera, c'est sûr et certain. Ce nuage-là, ce rose de désastre, je le vois grandir depuis des années et personne ne semble s'en rendre compte. Si on revient là dans dix ans, tu me diras, si je suis encore en vie, que j'avais raison. Et si je ne suis plus en vie, tu me salueras là-haut, avec un clin d'œil. »

Titin avait raison. Le ciel s'était au fil des années obscurci du côté du Pô. On parlait de pluies acides. Bientôt, les feuilles des arbres en pâtiraient, la terre aussi, son écorce, ses entrailles, sa peau, et ceux qui mangeaient les fruits de la terre. La mer, elle, était rougie par les boues. À force de patrouiller sur l'eau et de plonger en bouteille ou en apnée, j'avais appris à aimer les poissons, à les assimiler à mon troupeau. Les chèvres furent remplacées par les congres, les anguilles de profondeur, les bonites, poissons-lunes, loups et saint-pierre. Lorsque je pilotais la Bertram ou lorsque j'étais en vigie sur le pont avant, je les imaginais glisser sous la surface, effleurer la frontière avec l'air, replonger vers les abysses. De temps à autre, nous apercevions des dauphins, devenus de plus en plus rares, selon les vieux sauveteurs du Secours en mer. Parfois, je me penchais et caressais l'eau pour parler à ce peuple de la mer, lui confier quelques rêves, quelques espoirs, et je lui demandais de résister, de ne pas succomber à ce que nous, les humains, nous lui infligions. Un jour, ce monde serait plus beau, on ne déverserait plus de déchets dans leur fief, on les laisserait tranquilles dans leur royaume du silence. J'espérais que ce discours plairait à Titin, qu'il ne m'accuserait pas de l'avoir trahi en oubliant les ovins des cimes, les chevaux de montagne. Je savais aussi qu'il ne me jugerait pas et me considérerait tel que j'étais. « Toi, tu as de l'abandon dans le cœur, il faut que tu te fasses copain avec les bêtes, mais ça je comprends. Au moins, elles ne t'enquiquinent pas, les bêtes, elles parlent peu, elles n'abandonnent pas, c'est pratique. Elles sont fidèles, c'est mieux que les hommes. »

*

Quand je plongeais à l'entraînement, je restais souvent en arrière de la palanquée pour prendre mon temps, contempler ces pâturages sous-marins. Oui, Titin avait raison, ces êtres parlaient peu, ils disaient l'essentiel, ils confiaient leurs beautés, leurs espérances, leurs craintes aussi. Je ne pouvais à trente mètres de profondeur voir les ravages des boues rouges, que l'on ne discernait pas vraiment à l'œil nu, mais je remarquais quelques traces sur les rochers, des coraux abîmés, des gorgones qui agonisaient. Ces plongées me rappelaient mes virées en montagne mais à l'envers, les sommets devenaient des fosses, les crêtes des failles sous-marines. Je découvrais dans les entrailles de la mer le décalque de l'arrière-pays, ses reliefs compliqués, ses tourments, sa mélancolie, son miroir de bleu, sa profondeur qui vous renvoie à l'insondable, à l'inatteignable.

Un jour, je m'éloignai de la palanquée conduite par le sergent Magnan. Je lui adressai un signe indiquant que tout allait bien. Tout en gardant à portée de vue mes deux compagnons, je m'attardai sur un tombant peuplé de gorgones et de coraux. Les boues rouges n'avaient pas encore achevé à cet endroit leur œuvre de destruction et la flore présentait un spectacle de genèse, bien que nombre de coraux soient endommagés par des pilleurs ou des plongeurs peu soucieux de leurs coups de palmes. Je comprenais depuis longtemps, depuis mes premières équipées avec le Secours en mer, le besoin irrépressible que connaissent certains plongeurs de s'aventurer plus profond. Cela me rappelait mes ascensions avec Guillaume. « Plus haut, toujours plus haut ! » Son éclat de voix résonnait de paroi en paroi, de montagnes en vallons, un cri de jouvence infini, une soif de conquête éternelle.

Il aurait aimé ces descentes lentes, dans la troisième dimension, avec la sensation de liberté que permet le flottement, la suspension dans le néant bleu. Je retrouvais son ombre dans ce repli des Alpes, cette continuation maritime de la montagne. Il aurait poursuivi son combat pour nettoyer la mer, pour la débarrasser de ses pollueurs. Tout cela se mélangeait, le combat de Guillaume pour que la montagne restât pure, la lutte de Léna contre l'impunité sur la Côte, le plaidoyer de Sarah et de ses amis d'ISF pour que s'applique la loi, la résistance menée par quelques associations contre les agissements de l'usine d'alumine, la morale enseignée par Titin à travers ses contes, ses phrases débordant de simplicité et de sagesse, ses envolées lyriques devant ses bêtes. Oui, tout cela se tenait. Nous étions de la même veine, portés sûrement par la même candeur, sans naïveté. Nos engagements étaient peut-être insensés mais ils avaient le mérite d'exister.

Je me mis à déclamer aux gorgones des vers de Goethe. « La pente est douce et vous entraîne ; / Puis, sitôt qu'au bonheur on s'est cru destiné, / Le chagrin vient. » Les gorgones avaient l'air d'apprécier, ainsi qu'une daurade royale aux flancs argentés. Leurs écailles me renvoyaient des reflets de la surface, la lumière mordorée filtrée par les tonnes d'eau au-dessus de moi, un tamisage à la fois doux et puissant. Les souvenirs me revenaient, j'assimilais davantage encore les préceptes de la verticalité, de la cordée, de la paroi. La sensibilité reprenait le dessus, elle sublimait son lot de mélancolie. Même si ce n'était pas un cadeau, elle me transportait, m'emmenait vers les hauteurs ou les profondeurs, je ne savais plus, je ne connaissais plus de frontières, je flottais dans l'air, dans l'espace, dans la liberté, dans la démesure de l'infini, je nageais dans une eau pure, débarrassée de ses scories, des méprisants, je mangeais l'eau, j'avalais la virginité de l'arrière-pays qui avait décidé de plonger dans la mer. Et puis peut-être que la seule arme de résistance serait l'amour, nous aimer, aimer son prochain, corps et âme, empêcher la propagation de la haine à son voisin. Oui, seul l'amour nous sauverait, un à un, et sans doute arriverions-nous un jour à diffuser tout cela dans l'humanité, à force de persévérance, loin des combines, loin des concussions, l'amour contre la perdition, l'amour contre la pollution des esprits, l'amour comme rédemption. L'amour est lui aussi sujet à l'ivresse des profondeurs.

Je parlais dans mon détendeur, je riais aux éclats, à la fois euphorique et un peu apeuré. Plus rien n'avait d'importance, pas même le temps sur mon chronomètre ou la coulée sur mon profondimètre. Je ne réalisais plus où j'étais, dans une baignoire gigantesque, un aquarium, un placenta de fin du monde, un tunnel débouchant sur le ventre de la création. J'étais descendu dans un boyau, loin de la palanquée, un long corridor de roches et de flore aux statues mouvantes, aux fleurs orangées, comme si le tuyau des boues avait déposé son venin jusque-là, un venin de mort lente, un poison saupoudré à petites doses sur des feuilles sous-marines, arbres des profondeurs, étoiles aux branches perlées d'oubli. Le couloir me tendait la main, m'invitait à la dérive, un grand sexe sous-marin chaud, hospitalier, un monde de reliefs profonds car la vie se délecte des reliefs, des aspérités, des contours rugueux.

J'entrevoyais les lèvres de Léna dénudée, Léna au sourire étrange, Léna au mystère entier, sirène terrestre devenue déesse des bergers sous-marins, version féminine de Pan qui me guiderait dans ce relief tourmenté, l'envers de l'arrière-pays, son miroir compliqué et virginal. J'entrevoyais d'autres bergers, les bergers de coraux et de gorgones rouges, de dauphins et de daurades, les bergers sauveurs d'Œdipe, de Remus et Romulus, tous ces gardiens de troupeaux récupérés par la mythologie car ils ne sont pas des héros mais ils sont immortels.

Brusquement, tout s'obscurcit. Deux hommes tournoyèrent au-dessus de moi puis plongèrent dans le boyau. Je pompai sur l'embout car l'air devenait rare et aussi parce que je venais de faire un immense effort pour remonter du tombant. Les deux silhouettes s'approchèrent. Je n'avais pas d'issue, ces plongeurs inconnus me rattraperaient, ils me réserveraient un mauvais sort : tuyau tranché, plombs accrochés à la ceinture. La noyade sous-marine assurée, cette fin que les plongeurs du Secours en mer craignaient plus que tout à force de remonter des corps, sans vie ou agonisant, bientôt des légumes, le cerveau en dentelle, les neurones meurtris à jamais, des bulles d'azote coincées dans les artères, bras bloqués, épaules inertes, nuque raide. Ces accidents de fond bleu j'en avais traité au sas de décompression de l'hôpital Carnot, l'un des trois sas de la Côte, avec parfois file d'attente. « Oui, oui, attendez que votre cerveau se mette en veilleuse, on a déjà deux légumes devant vous. » Et voilà que mon tour arrivait, et voilà que la pieuvre réapparaissait, celle qui corrompait, celle qui noyait les âmes et les corps, celle qui avalait le littoral et la pureté, celle qui déversait les métaux de la mort, arsenic, mercure, titane, uranium. « Allez, on vous met ça dans la mer et on oublie tout, tant pis si ça vous revient dans les bronches par la poiscaille et les coquillages, tant pis si ça déflore tout, si ça troue les fonds, si ça tue la vie sous-marine et si ça déborde sur le rivage. » Ils étaient là, les tueurs, les coupeurs de tuyaux, les asphyxieurs, les descendeurs de corps, les anti-plongeurs, les noyeurs de bergers, les assassins sans doute de Guillaume.

Je tentai de m'extirper du boyau. J'étais bloqué par les deux parois et ne pouvais m'échapper vers le fond du vallon, trop bas, trop dangereux. La tête me tournait, je dansais la gigue, les images se brouillaient, les gorgones s'agrandissaient, les algues devenaient géantes. Je crus voir un incendie sous-marin, un feu de lande marine. Maintenant ils étaient sur moi, ils s'agrippaient à ma combinaison. Je donnai des coups de palmes. Tout était ralenti par la masse de l'eau et par le manque d'air, je tremblais sans paniquer pour autant. La fin était douce, la descente serait longue, en vol plané vers le bas de ce relief. Je me sentais léger, narcosé, flottant dans de la ouate, baignant dans une vie nouvelle.

Je glissais lentement vers le royaume des morts, si loin de Cabanes-Vieilles et du hameau perdu de Tozza, si près de Babylone et du paradis des bergers retrouvé.

CHAPITRE 48

Je me réveillai dans le caisson de décompression de l'hôpital Carnot. Les visages penchés sur moi m'étaient connus, le docteur Rudolstadt, du Centre de médecine hyperbare, le sergent Magnan, le plongeur Pugnol, tous habitués des caissons. J'avais l'habitude d'entrer dans le sas lorsque l'un d'entre eux en sortait, table courte de quatre heures, table longue de sept heures, afin de recomprimer les accidentés de plongée qui arrivaient de toute la Côte.

— Tu nous as foutu une sacrée trouille !

Magnan, dans une combinaison blanche qui lui donnait des airs de cosmonaute, sentait comme d'habitude l'alcool à plein nez. Mon odorat n'était pas défaillant, je pris cela pour un signe de bonne santé.

— On est venus te chercher dans le boyau, Jo. Tu descendais sans t'en rendre compte. Eh bien, tu reviens de loin, *fistoun* !

Le sergent Magnan se mettait à parler comme Titin. Cette marque d'affection était nouvelle, et pas forcément de bon augure. On ne donne l'onction qu'aux mourants. Magnan m'expliqua alors que j'avais fait une narcose, l'ivresse des profondeurs m'avait saisi. Cela paraissait d'autant plus étrange que nous n'avions pas plongé très profond, une trentaine de mètres. La fatigue, l'anxiété des heures précédentes, sans doute. J'avais dérivé et je n'avais pas vu que le boyau s'enfonçait vers la pleine mer… Magnan m'avait alors saisi par la combinaison, la main sur mon poignet pour m'empêcher de me débattre, je lui avais quand même décoché un coup de poing, « un pain de bandit », avait-il dit. Telle une nourrice, Magnan m'avait donné de l'air avec son embout, en comprimant un peu mes côtes afin que je n'oublie pas de respirer puis m'avait remonté à coups de palmes. J'avais eu droit à un massage cardiaque sur le pont de la Bertram dont je gardais encore le souvenir, la cage thoracique à moitié broyée, le cartilage endolori. J'avais évité l'arrêt cardiaque. À la narcose s'était ajouté l'accident de décompression dû à une remontée rapide à la surface, sans palier. Le sas devenait une étape indispensable pour que je puisse récupérer mes fonctions. Je n'avais pas encore repris tous mes esprits. Sur les conseils du docteur Rudolstadt, Magnan se moquait gentiment de moi, histoire de voir si je réagissais. Mes gestes étaient lents, ma tête bourdonnait, un léger sifflement me perçait les oreilles, je savais qu'il s'agissait d'un effet de la pression recomposée pour diluer les bulles d'azote piégées dans mon sang et recréer les conditions d'un palier. J'avais droit à une table courte, quatre heures, je m'en sortais bien. Combien de fois, dans ce sas, avais-je assisté des plongeurs comateux et des accidentés aux réflexes de vieillard ?

On se relayait toutes les heures et je regardais le patient, l'écoutais, puis je me plongeais dans mes réflexions, me souvenais des pages de Cervantès et de Goethe que je récitais parfois à voix haute au blessé. Je lui parlais de Faust, de *Goetz von Berlichingen*, rappelais le prologue de *Don Quichotte* : « Lecteur inoccupé, tu me croiras bien, sans exiger de serment, si je te dis que je voudrais que ce livre, comme enfant de mon intelligence, fût le plus beau, le plus élégant et le plus spirituel qui se pût imaginer. » Et de temps à autre j'en rajoutais pour tester l'état de conscience de mon malade. Je me penchais vers lui, je lui murmurais à l'oreille les poèmes de Goethe en allemand puis en français pour voir sa réaction et comprendre si l'accident de décompression était compatible avec la poésie. L'accidenté ouvrait parfois un œil, ce qui était bon signe, ou retombait dans une semi-inconscience, ce qui pouvait être pris également pour de la rêverie poétique. Alors j'accentuais l'interprétation, j'inventais à tire-larigot. Je décrivais un Don Quichotte livrant combat à des moulins à vent immergés dont les ailes tourneraient grâce aux courants, un Don Quichotte en apnée profonde avec son cheval Rossinante équipé pour la chasse sous-marine, le chevalier à la main de fer de Goethe apte à nager en armure dont l'arrogance se diluerait dans les molécules d'eau, un tyran qui se mettrait à pêcher dans les profondeurs plutôt qu'à exécuter rivaux et mauvais vassaux. Et cela fonctionnait, les scènes inventées avaient souvent un impact sur la convalescence des plongeurs, ils relevaient la tête, « non, ce n'est pas possible, il n'y avait pas de scaphandre au temps de Don Quichotte. On ne respirait pas sous l'eau à l'époque », et je répondais que Léonard de Vinci avait bien dessiné un appareil pour descendre sous l'eau quelques décennies plus tôt et qu'on pouvait tenir sous la surface, avec un peu de plomb en guise de lest et beaucoup de folie dans la tête.

Et voilà que c'était à mon tour d'occuper le caisson de décompression, d'être introduit dans la chambre de jouvence, là où l'on sauvait les amateurs des fonds, grands ou modestes, les dragueurs des profondeurs.

Il me semblait qu'il me restait encore des neurones, que je pouvais reconnaître le sergent Magnan, que son humour ne me faisait toujours pas rire, que je me souvenais du début de la descente sous la Bertram, du boyau aux coraux de plus en plus rouges. Un étrange film se déroulait sous mes yeux, le vallon à la flore orangée, voilée par les dépôts des tuyaux maudits, par le lent recouvrement de ce qui arrivait de pire au grand large, les cadeaux empoisonnés de la compagnie, l'héritage qu'offraient à la mer les terriens.

Je me voyais descendre au plus profond de l'eau, dans l'immensité de l'oubli, dans le puits pollué, la fange du monde, je me voyais descendre lentement, comme si je volais, et je pensais en même temps à la chute de Guillaume, à son saut dans l'infini, vers la crevasse, corde coupée, cri d'agonie. Nous avions fait le même vol plané, lui vers le vide minéral, vers le choc de la pierre et de la glace, corps fracassé, membres disloqués, muscles écrasés, et moi vers les fonds mous, neurones endommagés, bulles d'azote remontant dans les artères. Cette troisième dimension nous unissait, nous emmenait vers le ciel, vers ce que nous avons tous espéré.

Je délirais et je réalisais aussi que nous avions sans doute joué avec la mort en raison de ce qui se déroulait sur la Côte, à cause de la pollution et de la corruption. Cette usine nous broyait, nous asphyxiait, diluait nos élans, avalait nos espoirs, comme si nous étions aveuglés. Je reprenais lentement mes esprits, lorsque la porte du sas s'ouvrit derrière le sergent Magnan. Il se mit pratiquement au garde-à-vous.

— Bonjour, monsieur le maire !

Magnan se retourna et me souffla avec un accent de crainte, l'accent d'un sous-officier qui subirait la présence d'un général :

— Le maire de Lourdon, Virgile Francesco, est venu faire une visite à l'hôpital et au bloc de décompression.

Je ne parvenais pas à répondre à la main tendue du maire. Je croyais rêver. Pourquoi traînait-il ses guêtres à l'hôpital ? Je me rappelai ce que m'avait dit Léna. « Il est en campagne électorale, il veut être député. Ça commence toujours par les maternités et les écoles pour finir à la morgue, c'est toute la chaîne de la politique et surtout de la mafia, de la naissance à la mort et puis question résurrection, lui, il en connaît un rayon. » Voulait-il ma résurrection, le maire de Lourdon, l'homme aux Ferrari et aux Bentley, celui qui avait construit un petit téléphérique pour la plage à force de dessous-de-table, d'abus de biens sociaux, un ascenseur direct pour la corruption ? Il me tendait la main et je ne la serrais pas, bien que je me sente en mesure de remuer les petits doigts. Les bulles avaient raté leur coup, je pourrais encore marcher, je n'aurais pas à vivre ce que les plongeurs que j'avais suivis ici même avaient enduré, je n'avais pas à me mettre dans leur peau abîmée, dans leur combinaison pressurisée.

— Ça va mieux ? On m'a parlé de votre accident. Venez donc vous reposer à Lourdon !

Un flash crépita derrière lui. Je ne m'étais pas aperçu qu'il était accompagné par des journalistes et des photographes. Ceux-ci étaient restés derrière la vitre, seul lui, le maire-qui-voulait-être-député, disposait du droit d'entrer dans la petite salle des miracles.

— Sachez que vous pourrez compter sur moi, même si vous êtes un peu handicapé… Euh pardon, je veux dire fatigué, oui, une bonne convalescence, foi de Virgile Francesco. Les victimes de la grande bleue peuvent compter sur moi, comme les terriens !

Si tu savais ce que j'en pense, de ta convalescence.

Je vis à ce moment-là un nuage envahir le caisson de décompression, un voile de boues rouges, une poussière d'apocalypse, comme si l'usine d'alumine avait gagné son pari, semer sa poudre de mort non seulement dans le fond de la mer mais aussi sur la Côte, sur les falaises puis sur les montagnes de l'arrière-pays et enfin dans les esprits, avec en cavalier sur le nuage Virgile Francesco, juché sur un cheval rouge, un cheval aux couleurs des boues polluantes, et sur la croupe sa maîtresse Berta Bertolucci, accrochée à sa ceinture, accrochée à son pouvoir, à son portefeuille, à ses Bentley et Ferrari, un nuage rouge qui envahissait même les postes du Secours en mer de P., qui colorait les bâtiments publics du littoral et les âmes, qui entrait dans les poumons, dans les veines, dans les têtes, dans les cellules du cerveau, qui polluait tout, qui détruisait les rêves, endormait les espérances.

— Vous pourrez même essayer l'une de mes voitures de sport.

Un flash illumina à nouveau la fenêtre de séparation, et le photographe fut écarté par un autre, qui râlait apparemment contre le reflet dans la vitre.

Si tu savais ce que j'en ai à faire, de tes voitures de sport.

Les mots ne sortaient pas. Ma bouche me semblait bouger, mes lèvres du moins, et je n'entendais rien. Pourtant, à voir la réaction du maire de Lourdon, il avait dû entendre quelque chose. Il sursauta, il tangua presque. « Comment, qu'est-ce que vous dites ? » Et je vis le sergent Magnan se raidir, les yeux écarquillés. « Ne faites pas attention, c'est l'ivresse des profondeurs, ça assomme, vous savez, peut-être qu'il ne vous a pas reconnu. »

Si, je l'ai reconnu ! Je vous ai tous reconnus !

Mes lèvres remuaient mais je n'entendais qu'un vague sifflement, un sifflement de bouilloire, de marmite sous pression, oui, c'était cela, je n'étais qu'une marmite sous pression, j'allais exploser, et le son qui sortait de ma bouche n'était qu'un ultrason, un lointain bruit de locomotive qui montait en puissance, chaudière chargée. J'étais inquiet, non de la colère du sergent Magnan et de nos supérieurs, qui seraient bientôt au courant, non de celle du maire, mais de ma surdité, même partielle. Ce n'était peut-être que le commencement, le début de la fin, les bulles qui remontaient et qui envahissaient le corps. Alerte maximum, les écoutilles en panne, le cerveau un peu assommé, l'esprit un peu plus découpé par ces abrutis en chef, ces maîtres de la corruption, ces élus qui se croient tout permis.

Sortez, sortez tout de suite !

Cette fois-ci, j'entendis mes mots, le maire lui aussi, il sursauta, se retourna. Magnan en rajoutait.

— Ne vous inquiétez pas, on va lui mettre un peu de pression dans les bronches. Il vaudrait mieux sortir, désolé, monsieur le maire. J'espère que ce n'est pas trop grave pour lui, le pauvre, c'est l'état de choc, le crâne doit être atteint.

— Oui, je suis atteint ! Mais sortez quand même ! Maintenant !

Virgile Francesco emprunta le sas de décompression avec Magnan, qui se retourna avec le doigt sur la tempe, comme si j'étais totalement fou, ou comme si je jouais ma carrière au Secours en mer, l'avancement, l'assurance d'être reconduit pour quelques années, et, pour toute réponse, je lui envoyai un vague sourire, un sourire de contentement qu'il dut prendre pour une preuve de ma folie ou des dégâts dus à la plongée, ou les deux à la fois, ce qui ne me dérangeait absolument pas.

J'aperçus une dernière fois le maire derrière la vitre, dans la petite salle d'attente, avant qu'il ne parte, les journalistes sur ses talons, vers d'autres patients, d'autres électeurs potentiels plus ou moins atteints, vers d'autres horizons de pouvoir, une campagne menée comme on dit tambour battant, bien financée, bien couverte par les médias locaux, de la Côte et d'ailleurs, du cousu main, de la victoire assurée, du populaire au kilo, oui, le maire Virgile Francesco, ami de Raymond Ughetto, du docteur Petru et de toute la clique, pouvait dormir tranquille.

*

Je sortis de l'hôpital Carnot le lendemain. Je n'avais qu'une envie, fuir P., fuir la Côte, Lourdon, le Rocher. Mais en avais-je encore la force ? Descendre jusqu'ici m'avait demandé tant d'énergie, je me voyais mal repartir de zéro. Et puis j'étais de plus en plus convaincu que la vérité sur ces imbroglios résidait à la fois ici, sur les hauteurs de P. et ses villas chics, mais aussi dans l'arrière-pays, peut-être même dans la vallée. Étrangement, l'accident de plongée semblait m'avoir éclairé, comme si ce trou noir, par réaction, ouvrait sur la lumière. Je n'avais pas rêvé, ce n'était pas un mirage de la narcose, deux plongeurs s'étaient bien approchés de moi, comme pour m'expédier par le fond, m'empêcher de remonter, deux tueurs à n'en pas douter, des tueurs silencieux, et je serais parti par les abysses, comme Guillaume était parti vers une crevasse de laquelle il n'aurait jamais dû remonter, envolé vers le bas, une crevasse du silence qui ne s'était mise à parler que dix ans plus tard. Encore avait-il eu le temps d'écrire quelques notes, un testament qui livrait des clés, un testament qui n'en finissait plus de livrer ses mystères.

Tout semblait se mettre lentement en place dans ma cervelle, et les éléments peu à peu se liaient, depuis la disparition de Guillaume, la découverte de son corps, les agissements d'Ughetto père et les rodomontades du maire de Lourdon. Tout s'agençait ou presque, il ne manquait que quelques pièces du puzzle, qu'il conviendrait de rechercher avec Léna, si les maîtres du jeu daignaient nous en laisser le temps.

CHAPITRE 49

Je retrouvai Léna à la terrasse d'un café, non loin de l'appartement où nous avions appris un peu plus à nous aimer.

— Tu te portes plutôt bien pour un accidenté de plongée…

— Oui, ça va, pas trop de dégâts, du moins en apparence. Ça aurait pu être pire. Les bulles d'azote ne me sont pas montées au cerveau.

Je lui racontai la visite de Virgile Francesco, sa campagne électorale à l'hôpital, qui m'étonnait désormais. Comment le maire d'une bourgade, aussi connu fût-il, pouvait-il chercher des voix dans un établissement de soins ? Et pourquoi pas des salles d'opération tant qu'il y était. Je l'aurais bien vu avec un masque chirurgical parler à un blessé. Léna me dit qu'il aurait pu le faire, que de toute façon l'édile de Lourdon était tellement puissant sur la Côte qu'il avait tous les droits ou presque, qu'il ressemblait à un bulldozer que l'on avait du mal à arrêter. Les portes s'ouvraient devant lui et on finissait toujours par s'arranger. Rarement, il avait été mis dehors car beaucoup craignaient des représailles.

— Je m'attendais presque à voir surgir ton père derrière lui.

Léna marqua le coup avant de répondre mais elle ne parut nullement étonnée par ma remarque, elle savait mieux que quiconque combien les liens entre Raymond Ughetto et Virgile Francesco étaient forts, constants, depuis des années, comme si une étrange fraternité les unissait. Ce lien semblait l'accabler, comme une preuve supplémentaire de damnation. Je m'en voulus ensuite d'avoir rappelé les relations particulières et hautement dangereuses de son père, mais après tout elle savait cela et ne cessait de dénoncer la corruption des élites du haut de son magistère. Je ne pouvais dès lors me réfugier dans un silence forcement complice.

Quelque chose avait changé dans le comportement de Léna. Elle paraissait à nouveau distante, la fragilité en moins. Ses yeux noirs étaient fixes, comme si elle regardait ailleurs, dans une autre dimension, derrière moi ou, ce que j'aurais préféré, en moi, quelque part vers mon estomac, mes poumons, encore un peu malmenés par ma remontée soudaine du boyau sous-marin, mais non, elle était tout simplement lointaine.

Je l'aimais, j'aimais ses faiblesses, ses failles, ses peurs, ses émois. Elle semblait partie pour un autre voyage, au-delà d'Intégrité Sans Frontières. J'eus peur tout à coup de la perdre. Lente glissade vers l'oubli, toboggan vers l'indifférence. « Tu n'es qu'un amant après tant d'autres, un amoureux des montagnes qui m'a attendrie là-haut, tu sentais le fromage et le Goethe, le mélèze et le Cervantès et puis tout ça a été dilué. »

Je lui rappelai ses combats qui étaient devenus les miens, mais rien n'y fit. Léna s'en allait, et l'amour s'en allait, et le désir était toujours là, la complainte de la nostalgie aussi, la tristesse qui s'en va et qui revient, l'interminable cycle de la peine. S'apercevoir que l'on perd l'être aimé sans pouvoir le retenir est l'une des pires choses qui puisse arriver au montagnard et même à l'être humain, un rappel que l'on peut sombrer à tout instant dans le ravin de l'infinie douleur.

Léna traversait mon corps de son regard immobile et j'espérai que ses prunelles sombres s'arrêteraient sur mon cœur, mes tripes, qu'elle rirait à nouveau comme elle le faisait si souvent, devant un café, sur la plage, sur la terrasse ou pendant l'amour. « Je n'ai jamais joui en riant, Jonathan, tu es le premier, comment fais-tu ? » Et l'on s'était promis de rire ensemble longtemps, longtemps, longtemps.

Imperturbable, Léna avait atteint son but, couper le cordon avec son père et en même temps le protéger, le menacer, lui exprimer ce qu'elle ressentait et aussi lui éviter la mort. Rien dans cette quête obsessionnelle n'aurait pu l'arrêter, son regard était habité par le désir d'accomplir sa tâche, ses yeux trahissaient sa détermination à remplir sa mission, rédemptrice ou non. Maintenant, elle paraissait plus que jamais absente, son corps même, qui se cambrait certes à chacune de mes caresses, semblait répondre à un désir anonyme, éprouver une jouissance désincarnée, et cela m'inquiétait.

*

— Tu ne devrais pas t'attacher à elle.

Marco vint me voir à P. pour prendre de mes nouvelles, s'enquérir de mon « dézingage de cervelle ». Il ne prenait pas de gants, fidèle à ses habitudes.

— Tu ne devrais pas t'attacher à elle car elle va te pousser au pire, Jo. Je te connais comme personne. Là, je vois que tu vas dans le mur.

— De quoi je me mêle ? Est-ce que je te parle de toutes ces filles qui montent dans ta tour de nabab sur le Rocher ? Est-ce que je te demande d'abandonner tes fréquentations, bonnes ou mauvaises, banquiers, courtiers, agents divers ?

— Tu es un peu comme mon frère, Jo. Tu fais fausse route, elle va te pousser dans une mission qui n'est pas la tienne.

— Eh bien, c'est joyeux comme réflexion. Je m'attendais à mieux venant de toi !

— Ces enjeux te dépassent !

— Ce qui veut dire que c'est important, non ?

— On se prend une balle entre les deux yeux pour moins que ça sur la Côte.

Tu es bien placé pour le savoir !

J'avais fait mouche.

— Écoute-moi, Jonathan, ce n'est pas l'action d'une petite ONG de jeunes avec un melon gros comme le Rocher qui va changer les arrangements sur la Côte. C'est comme ça, un point c'est tout.

Il commençait à m'énerver. Marco avait réponse à tout.

— Mais non, ce n'est pas comme ça ! Si tout le monde baisse les bras comme toi, on n'arrivera jamais à rien ! Et la gangrène gagnera tout le coin, même l'arrière-pays.

— C'est déjà fait…

J'étais prêt à exploser, à le couvrir d'insultes, mais plusieurs choses me retenaient, le fait qu'il soit mon ami de toujours, de la vallée et des sommets, des descentes vers l'enfer puis des rédemptions, le fait aussi qu'il n'avait pas entièrement tort. Léna me poussait sur une voie qui n'était pas la mienne, comme si elle m'attirait dans ses rets. Je me rassurais en me disant que c'était là, aussi, le propre de l'amour. Marco avait souvent eu raison depuis l'école de la Brandasque, sur les instituteurs, sur les bergers bienveillants et ceux qui l'étaient moins, sur les périls à éviter quand on est tout juste pubère et que l'on vogue de pensionnat en famille d'accueil.

Marco me calma en m'invitant à grimper un jour au-dessus du Rocher, sur les contreforts de l'arrière-pays. C'était sa manière à lui de me demander pardon ou de me tendre la main lorsqu'il avait été trop loin.

Je l'aimais mais j'en venais à me demander s'il n'était pas le jouet du docteur Petru, l'un de ses premiers employeurs.

Je me sentais entouré d'affairistes, de traîtres, et les mafieux n'étaient qu'une partie émergée de l'iceberg, la plus visible, la plus criarde, folklorique, celle que les journaux et la justice nous jetaient en pâture afin de nous faire oublier le reste, les vraies arnaques, les violences faites au peuple. « Ne vous inquiétez pas, les bandits, on les coffre. Tout va bien, on gère, vous êtes entre de bonnes mains. » Et pendant ce temps, les trafics continuent, petits et grands, de plus en plus licites – qui sait où se situe la frontière ? Ils fleurissent, ils grandissent, les canalisations creusent leur sillon, les permis de construire abondent, les permis de pollution, les permis de déversement des eaux rouges, des eaux chargées des misères et des richesses de la planète.

Je commençais à voir le docteur Petru comme un magicien de ce théâtre d'illusions, le croupier en chef de cet immense casino, un grand casino à ciel ouvert où tout le monde s'enrichissait et trouvait son compte, parce que le pays fermait les yeux, parce que l'arrière-pays se mourait, parce que la planète était devenue folle, parce que personne ne savait comment entraver la course de ce que l'on appelait les bulles : bulle immobilière, bulle du courtage à haute fréquence, bulle des métaux précieux, bulle des métaux rares, bulle de machin-chose. Des mégabulles plutôt, et Marco disait que même les gouverneurs des banques centrales ne savaient pas comment arrêter ça, qu'on allait vers le suicide collectif, que ça ferait mal un jour, très mal même, et que la meilleure solution était encore d'aller acheter un lopin de terre en montagne pour y planter des légumes bio, loin de Wall Street, loin de la Bourse de Paris et de celle de Francfort, loin du Rocher, loin des nanosecondes, loin des transactions et des pulsions que plus personne ne pouvait contrôler.

CHAPITRE 50

Je retrouvais Léna dans notre appartement le soir, quand je n'étais pas de garde au port la nuit ou d'astreinte dans la cabine de la vedette amarrée au quai des Fleurs ; nous parlions peu, las de nos différends, de nos secrets non partagés. De plus en plus absente, Léna ne portait plus d'intérêt à la disparition de Guillaume et à peine à l'affaire des boues rouges. Elle traitait les dossiers d'ISF en urgence, expédiait les affaires courantes. Elle pensait l'organisation vouée à l'agonie ou à l'échec. Heitor cherchait un autre poste, sur la Côte, à Paris, ou à Londres. ISF se délitait malgré ses succès. Quelque chose avait changé. Au royaume de l'amour, quelque chose aussi avait changé, non pas une rupture mais une glissade vers l'indifférence, une lente déchéance vers l'inconnu.

Je me souvenais des yeux de Léna posés sur moi, sur nous, et de son sourire qui flottait vers le large, vers la nuit étoilée, un désir de départ, une envie d'infini. Sans qu'il s'oppose à l'amour, le lointain se mélangeait à nous. Désormais, elle paraissait en proie à de nouvelles chimères que mon affection ne pouvait guérir. Elle évoquait souvent l'expression anglaise *compassion fatigue*, l'usure de la pitié, qu'employaient les humanitaires pour évoquer l'indifférence des donateurs aux causes de plus en plus perdues. Je me demandais si la même usure n'affectait pas les couples trop investis dans une passion commune, une passion que nous partagions encore mais qui s'effilochait et que nous ne vivions plus de la même manière.

Ce qui nous avait réunis menait à notre perte, à la dissolution du sentiment, à la banalisation de l'émotion et je ne pouvais m'y résigner. Tout indiquait dans le comportement de Léna qu'il en allait ainsi. Elle s'éloignait peu à peu, elle plongeait dans une douce atonie faite de distance, de rejet et d'un brin de tristesse insondable. Cent fois, j'essayai de recoller les morceaux. Cent fois, je constatai qu'elle s'écartait davantage du chemin que nous avions parcouru ensemble, depuis les montagnes de la Brandasque jusqu'aux chambres de l'amour.

« On pourrait aller dans l'arrière-pays ? – J'aimerais bien, mais tu sais que j'ai d'autres soucis. »

Et quels soucis ? Tu veux me le dire ?

Je passais mon temps à chercher des voies nouvelles comme sur une face jamais gravie, des parois à ouvrir. « Et la cinémathèque, ça ne te dit pas ? Ça fait une éternité que nous n'y sommes pas allés. Et l'Opéra ? C'est moi, cette fois, Léna, qui suis vierge en la matière. » Et elle disait non, ou plutôt trouvait dans la plupart des cas prétexte pour ne pas dire oui. « Je suis fatiguée, surmenée, tu ne le vois pas ? Et puis toutes ces affaires, ça pèse lourd, on ne s'en sort pas indemne. »

J'avais fini par m'énerver une fois ou deux.

« Mais enfin tu ne vois pas que tu vas dans le mur ? »

Elle s'approchait de moi, me caressait la joue, prenait un air encore plus absent, sans alimenter pour autant ma colère. Au contraire, elle me désarmait et elle le savait. J'aurais préféré une vraie querelle, des mots, des claquements de porte, des assiettes cassées, des pots de yaourt lancés à la figure, des livres jetés à terre en signe de protestation, à défaut d'envoyer des dossiers par la fenêtre. Léna désamorçait mes élans, elle brisait mes sautes d'humeur, elle brisait encore plus mes sentiments, tout cela se délitait. Elle savait y faire, elle était experte dans la destruction du souvenir, la pollution de notre mémoire. Elle contrôlait tout et je ne maîtrisais rien. Elle nous enfonçait, s'enfuyait, protégeait son père, rare chose dont j'étais certain, elle le détestait et lui offrait une chance de rédemption. Il n'irait pas en prison et moi, j'y étais déjà, derrière les barreaux de la solitude, devant un puits sans fond.

*

Marco n'avait peut-être pas tort. Je me refusais pourtant à quitter Léna, elle me quitterait ou alors nous nous quitterions l'un et l'autre au même moment. Elle recherchait sans doute la déliquescence sans heurts, la distanciation sans la peine. Le mal opérait déjà, crachait lentement son venin, s'infiltrait dans nos corps, nos veines, notre âme. J'avais besoin de prendre le large. Je vivais une transhumance de l'amour à l'envers, et je n'y étais pas prêt, le berger n'avait pas besoin de cela, il préférait encore patrouiller sur toutes les côtes pourries de la planète, dans les ports un peu corrompus, sous les villages fortifiés aux mains de maires véreux, oui, tout cela plutôt que de la voir partir.

À quoi bon se battre lorsque l'on sait que le combat est perdu d'avance ? Celui-là l'était, je le sentais, je le savais, et Léna s'ingéniait à me le prouver, sans malfaisance aucune mais simplement parce qu'elle pensait que notre séparation, lente et donc encore plus douloureuse, était irrémédiable. Je ne me résignais pas pour autant et gardais l'espoir de la conserver auprès de moi, je noyais mon chagrin dans ces tentatives désespérées de sauvetage.

Je me sentais happé par un tourbillon incontrôlable qui me portait vers le large, loin de l'arrière-pays, loin des alpages de Titin, loin des serments scellés avec Marco, loin des promesses lancées au vent et contre les flancs des montagnes qui rebondissaient en écho de versant en versant, des promesses qui ne servaient pas à grand-chose puisqu'elles étaient impossibles à tenir.

CHAPITRE 51

Marco se rendit à P. le samedi suivant en Porsche décapotable et me proposa de le suivre dans sa prochaine ascension.

— Viens grimper à la Dent du Chat, viens oublier.

Son intention me ramenait des années en arrière, lorsque nous partions gravir les parois de la Brandasque adolescents afin de tout oublier, lorsque le murmure du vent dans les sapins nous enivrait avant que nous nous frottions aux périls de la pierre, sûrs de nos cordes et de notre amitié que je croyais alors indéfectible. Au sommet, on riait toujours, on se sentait au-dessus de tout, loin de la vallée et de ses miasmes, loin de la Côte que l'on voyait souvent depuis les crêtes, à plus de deux mille mètres en contrebas. Désormais, on riait moins. Nous savions tous les deux qui étaient les maîtres du jeu, nous savions que l'enclave n'était pas libre et la Côte non plus. Tout cela obéissait à un vaste mouvement de mise en coupe réglée du monde. L'enclave et la Côte se mariaient au lieu de s'ignorer, marchaient main dans la main. Quelques hommes et femmes jouaient les intermédiaires, les Petru, les Ughetto, les Francesco et les Bertolucci. Marco devait beaucoup à certains d'entre eux, sans avoir renoncé pour autant à sa propre liberté. Il n'était pas dupe de son ascension rapide et comprenait qu'il pouvait sombrer tout aussi vite.

J'avais un temps espéré renouer avec les souvenirs de la vallée, y retrouver les forces engendrées par nos séjours sur les hauteurs, puiser dans le langage du vent, qui s'engouffrait entre les montagnes pour caresser les plateaux, les vires, les moraines, cette énergie qui nous avait poussés vers d'autres vies, l'envie de découvrir le monde, de sortir de l'enclave. Seulement, maintenant, je me méfiais de tout.

— Je préfère décliner la virée en montagne, Marco, je n'ai pas la tête à ça.

— Justement, c'est parce que tu n'as pas la tête à ça que tu dois venir !

Je le trouvais nerveux et insistant. Pourquoi tenait-il tant à cette virée ? Il grimpait bien mieux que moi et chacune de nos ascensions me permettait de progresser, d'apprendre une technique, mais cette fois la confiance n'était pas au rendez-vous et je ne pouvais le lui dire. Je buvais mon thé en regardant la rue. Une peur irrépressible s'était emparée de moi depuis quelque temps, sans doute le fruit de la dégradation de ma relation avec Léna ou de l'atmosphère ambiante ou des deux. Remettre en question ma confiance pour Marco me détruisait à petit feu. Il l'avait voulu ainsi, il avait semé le doute, brouillé les pistes depuis la vraie vallée et le faux Liban, son voyage imaginaire au Levant.

— On ira plus tard, un autre jour, quand je serai plus en forme.

— N'oublie pas de penser à toi, Jonathan, sinon ça dérape.

— Merci du conseil, j'aurais cru qu'il était pour toi.

— Ne te moque pas. On ne peut pas dire que je me sois vraiment oublié…

— Dis-moi ce que tu sais sur Raymond Ughetto.

Ma question le surprit. Je savais qu'il n'aimait guère évoquer les affaires de la Côte, encore moins les quelques étranges spécimens qui hantaient ses rivages tel Ughetto. J'insistai, certain de n'obtenir aucune réponse, mais Marco s'épancha soudainement, comme s'il ne parvenait plus à retenir des secrets trop longtemps enfouis, comme si une digue avait cédé.

— Ughetto, répondit-il en pesant chacun de ses mots, n'est qu'un outil entre les mains de gens bien plus puissants. J'ai compris que Léna voulait le protéger.

— On ne peut pas vraiment le lui reprocher.

— Elle aura au moins essayé. Ce qui me chiffonne, c'est qu'elle ait impliqué son association, ISF.

Marco avait fait mouche. Il me regardait fixement et j'eus l'impression qu'il souhaitait parler davantage. Il semblait en avoir gros sur le cœur.

— Le père de Léna n'est rien et il est tout en même temps. Il est comme tous les autres marlous de la Côte qui composent le système. S'ils vont en prison ou s'ils s'enfuient, tout s'écroule.

— Alors on n'a qu'à les mettre tous en taule.

Marco partit dans un éclat de rire qui me fit plaisir à entendre, il renouait avec une joie passagère.

— Tu crois que les flics vont renverser tout ce bordel ? Ils tiennent la ville comme ça ! Pour le meilleur et pour le pire ! Ils tiennent la banlieue, les petits et les gros trafics. Sinon, c'est le feu aux poudres.

— On a peut-être exagéré le rôle d'Ughetto sur la Côte.

— C'est un petit truand devenu un redoutable escroc.

— Tu y vas un peu fort !

Tout cela me paraissait bien trop grand pour lui. Je voyais plutôt Ughetto comme un courtier de la corruption et des petits arrangements.

— Il n'est quand même pas aussi pourri que Francesco.

Marco s'était raidi. Je décidai d'aller encore plus loin.

— Berta Bertolucci aussi doit profiter du système…

Il ne pouvait nier. Elle était devenue une faiseuse de rois sur le Rocher, avec ses relations dans l'hôtellerie et les sociétés de jeu.

— Oui, elle a le bras long, très long. Je peux t'avouer aujourd'hui qu'elle a blanchi pour le compte de Caltis, l'usine d'alumine.

Il baissa la tête, comme s'il regrettait non pas ses propos mais d'avoir profité de son soutien pour obtenir sa place de tradeur. Nul doute qu'elle avait détecté en lui non seulement un redoutable investisseur mais aussi un homme fragile, à la fois talentueux et ultrasensible, dont elle saurait se servir au moment opportun.

— Et si Ughetto tombe, elle le suit ?

— Pas sûr. Le système permet de sacrifier un pion de temps à autre. C'est comme…

— Oui, je sais, comme pour les croupiers du casino de l'Hôtel du Cap.

— Bravo, tu as retenu la leçon. On donne en pâture quelques intermédiaires et on bétonne le reste. C'est imparable. On fait ça aussi à deux pas d'ici pour les passeurs de migrants. Une poignée d'entre eux sont arrêtés, des notables qui prennent quelques billets par passage en voiture, mais les gros courent toujours, ou plutôt ils ne courent pas, ils blanchissent à tout-va, en France et en Italie. Je ne sais même pas si on ferme les yeux, l'expression n'est pas exacte, on laisse faire, on monte en épingle les petites arrestations, facile avec la presse, on fait descendre un ministre de Paris, le préfet salue la foule et le photographe immortalise tout ça. Du bon travail, oui… et pendant ce temps-là les affaires continuent. On achète la paix sociale.

— Vas-y, Marco, crache le morceau.

Ce n'était pas mon habitude de parler ainsi, encore moins à mon ami d'enfance, mon complice de la vallée perdue, mais je sentais que c'était le moment ou jamais. Il n'attendait que ça pour se livrer, bière ou pas.

— Ils ont acheté les responsables du parc national…

— Mais qui, ils ?

— Eh bien, Caltis, bon sang ! Qui tu crois d'autre !

— Le parc ? Ça me paraît difficile. Ces gars-là sont plutôt des écolos.

— Ça n'empêche pas. L'usine leur a versé d'énormes sommes.

— Mais… c'est impossible ! Tout est contrôlé aujourd'hui, même le moindre compte à l'étranger.

J'entendis un nouvel éclat de rire, retenu celui-là.

— Tu plaisantes ? Il suffit d'une dizaine d'écritures pour envoyer les fonds de P. aux îles Caïmans ou aux îles Anglo-Normandes. En une heure, avec de bons agents et un bon logiciel, tu peux faire un millier de versements. Impossibles à tracer, sauf dénonciation ou s'il y a un loup dans la bergerie, un indic sur place, ce qui arrive de temps à autre.

— Ils ont reçu beaucoup ?

— Ce n'est rien comparé à ce que l'usine peut économiser. Ça coûte beaucoup moins cher de payer des élus, des responsables de parc national, des maires, que de remplacer la canalisation sous-marine.

— Et ISF ne dit rien ?

— Ils n'ont qu'une toute petite partie des dossiers. Et je pense qu'ils ont été manipulés, qu'une taupe leur a donné de quoi balancer un bout de l'ouvrage pour préserver le reste.

— Et que vont faire les dirigeants de l'usine, avec le parc national à leurs pieds ?

— Eh bien, ils vont continuer à déverser leurs millions de tonnes de déchets toxiques, comme je te l'ai dit, mais surtout ils vont pouvoir prospecter ailleurs, et je crois bien que dans la vallée tout est permis, il suffit d'y croire.

Je me rappelai les agissements du docteur Petru, ses réunions secrètes au hameau de Tozza, les allées et venues d'avocats, de grands médecins. J'avais toujours cru à des soirées avec des filles, à des parties fines, mais l'un n'empêchait pas l'autre. Petru devait faire jouer ses relations pour ses propres intérêts ou ceux d'une grosse société.

— Ça me paraît bizarre qu'il n'y ait pas eu de fuite.

— Tout le monde y trouve son compte, et celui qui s'avancerait à dénoncer ses petits camarades aurait du souci à se faire, pour lui et pour les siens. En cas de grabuge, les élus et les responsables du parc national pourront toujours dire qu'ils ont gagné au casino. C'est imparable.

— Ça ne peut marcher que si les casinos sont impliqués.

— Mais qu'est-ce que tu crois, Jo ? Bien sûr qu'ils sont impliqués ! La plupart sont prêts à délivrer des certificats de gains. C'est invérifiable et très bien rémunéré. Il n'y a pas plus liquide comme économie…

— Les paradis fiscaux, bientôt, ne serviront plus à rien.

— Bravo, tu as tout compris ! Tout le monde sait que les mouvements de fonds seront de plus en plus surveillés, par les gouvernements, les banques centrales, les enquêteurs, de Panama aux îles Vierges, des Bahamas à Jersey. Mais en fait tout se manigance désormais sur place, dans les pays occidentaux, un blanchiment de plus en plus insidieux. Tout le monde y trouve son compte, crois-moi !

Marco était bien placé pour le savoir et il le signifiait. Je le reconnaissais bien dans cette démonstration, rapide, brillant, avec un léger flou afin de ne pas fournir de preuves, comme si tout était légèrement opaque, à l'image du monde de la finance dans lequel il évoluait.

Tout cela dédouanait davantage Léna, elle et ses amis ne pouvaient démonter le système à eux seuls, ils étaient minoritaires, impuissants, incapables de dénoncer les manœuvres locales. L'affaire des boues rouges n'était qu'un élément parmi d'autres, certes le plus scandaleux car il nous affectait tous, la Côte comme l'arrière-pays. Les poissons et les coraux se mouraient, la pêche agonisait, le rivage subissait les outrages de cette suie sous-marine, de cette avalanche de déchets métalliques, de ces immondices de métaux lourds qui, bientôt, se rappelleraient au bon souvenir des habitants de la planète. Une guerre se jouait dans les coulisses et personne n'en savait rien ou si peu. Parfois, certains de ses acteurs sortaient de l'ombre, en proie à leur conscience, comme Marco, qui avait décidé soudainement de s'épancher.

J'écoutai Marco le brillant, Marco le cynique, livrer sa vision du monde, effrayante, puis je le quittai pour regagner le centre de secours sur le port et ma vacation nocturne. La nuit serait calme, j'en étais certain. J'étais habitué aux demi-saisons qui ne comptaient que peu d'accidents en mer, pas de baigneurs, peu de plaisanciers, quelques plongeurs plus ou moins expérimentés, pas d'alerte en surface ou si peu, tout en profondeur, sous le niveau de la mer, comme les requins qui se disputaient le littoral et ses décors.

CHAPITRE 52

— Il faut que tu dénonces tout cela, Léna, c'est ton devoir.

Lorsque je rentrais le soir ou le matin après mes vacations au Secours en mer, je retrouvais Léna toujours plus absente, le nez dans les dossiers qu'elle feignait de consulter, le regard plongé dans le vague. Elle allait de moins en moins au bureau – « de toute façon, ça ne sert à rien, il n'y a plus personne ou si peu » – et traînait sur le balcon ou au café d'en bas pour fumer telle une vigie inquiète. Je la relançais souvent sur la mission que s'était fixée Intégrité Sans Frontières, sur les bureaux de l'association ouverts à Paris, à Berlin, à New York, qui eux aussi battaient de l'aile vu le flou entretenu par le siège de P. J'étais bien plus attristé par le sort de Léna que par celui de notre relation, si tant était qu'elle perdurait encore.

— Heitor a menti, il n'a pas été tabassé. C'était une mise en scène, me dit Léna un matin, de très mauvaise humeur.

Son aveu me réconforta. Elle ouvrait enfin les yeux.

— Ça me paraissait évident. Trop ambitieux, trop calculateur, ce gars-là.

— Comment aurait-on pu le savoir ? Et puis on avait besoin de lui !

Elle haussait le ton et je trouvais cela plutôt rassurant, comme si elle se réveillait d'un long sommeil.

— Ça se voyait comme le nez au milieu de la figure, Léna ! Dis plutôt que vous fermiez les yeux !

— On l'a supporté, on n'avait pas le choix…

Enfin, Léna sortait de son mutisme, de son indolence. Elle avait compris depuis longtemps, j'en étais sûr, que l'histoire de l'agression ne tenait pas debout. Il n'y avait qu'à voir la tête d'Heitor à l'hôpital. Il avait peur, c'est vrai, il craignait surtout de ne pas assez bien jouer la comédie.

— Si, vous aviez le choix ! Mais vous ne vouliez pas faire autrement.

Chacune de mes phrases pouvait être un prétexte de rupture. Léna était au bord de la crise de nerfs ou alors elle cachait bien son jeu. Je la perdais et elle se perdait. Elle avait sauvé son père et ne pouvait se sauver elle-même.

— Et puis… pourquoi nous a-t-il trahis ? reprit-elle. Par carriérisme, sans doute. Comment peut-on lui en vouloir ?

— Plus que ça, Léna. C'est un type sans scrupule. Il a été acheté, littéralement !

L'ombre des boues rouges planait à nouveau sur nous, comme une malédiction, comme elle avait plané sur la destinée de Guillaume. Léna releva la tête, blessée, prête à se battre, ce qui me rassura. Elle inspira profondément puis lâcha :

— Heitor a été récupéré. Ils l'ont acheté et lui n'a rien pu faire.

— Ils ont acheté tout le monde, Léna. Même ton père, tu le sais depuis un moment…

Je craignis une tempête mais je n'eus droit qu'à un faible sursaut. La vérité est toujours plus difficile à admettre lorsqu'elle est rappelée par celui que l'on aime.

— J'avoue. Mais là n'est pas le pire, crois-moi, malgré tout ce que je peux lui reprocher.

Elle avait accentué la fin de sa phrase, laissant entendre qu'elle avait été victime de ses agissements. Je crus entendre une longue plainte siffler entre ses lèvres, un cri étouffé. Elle se leva et me prit dans ses bras, un geste inhabituel de sa part, surtout ces derniers jours. J'étais prêt à éplucher tous les dossiers, à dénoncer tous les tuyaux d'immondices, à démolir l'usine d'alumine, j'étais prêt à tout mais je sentais bien que Léna n'y était pas disposée. Elle se détacha de moi aussi vite qu'elle m'avait enlacé, et je me demandai si elle ne regrettait pas déjà cet élan. Léna me confia que Heitor avait reçu une grosse somme en liquide.

— Et pourquoi tu n'as rien dit aux autres ?

— Je pensais que cela n'avait rien à voir avec les boues rouges.

— Eh bien, désormais, tu en es sûre ! Ce salopard d'Heitor vous a tous bernés, il a été l'agent de Caltis pendant des années !

— Je crois qu'il nous a juste menés en bateau…

— N'en fais pas une victime, Léna, ne minimise pas son rôle !

Heitor représentait l'archétype de l'escroc. On pouvait douter de l'authenticité de ses diplômes, n'avait-il pas inventé son doctorat en océanographie ? Effondrée, Léna ne cherchait pas à charger le coupable. Sans doute portait-elle déjà beaucoup sur ses épaules. Mais en se taisant, elle le couvrait.

— J'espère qu'il n'a pas piraté toutes les données d'ISF. Vous seriez dans une mauvaise posture, Caltis pourrait vous attaquer en justice.

— C'est bien ce que je crains, et les autres ne s'en rendent pas compte. Ils ne veulent pas admettre qu'on s'est trompés. Ils ne veulent pas l'admettre ou alors ils ont peur, peur des représailles. Et je crois que tu ne réalises pas de quoi nos ennemis sont capables… Je suis bien placée pour le savoir.

Le regard de Léna se perdit dans le vague, la marque non seulement d'un découragement mais aussi d'une crainte profonde.

— Je comprends, oui, ils sont capables de tout.

Le mieux est encore de lui donner raison, tu vas complètement la perdre sinon.

— On peut quitter la ville, Léna, on peut aller vivre ailleurs.

Tu fais complètement fausse route, mais qu'est-ce qui te prends ? Tu crois qu'elle va s'installer avec toi dans l'arrière-pays ou à Las Vegas ?

— Pas question, je resterai ici.

— Tu viens de dire qu'ils sont capables de tout. Et ils le sont !

— Mais toi non plus, tu n'es pas à l'abri. Ils peuvent te buter en un rien de temps.

Elle avait une fois de plus raison. On pouvait disparaître ainsi, et ma crainte d'un assassinat au cours d'une plongée avait sans doute été prémonitoire.

— Toi, tu es à l'abri.

Elle releva la tête, plus féroce que jamais.

— Ne me parle pas de mon père !

— Ce n'est pas ce que je voulais dire. Tu es à l'abri parce que tu as fait ta conférence de presse. Les gros bras de l'usine ne s'en prendront pas à toi.

— Ils s'en prendront à qui ils voudront. Et d'abord Caltis n'est rien dans le système, ou presque rien. C'est tout un ensemble qui vit ainsi, les élus, les entreprises, les sociétés de jeu, les institutions.

— N'en rajoute pas, Léna.

— Et pourquoi pas ? Même dans ton Secours en mer, certains sont véreux.

— Il n'y a pas de trafics, que je sache.

— Ce n'est pas de trafics que je parle, c'est de services rendus, de réseaux, de l'omerta.

Il était impossible de discuter avec Léna, elle était dans un état de transe, un rien la faisait bondir. Je sentais à nouveau que je la perdais comme elle se perdait elle-même. Je me levai pour reprendre le chemin du port et ce départ sous la tonnelle du café sonna comme un triste au revoir. J'eus la sensation que ses sentiments se dissolvaient dans l'immensité de l'oubli, aux confins de la folie, dans laquelle je n'étais pas loin de sombrer moi aussi.

*

Ainsi, Heitor n'était-il qu'un pion à la solde de l'armée lancée par la pieuvre, une armée invisible qui étendait ses ramifications lentement sur la Côte et dans l'arrière-pays. Heitor cachait mal son jeu et il me paraissait étrange que les membres d'ISF ne s'en soient pas aperçus dès le début. Léna elle-même n'avait pas vu venir le mal, malgré ce qu'elle savait de son enrichissement soudain. Être la fille de Raymond Ughetto l'exposait aux suspicions et la rendait plus fragile encore.

L'association était en train d'imploser après les révélations sur l'usine d'alumine, laquelle pour se défendre ne manquerait pas de rappeler le pedigree de Léna, *via* quelques avocats bien placés. Les agissements de son père, si l'entreprise décidait de le lâcher, de le sacrifier plutôt, ne pouvaient alors que rejaillir sur Intégrité Sans Frontières. Les dossiers de l'investigation ne servaient plus à rien ou si peu. Je les imaginais subir l'épreuve du broyeur, disparaître en confettis et partir en fumée, à moins qu'ils ne finissent dans le lot d'immondices et de poisons rejetés par l'immense canalisation de Caltis. Ceux qui tiraient les ficelles savaient que Léna avait sous-estimé le rôle de son père et cela représentait un élément à charge contre elle et toute l'organisation.

*

Cela ne tenait à rien, des regards d'abord, des changements dans les horaires de vacation, moins souples, des gardes de nuit successives sur le bateau. Je subissais de plus en plus l'ostracisme des gradés de la caserne de Peignan où était installé l'état-major avec le corps des sapeurs-pompiers. Le commandant Perlot avait dû recevoir des instructions, il avait dû participer à une réunion semblable à celles organisées par Petru dans son chalet, un conclave durant lequel mon nom avait été prononcé, tout comme celui de Léna, fille de Raymond Ughetto, j'imaginais la scène. Il y a des signes qui ne trompent pas. Je ne pouvais croiser le commandant Perlot car je n'étais pas habilité à pénétrer dans les bureaux de l'état-major mais je pouvais en revanche interroger le sergent Magnan, le sonder sur les intentions de la hiérarchie.

— J'ai commis un crime ? Quelque chose vous a déplu ?

— De quoi tu parles ?

— Vous voyez bien ! On me colle des gardes à répétition, jamais vu ça !

— C'est parce que tu es un bon !

— C'est à cause de mon accident de décompression ?

— Oh, ça, non ! C'est un accident de travail ! On ne va pas t'en vouloir pour ça. Même si on ne s'en remet jamais tout à fait…

Il partit dans la cour de la caserne en riant, j'avais envie de lui coller mon poing dans la figure. Je n'avais jamais aimé sa manière de plaisanter, ses moqueries à l'égard de ses camarades dès qu'ils avaient le dos tourné, et de face pour les subalternes, dans l'incapacité de répondre. Je devais payer sans doute pour la visite de Virgile Francesco dans le caisson de décompression, un caisson de tournée électorale.

Tant pis pour les gardes nocturnes. Cela allait me couper un peu plus de Léna, que je ne verrais que le matin, avant d'aller dormir. Sans doute ces tracas n'étaient-ils que dérisoires et aucune mauvaise intention ne se cachait derrière ces nouvelles contraintes. Au poste de secours du port, le climat était devenu lourd. Nous étions certes au début de l'hiver, le rythme de travail devenait lancinant, peu d'interventions, quelques farfelus affrontant les vagues et lançant leur SOS de leur voilier à quelques centaines de mètres de la digue, quasi aucun plongeur à l'horizon, que des miasmes d'usine polluante sous la surface, sous le niveau de la ceinture du monde. Combien de temps allais-je supporter cette ambiance ? Je compris après avoir surpris certaines conversations que j'avais bénéficié du soutien du commandant Perlot, depuis le jour où il m'avait embauché après la sélection des maîtres-nageurs. Il avait dû me considérer un peu comme son fils, lui qui avait perdu le sien lors d'une plongée près de la grotte à corail – surventilation, panique, embout perdu. Quelques secondes d'inattention de la part du chef de palanquée et la mer avait englouti les poumons du rejeton. Il s'était éteint doucement à l'hôpital Carnot, et un autre flot avait inondé sa chambre, un flot d'eau salée, les larmes du commandant.

Je ne savais s'il avait pris ses distances mais je me rendis compte que son affection pour moi avait irrité certains collègues, les gradés surtout, ceux détachés du corps des sapeurs-pompiers auprès du Secours en mer. Existait-il d'autres causes à cet ostracisme ? Marco, là encore, avait raison : tout était relié, rien n'échappait à la pieuvre. Elle veillait, elle écumait, elle creusait son trou, elle surveillait, intimidait.

*

L'air de l'arrière-pays me manquait. Je commençais à regretter d'avoir refusé la proposition de Marco. J'étais étonné une fois de plus par sa clairvoyance. Même s'il jouait un jeu trouble, il connaissait le système de l'intérieur et avait décodé ses principes de base. Je l'avais peut-être blessé. Il éprouvait encore de l'amitié pour moi. Il m'avait signifié qu'il entendait renouer avec le milieu de la montagne. À songer à tout cela, la même angoisse m'étreignit, celle de tomber dans le vide, de finir, la corde coupée, le corps fracassé. Cette crainte me gênait car elle signifiait que je n'avais plus confiance en Marco et en nos balades en montagne, et je savais que cette crainte était fondée, une certitude venue du fond des tripes, du fond des crevasses d'altitude. Une fois de plus, tout me ramenait à Guillaume.

CHAPITRE 53

Je parvins à remonter sur la Bertram quand le sergent Magnan n'eut d'autre choix que d'accepter, trois de nos collègues ayant été foudroyés par une gastro-entérite. Magnan, en rogne, avait marmonné pendant une heure au poste de secours du port, il avait appelé ses supérieurs qui ne voulaient pas que l'on dégarnisse les patrouilles et je m'étais retrouvé ainsi à nouveau de garde, sans lui, le caudillo sur mer resté à quai. Il était ivre de rage, il en bavait presque, mais il savait qu'il n'avait guère d'alternative et je me réjouis de cette épidémie à la caserne des sapeurs-pompiers.

J'avais gagné trois jours sur ma mise au placard, le temps que mes collègues se refassent une santé. À bord, les autres ne m'en voulaient pas, ils me donnaient plutôt raison, ne comprenaient pas les mesures d'ostracisme de Magnan. À les écouter, ils craignaient non pas le sergent mais le donneur d'ordres, qui n'était pas le commandant Perlot, trop droit disaient-ils, trop franc, trop sauvage pour se soumettre à tout ça. Ils évoquaient l'emprise sur le corps des sapeurs-pompiers d'un vaste réseau qui leur échappait, malgré les relations que les uns et les autres avaient avec les politiques, les policiers, les magistrats. Tout cela les dépassait désormais, après des années de bonne entente entre les différents cercles qui œuvraient pour faire régner la tranquillité sur le rivage, tranquillité des intrigues en tout genre, tranquillité des cartels invisibles, tranquillité des affaires. Il me semblait que la peur gagnait peu à peu la profession, même les vacataires qui ne travaillaient pourtant que quelques mois par an, des étudiants surtout, comme elle avait gagné l'esprit de Léna. C'était un exemple du climat pourri qui avait envahi le littoral, que tout le monde ou presque acceptait, par intérêt, par habitude ou par compromission. Le commandant Perlot avait maintes fois pesté contre des ordres qu'il recevait d'« en haut », avant de finir par se comporter en bon petit soldat. Il avalisait désormais le moindre oukase des maîtres de P. C'était cela, l'esprit de la ville, le vivre-ensemble prôné par la Côte : « Avale des couleuvres, tais-toi et alors tu pourras t'enrichir car que serais-tu sans argent sur notre littoral si cossu ? » C'était cela le leitmotiv, la valeur première, une morale en béton, un principe qui permettait toutes les errances et toutes les acclimatations, même celle de la pollution au large.

Malgré les vagues froides, le crachin hivernal, la mer demeurait étrangement hospitalière, débarrassée de ses baigneurs, invitant à la descente vers ses abysses, dans le monde de la verticalité, celui qu'aimait Guillaume et qui rappelait sans cesse que l'homme était une espèce capable de détruire son propre habitat, son environnement, ses fonds sous-marins, par des boues ou d'autres traces de sa civilisation à la fois riche et salissante. Je découvrais que l'amour aussi pouvait être en voie de disparition, ou je le redécouvrais plutôt car il ne s'agissait que d'un perpétuel recommencement, l'illusion de croire à chaque aventure que le sentiment est éternel lorsqu'il n'est que périssable.

*

J'avais relu Cervantès et Goethe, *Don Quichotte* et *Goetz von Berlichingen*, et ne trouvais que peu d'écho à mes attentes, une solution, une envie de grand frère.

Montrez-moi le chemin, dites-moi ce que je dois faire, je vous ai bien aidés à vous faire connaître auprès du petit peuple des chèvres et des moutons, public très docile lorsqu'il s'agit de lectures à voix haute. Ma seule consolation fut la redécouverte des chapitres du *Quichotte* sur la captive, la femme que le chevalier à la triste figure avait croisée dans son auberge espagnole, au bras d'un ancien prisonnier des pirates d'Alger. Ces pages représentaient autant de planches de salut, la certitude que je pourrais sauver Léna ou notre couple du naufrage, si tant était qu'il existât des récifs sur notre voie.

— Jonathan, tu as éteint la lumière ?

Elle me montrait les étoiles depuis la terrasse et je ne savais s'il s'agissait d'un reste d'humour ou du commencement de la folie. Elle m'échappait de plus en plus, et elle s'échappait à elle-même aussi.

— Oui, je vais l'éteindre, Léna, et nous pourrons nous aimer sur le balcon.

Elle semblait de plus en plus aillcurs, comme si ses combats l'avaient épuisée, comme si la tâche s'était avérée trop lourde pour elle. Elle délirait parfois, évoquait d'obscurs complots autour d'elle et plongeait ensuite dans une profonde mélancolie. Son regard souvent se perdait dans le vague, comme suspendu dans le temps, ancré dans une mer incertaine, au-dessus d'abysses insondables. Elle n'était plus la même, et je ne savais si cela était dû à la perversité du père, à l'ampleur du dossier qu'elle avait à traiter, ou à un vague à l'âme qui remontait de l'enfance.

— Nous verrons sans doute la lune rousse, Jonathan.

Je ne comprenais pas, je ne comprenais plus ses divagations, celles qui nous faisaient tant rire auparavant. Elles sonnaient faux, elles servaient de paravent à un mal-être, à moins que ce ne fût une envie d'ailleurs. Léna avait baissé les bras dans notre charge contre les moulins à vent, ceux de la caste, ceux de la discorde, ceux de l'alliance contre nature, elle avait baissé les bras car une autre vague l'emportait et, après tant d'efforts, tant de désirs, je n'y pouvais plus rien, sauf à accélérer le mouvement, à précipiter notre perte, qu'elle jugeait inéluctable.

Cette nuit-là, j'espérais néanmoins que Léna se réveillerait. Je me terrais dans l'attente de l'aube, lorsque son cerveau se calmait, lorsque ses neurones accédaient à la clairvoyance que permettait un jour nouveau. Sans cesse, je devais me rendre à l'évidence : elle sombrait petit à petit, elle m'entraînait avec elle, elle y prenait un malin plaisir, comme si nos deux destinées étaient liées pour le pire, loin désormais du meilleur, et je m'effrayais de penser ainsi.

Ce fut à ce moment-là, sur le bateau de la rédemption, durant ces patrouilles de rattrapage, que je me décidai à écrire, à coucher sur le papier ces tornades qui s'emparaient de moi. L'amour nous emporte parfois quand les ailes s'ouvrent, nous détruit toujours lorsque la porte se ferme. Et je sentais la porte se refermer, je sentais cette lente montée de l'indifférence, de l'oubli, je sentais notre amour s'évanouir peu à peu, usé par trop de combats et trop de mélancolies, noyé par des souillures qui désormais nous atteignaient, rouillé faute d'avoir battu l'amble. Nous avions longtemps relevé la tête et les tristesses nous avaient alors servi de bouclier avant d'entamer une forteresse que l'on avait crue sans faille.

Nous étions envahis par les boues rouges, jusqu'à la nausée, jusqu'à l'asphyxie.

Pour me rendre au port, je refusais de prendre mon scooter, acheté récemment grâce aux vacations que m'octroyait le Secours en mer, et préférais marcher. Je vivais plutôt bien depuis quelques mois, je recevais un supplément grâce aux heures de nuit et j'enchaînais quelquefois, après les heures de repos, avec les patrouilles de jour, ce qui ne me déplaisait pas. J'économisais pour acquérir un deux-pièces en ville ou un appartement un peu plus grand aux alentours, sur les collines.

La marche me permettait de songer à nouveau, une ou deux heures par jour, aux événements de ces derniers temps : la lente détérioration de ma relation avec Léna, l'impunité des dirigeants de l'usine d'alumine et le climat délétère qui régnait au poste de secours du port, à croire que tout était lié. Le rythme lent de la marche me convenait, mon esprit se calmait et je voyais les choses autrement, surtout lorsque j'empruntais l'avenue de la Mer, un détour qui me permettait de me sentir moins empêtré dans mes soucis.

*

Un matin, lors de ma promenade habituelle en direction du port, quelques flocons de neige se mirent à tomber, éphémères, noyés dans l'oubli dès leur baiser au goudron. Je n'avais encore jamais vu de neige sur P., une ville de carte postale qui ne permettait pas de penser à l'hiver autrement que sous les mimosas et les citronniers. Les mêmes flocons disparaissaient encore plus vite à la surface de l'eau. La mer gagnait à tous les coups dans son ressac, le murmure de son travail de sape qui berçait toutes les mélancolies. La mer cachait son jeu, absorbait tout, les hommes et leurs vomissures rouges, les espoirs et les malveillances, les combats et les crachats d'usine, les grandeurs de l'humanité et les causes perdues, les suicidés et les déchets du monde.

Je m'arrêtai pour regarder ces flocons se dissoudre dans l'eau et crus apercevoir le visage de Léna. Elle ne voulait pas se résigner à vivre en paix et craignait la captivité de ses émotions, la mise sous tutelle de son âme, incapable de partager davantage qu'un appartement. Nos sentiments l'un envers l'autre s'étiolaient, faute de se nourrir. Moi-même, j'étais gagné depuis quelque temps par la lassitude, ou la certitude plutôt que plus rien ne pouvait empêcher une séparation, qui s'annonçait douce car dénuée de récifs, sans prise avec notre volonté, portée par des courants mystérieux et cependant tangibles, dont le caractère inéluctable se renforçait peu à peu. Le doute l'avait emporté. Résister, certes, mais à quoi bon lorsque les horizons sont à jamais bouchés…

Pour me donner du baume au cœur, je me remémorai ce qu'elle m'avait offert en partage, son amour pour l'humanitaire, sa passion pour le droit, son envie de contrer les vilenies de la Côte et d'ailleurs. Et puis il y avait ce vide sidéral que j'avais longtemps essayé de combler, ces absences dans le regard, cette distance que j'avais prise un temps pour des airs de bonne famille avant de me résigner devant le plus amer des constats en amour, celui de l'indifférence. Sans doute Léna était-elle incapable de la moindre concession, fruit de ses années de bataille avec le père, de révolte contre la compromission dont elle fut longtemps le témoin, complice malgré elle. Peut-on aimer sans une promesse de lumière ou de partage ? Peut-on s'accommoder de frontières entre deux êtres quand le sentiment jour et nuit vous étreint ?

Des barcasses de pêcheurs jetaient des filets à quelques encablures de la plage déserte. La Bertram n'était pas encore sortie. Hors saison, les patrouilles suivaient des horaires aléatoires, qui dépendaient de l'humeur du chef de poste et de son alcoolémie de la veille, surtout lorsqu'il s'agissait du sergent Magnan. J'observai l'un des pêcheurs qui surveillait, debout dans sa barque, la descente des filets dans une eau déjà très profonde, malgré la proximité du rivage. Chaque mouvement était lent, immuable certainement depuis des lustres, depuis des générations. L'homme contemplait la surface, bien calé dans sa minuscule embarcation, comme s'il était attiré par les abysses. Je ne pus m'empêcher de songer à Léna, à sa longue plongée vers l'indifférence.

Sans doute était-elle loin de mes tourments et considérait-elle sa trajectoire comme normale, lasse de notre vie de couple, de nos échanges longtemps exaltés et qui peu à peu s'étaient affadis.

CHAPITRE 54

Quelques semaines plus tard, Geoffrey nous convia à une soirée barbecue sur la plage de galets du cap, dans l'anse du Paradis. Le frère de Léna semblait heureux de son travail. Il revenait de temps à autre le week-end, notamment pour s'entraîner au judo dans une salle de la vieille ville, sous la citadelle. La mer, plutôt calme, permettait aux plus téméraires de se baigner, même en pleine nuit. L'eau de la rade était plus chaude que face à l'avenue de la Mer. Léna avait desserré les dents, elle avait même retrouvé le sourire et paraissait heureuse de parler à son frère.

Le barbecue enfumait l'anse et les grillades furent consommées en un rien de temps tandis que Geoffrey saupoudrait quelques légumes d'épices à foison. J'allumai un feu sur la plage avec des madriers rejetés par la mer et des bouts de bois limés par le ressac, certains imbibés du pétrole rejeté par des bateaux au large puis ramené à terre, une minuscule marée noire que le syndicat des plagistes avait dû ignorer afin de ne pas effrayer les clients de ses restaurants luxueux.

Les flammèches montaient vers le ciel et le bois libérait son odeur de sève humide. Des jeunes de Lourdon se joignirent à nous et nous offrirent de la vodka. Geoffrey sortit sa vieille guitare et joua des airs de jazz puis de rock tandis que la bouteille déjà sérieusement entamée passait de main en main. Alors Léna se leva et se mit à danser pieds nus sur les galets, d'abord lentement puis plus rapidement afin d'inciter son frère à jouer plus vite. Elle imposait son rythme, elle tournoyait dans la nuit, aérienne, légère. Fascinés par la sarabande, nous l'observions, tous. Elle magnétisait l'assistance par sa grâce étrange, son silence retenu, ses déhanchements saccadés mais qui demeuraient harmonieux. J'étais subjugué, comme je l'avais été lors de notre rencontre dans le hameau de Tozza. Sa beauté avait dû m'ensorceler sans m'aveugler pour autant, elle m'avait jeté un sort, elle m'avait choisi. Sur les galets de l'anse isolée, je la sentais renaître et sortir lentement de son atonie, à l'issue d'une longue mue, comme si elle gardait en elle l'esprit de révolte mais renonçait au sacrifice, comme si elle se débarrassait à jamais d'une lourde gangue.

Un jour, nous aurions devant nous la remontée des boues rouges, un jour viendrait où les tuyaux de la calamité inonderaient la Côte, mais il restera toujours ce souvenir du sourire de Léna, sa gigue endiablée, un retour de vie, un retour de flamme.

Cette danse me redonna espoir. Elle valait tous les enchantements, toutes les promesses d'aurore.

*

Geoffrey rentra ivre mort. Incapable de conduire, il dormit dans le salon, et Léna ne s'en offusqua pas. Le lendemain, elle partit seule déjeuner avec sa mère, un sacerdoce qu'elle s'imposait de temps à autre. Quand son frère reprit ses esprits, je lui préparai un café. Au bout du second, il commença à se confier, évoqua ses frasques d'adolescent. « J'ai failli mal tourner, souffla-t-il, c'est ma sœur qui m'a sauvé. » Il se mit alors à raconter ses combats, son activité d'humanitaire. « Ça ne sert à rien, elle ne gagnera jamais, on ne peut pas gagner contre ces gens-là. » Et je sentis au ton de sa voix qu'il en voulait lui aussi à son père. Il tendit le bras pour se servir de la vodka. « Mal au crâne, c'est le meilleur antidote, ne t'en fais pas, je ne vais pas finir la bouteille comme hier soir, deux doigts pas plus. » Mais il se ravisa. « Ce n'est pas raisonnable, il faut que j'arrête, ils vont finir par me virer du camping. »

Geoffrey me demanda de le raccompagner à son village de toile. Il ne se sentait pas en état de conduire, il subissait encore les effets de l'alcool. « Des relents, tu comprends. J'ai vraiment forcé. Tu prendras le train au retour, tu verras, c'est à deux pas, une heure au maximum, fais ça pour moi. » Et je fis ça pour lui, le frère de Léna, et surtout pour Léna, je ne pouvais rien lui refuser. Elle devait le savoir, elle savait comment obtenir presque tout de moi tellement cette descente en pente douce me devenait insupportable.

En conduisant la Clio jaune oxydée de tous côtés, je songeai que c'était tout ce qu'il me restait d'une famille potentielle. Dans la famille Ughetto, tu demandes la sœur pleine de grâce et tu raccompagnes le frère bourré.

*

La brume enveloppait d'une douce ouate la surface de la mer et la mélangeait aux arpents de terre ferme non encore bétonnés. J'aimais ce paysage lisse où littoral et large se mariaient, pour le meilleur et pour le pire, loin de l'arrière-pays, puisque la vallée d'Orgens appartenait encore à la Côte, une Côte plus populaire, une réserve à campings où l'on parquait les moins riches pour leur offrir cependant les dépenses à grand spectacle du bord de mer : casinos, Luna Park, concours de tee-shirt mouillé avec photo Polaroïd comprise dans le prix d'entrée, animation sur la plage à prix cassé. Geoffrey regardait le paysage marin défiler. Il avait envie de parler et sortait lentement de son brouillard. Je connaissais peu Geoffrey mais j'éprouvais pour lui une immense affection, je le considérais comme un frère et pensais au mien qui avait fui la vallée de la Brandasque.

— On fait un peu le même métier, non ?

— Euh… Oui, si on veut. Tu sais, moi, c'est plutôt le sauvetage.

— Tu as surtout sauvé ma sœur !

— C'est elle qui m'a sauvé, tu veux dire !

Geoffrey partit dans un grand éclat de rire.

— Ha ha ! Là, tu plaisantes ! Elle ne peut sauver personne. Même pas toi ! Moi, encore moins, et surtout pas elle-même…

Il se rembrunit et regarda à nouveau le large noirci, par-dessus mon épaule.

— On a grandi ensemble mais on ne se connaît pas vraiment.

Son aveu me surprit. Geoffrey et Léna avaient toujours représenté pour moi une fratrie presque parfaite, un frère et une sœur complices dans le spectacle de la déchéance des parents. Il avait vécu avec son père lorsque ses deux parents s'étaient pendant un an séparés.

— Ça n'a pas marché. Trop compliqué, trop dangereux. Et pas le droit de fumer du shit. Ça ne pouvait pas coller.

Nous roulions désormais à l'ouest de P., au-delà d'une grande marina cossue, puis nous longeâmes une Côte plus populaire, aux lotissements de béton décatis et immeubles pour retraités. La route emprunta l'intérieur des terres. Nous passâmes devant une zone industrielle, des HLM et des entrepôts, graffités de partout. Une bande de jeunes circulait à vélomoteur. Geoffrey baissa les yeux et me souffla à voix basse de ne pas m'arrêter. Je voulais lui demander ce qu'il fuyait mais je m'en abstins.

Son camping jouxtait presque une usine d'emballage. Dans la plaine d'Orgens se succédaient des garages et des hangars, des centres commerciaux à bas prix et des ateliers de réparation, des jardins d'ouvriers et des champs de paysans au bord du gouffre, pressurisés par les promoteurs immobiliers. Bordé de bosquets de bambous d'un côté et d'une haie de cyprès de l'autre, le camping s'enorgueillissait de quelques pins parasols près de la rivière. Personne n'y séjournait en cette saison morte, hormis deux ou trois couples de Britanniques. Nous étions dans un autre monde que celui de P., bien loin encore de la petite paysannerie de montagne et de la pauvreté de l'arrière-pays.

Avant de reprendre la route, le frère de Léna m'invita à prendre un café dans le coin cuisine de sa grande caravane à l'américaine. L'endroit sentait l'humidité. La vaisselle sale s'accumulait dans un semblant d'évier, une caisse de cannettes de bière vides traînait au sol, éventrée, et tout cela me rappelait les films américains avec desperados de la classe moyenne ruinée.

Geoffrey me parla longuement de sa vie ici. Il arrondissait ses fins de mois l'hiver en nettoyant les coques de bateaux au port d'Orgens, sans les sortir, en bouteille de plongée. L'été, gardien et animateur à temps plein sur le terrain de camping, il donnait des cours de natation pour enfants dans la petite piscine. Le soir, les clientes esseulées qui appréciaient sa carrure de judoka passaient leur temps à toquer à sa porte, avec plus ou moins de bonheur. Cette saison l'épuisait. Chaque année, il attendait l'automne avec impatience tandis que son père le relançait pour qu'il le seconde « dans ses affaires », en vain. Plus il refusait et plus cela énervait le père. « Tu n'as aucune ambition, fils, et ça, c'est grave. Tu ne vas pas faire carrière, tu vas finir petit, tu auras raté ta place au soleil. » Et Geoffrey en rajoutait, il rétorquait que son ambition était de ne pas lui ressembler, une énorme ambition, ha ha ha, une ambition éthique, une ambition morale, ce qui faisait hurler Raymond Ughetto.

— Toi, tu surveilles la Côte, les riches qui risquent la noyade, tu plonges à l'occasion, et moi je veille sur les touristes sans fric, avec mon diplôme de surveillant de baignade. Un métier d'avenir, tu parles ! Ces touristes viennent dans le coin pour jouer aux fortunés de la riviera, pour faire semblant, un mois de vacances par an, un mois pour singer les richards sous le soleil, jouer un peu au casino, s'abrutir dans une boîte de nuit sur la plage, près du zoo et près du parc à dauphins, puis ils se cassent et rentrent bien sagement chez eux.

— Tu n'as pas l'impression que les vacances, pour toi, c'est six mois par an ? Regarde, il n'y a personne dans ton camping !

— C'est vrai. Ça me permet d'écrire de la poésie.

Geoffrey partageait avec Léna une grande sensibilité et un goût pour l'écriture. J'aimais me dire qu'ils s'entendaient bien, qu'ils pouvaient compter l'un sur l'autre, malgré la dépression de Geoffrey dont il semblait se remettre lentement. Lui aussi avait lu *La Montagne magique* de Thomas Mann. L'hiver, il passait son temps à lire, le gardiennage étant un loisir à temps complet, comme il le soulignait.

— Pas de baignade, pas d'emmerdeurs, le patron est en vacances pour six mois.

Geoffrey aimait ce bout de vallée, une plaine plutôt, à deux pas de la mer, malheureusement en zone inondable. Il pestait contre les élus qui avaient octroyé à des ouvriers et des employés des permis de construire à vils prix et pour cause, puisqu'ils subissaient les dégâts des eaux régulièrement.

— Ça sent la corruption à plein nez, cette histoire. De pauvres gens se sont endettés sur quinze ou vingt ans pour construire la maison de leur vie et puis voilà que la montée des eaux met tout à plat, inonde les caves et les rez-de-chaussée, détruit petit à petit les baraques. Les assurances mégotent sur tout, ces gens-là n'arrivent jamais à se faire rembourser correctement, et les élus se frottent les mains, ils ont du monde à recaser derrière la Côte, pas cher, ils ont de la main-d'œuvre, ils font du chiffre et leurs agglomérations s'agrandissent. Oui, Jonathan, tout ça m'écœure.

Il voulut se servir du whisky de la bouteille qui traînait près de l'évier mais je l'en dissuadai, lui recommandant plutôt une tisane de thym afin de se désengorger les neurones. Dans sa caravane garnie de livres, il paraissait serein et en même temps aux aguets. Il devait ressentir les effets de son pedigree. En homme lucide, Geoffrey observait les caprices du monde depuis son modeste poste de gardien d'un camping deux étoiles.

Il me montra la piscine, un peu verdâtre en raison des pluies et d'un manque d'entretien, « mais qu'importe, personne ne se baigne ici au printemps, sauf les Anglais quand ils sont bourrés ». Je demandai à Geoffrey à qui appartenait le camping, un bon choix vu son emplacement à quelques kilomètres du littoral. Il tourna d'abord autour du pot, évoqua un mystérieux investisseur, puis marqua une pause. Il finit par lâcher une phrase qui me sidéra :

— Celui qui a acheté le camping, qui a tout fait construire ici… c'est Virgile Francesco.

— Le maire de Lourdon ?

Je n'en revenais pas. Virgile Francesco avait décidément le bras long, très long.

— Bien sûr, il n'y en a qu'un, et Léna a dû t'en apprendre beaucoup sur lui. Elle a des tas de dossiers et elle ne s'en sert pas toujours…

Je distinguai un rictus sur ses lèvres, voulait-il dénigrer sa sœur ?

— Je dois beaucoup à Francesco et je ne t'en dirai pas plus. Je ne peux pas le trahir.

Virgile Francesco régnait non seulement sur la Côte entre P. et Lourdon mais aussi sur une partie de la plaine d'Orgens. Je me demandais cependant pourquoi il avait investi si loin.

— J'ai échoué ici car là au moins on me fout la paix. Je gagne ma vie, je dépense peu, à part les tournées au bar, sur le port. Bientôt, j'achèterai un bateau, un voilier de douze mètres. Je m'entraîne déjà avec les gardes du Club nautique, juste à côté.

Je sentais bien que Geoffrey avait envie de se confier et qu'il était tenu par le secret, quel qu'il fût. Sans doute pouvait-il accomplir ce que sa sœur s'était interdit, me dire qui était véritablement Raymond Ughetto, l'aigrefin devenu l'un des princes de la Côte. Je ne me gênai pas pour enfoncer le clou.

— Si tu pars un jour en bateau, tu pourrais avoir peur de voguer sur des couches de boues rouges.

Geoffrey redressa la tête. J'eus l'impression d'avoir fait mouche.

— Tu ne crois pas si bien dire. L'usine d'alumine est à deux pas d'ici.

— Oui, je sais.

— Tu dois imaginer qu'il y a un rapport de cause à effet…

— Avec toi ? Non, je n'y ai jamais pensé. Mais avec Virgile Francesco, oui. S'il possède ce camping, il doit avoir d'autres terrains aux alentours. Et ça, ce n'est pas un hasard.

Je relançai Geoffrey afin qu'il parle davantage.

— Si Virgile Francesco est impliqué, ton père doit l'être aussi.

Il se raidit. Malgré ses désirs d'indépendance et de rupture, il gardait en lui cet instinct de protection du cercle familial, instinct que j'avais détecté tardivement chez Léna.

— Ils sont tous impliqués, Jonathan. Ne te fais pas d'illusion là-dessus.

Il finit par se servir une rasade de whisky. Il l'avait bien méritée.

— Francesco a acheté des terres ici, à très bas prix, des centaines d'hectares, dans la zone de l'Orgens mais aussi dans la vallée, en amont. Il savait pour les inondations. Des terrains, il en a refourgué plein. Il a même prévu le coup en demandant au maire des plans de prévention, histoire de se protéger. Le maire bien sûr a suivi. Il veut du monde dans sa commune. La Côte est saturée, alors c'est un peu la frénésie immobilière dans le coin.

— C'est l'usine qui a vendu les terrains à Francesco ?

Geoffrey parut surpris de ma question.

— Comment as-tu fait pour deviner ? Eh bien oui, c'est l'usine d'alumine. Virgile Francesco savait qu'il pouvait revendre à bon prix puis il s'est aperçu que les propriétaires de l'usine le tenaient, au risque sinon de révéler certaines de ses compromissions. C'était bien joué de la part de ces pollueurs de Caltis, j'avoue. À partir du moment où Virgile Francesco a commencé à revendre, c'était mort pour lui. Il était pieds et poings liés avec les patrons de Caltis. Eux, ce sont de vrais malfrats.

Le maire de Lourdon avait distribué des lopins à des représentants du parc national, des cadres, des accompagnateurs, des responsables d'associations siégeant au conseil d'administration. Eux-mêmes avaient revendu les terrains à des prix bien supérieurs, souvent le double de la mise initiale, avant la montée des eaux de l'Orgens, comme s'ils avaient été prévenus des désastres à venir.

— C'est un incroyable micmac, Jo. L'usine continue comme si de rien n'était. Ils sont intouchables de toute façon, et ces manœuvres sont invérifiables.

— Mais ils ne font pas de profit là-dessus ! Ou si peu, comparé à ce que l'usine engrange.

— Tu n'as pas compris. C'est pour acheter les élus et les autres, ceux du parc national. Pour les piéger. Même les écologistes, ou plutôt certains d'entre eux, ont pris part à l'affaire. Des femmes en veulent à mort à leur mari d'avoir acheté des lopins de terre inondables, elles me l'ont avoué sur l'oreiller, ça sert au moins à ça d'être un gentil organisateur, dit-il avec un rictus sur les lèvres.

— Et Léna n'a pas pu dénoncer tout ça ?

— Elle n'est même pas au courant. À Intégrité Sans Frontières, ils se sont concentrés sur l'usine elle-même et sur la canalisation polluante, pas sur ce qui se passe dans la plaine.

Geoffrey se mordit les lèvres. Il devait sentir qu'il en avait déjà trop dit mais je mourais d'envie qu'il poursuive son récit. L'alcool brisa ses dernières inhibitions.

— Le pire, c'est qu'ils ont blanchi à tire-larigot avec ça. Tu crois qu'il s'agit de petits investissements ? C'est faux. Des lotissements ont été construits, tout ça par l'entremise de Francesco. Des tonnes de fric en liquide ont été placées là-dedans.

— L'argent des casinos et du Rocher, j'imagine.

— Entre autres.

— Je ne crois pas qu'ils aient besoin de ça.

— Tu as raison. Sauf que l'usine d'alumine, elle, elle en a besoin, pour payer tous les élus à sa botte, ses fonctionnaires, ses serviteurs, petits et grands. Les entreprises du coin ont été surfacturées pour que le fric se retrouve sur des comptes. Dans ce système-là, réfléchis bien, tout le monde y trouve son intérêt. Les entreprises touchent une commission, les casinos refourguent leurs royalties, et les élus palpent à fond. J'ai vu des hommes avec des mallettes bourrées de billets dans une villa. Ils ont déversé ça sur la table. J'étais dans la chambre à côté, dans le lit de la propriétaire. Je peux t'assurer qu'elle n'a pas dit non. Qui peut résister à ça, à ces valises de nabab ? Les Russes font pareil vers Lourdon et au-dessus, quand ils veulent acheter des maisons. L'État croit ou fait semblant de croire qu'il contrôle tout, alors qu'il ne contrôle rien. Quand il ne ferme pas les yeux.

J'écoutais patiemment Geoffrey qui semblait tout connaître de la plaine d'Orgens, ses scandales et ses femmes surtout. Je retrouvais dans sa bouche quelques expressions de Léna, quelques intonations aussi, une pointe d'accent du sud mâtiné des résonances pieds-noirs d'Afrique du Nord, héritage du père, tant honni, tant aimé, redouté, respecté, comme si le clan devait perdurer à tout prix, au-delà de la loi du silence, au-delà des compromissions, au-delà de l'omerta. Geoffrey était d'autant moins critique avec Raymond Ughetto qu'il était désinhibé par ses rasades de whisky, et à mon grand étonnement il en venait à défendre le père, enfonçant Virgile Francesco, ce qu'il s'était refusé de faire jusqu'à présent. Et là, malgré leurs différences, il rejoignait pleinement Léna, il protégeait l'aigrefin de la Côte, le petit caïd devenu marquis de P., un notable parmi les autres qui savait manipuler, menacer, rendre service, trois principes de base sur la Côte. Malgré l'ivresse, je sentais Geoffrey maître de ses propos, il me donnait même l'impression de conduire l'entretien, comme s'il voulait m'amener à certaines conclusions ou m'imposer une vérité, une pseudo-vérité, tant cette notion était brumeuse sur cette Côte de tous les possibles.

J'imaginais Raymond Ughetto au cœur de ce vertigineux ballet, en maître d'œuvre d'une folle entreprise. Quant à Virgile Francesco, je ne m'étonnais guère que le maire de Lourdon soit à nouveau impliqué dans des affaires de blanchiment d'argent et de corruption, jusque dans la plaine d'Orgens. Il n'y avait pas de petits profits, d'autant que ces agissements servaient aussi à conforter l'usine d'alumine. Ce qui me sidérait, en revanche, c'était la participation des maisons de jeu de la Côte et du Rocher en particulier. La pièce centrale de ce dispositif ne pouvait être que la maîtresse de Francesco, Berta Bertolucci, qui m'avait aidé à l'hôtel puis avait propulsé Marco à son poste de courtier. Nous savions tous à l'Hôtel du Cap qu'elle était une magicienne des chiffres, douée dans les négoces quels qu'ils soient, et très généreuse en matière de ressources humaines. Je m'étais toujours demandé si Marco n'avait pas eu une liaison avec elle, ou plutôt si elle ne lui avait pas imposé d'être son amant. Nul doute qu'elle devait être au cœur des opérations de blanchiment dans la plaine d'Orgens.

Il était facile dès lors de relier les différents fils de la toile, ou plutôt de deux toiles, l'une concernant l'usine d'alumine Caltis, soucieuse de continuer à déverser ses tonnes de déchets, arsenic, mercure et uranium dans la mer, et l'autre impliquant les élus corrompus de la Côte, avec au centre Virgile Francesco. Les membres d'ISF s'étaient-ils penchés sur ce réseau ? Ou certains membres avaient-ils étouffé le scandale ? Plus rien ne m'étonnait désormais. Peut-être s'habituait-on à tout sur la Côte, où la déliquescence des âmes appartenait au paysage.

Mes soupçons sur Marco se précisaient, cette prémonition que j'avais eue lorsqu'il m'avait proposé de venir grimper avec lui, à la Dent du Chat ou au-dessus de la Brandasque. Malgré mes craintes, malgré mon appréhension de me trouver au bout d'une corde avec lui, je ne pouvais lui en vouloir. Il avait bifurqué vers une autre voie que celle qui lui était destinée, il avait opté pour les affaires et les arrangements.

Je ne considérais pas qu'il avait trahi, non, nos chemins avaient tout simplement divergé, il avait choisi la voie de l'enrichissement puis sans doute celle du règlement de comptes, avec la mort suspecte d'Albert-les-Bretelles.

J'écoutais patiemment Geoffrey. Par la fenêtre de son bungalow, je regardais le temps se couvrir de nuages bas, épais. Geoffrey me parla également d'Heitor, il ne l'appréciait pas. Il l'avait vu plusieurs fois dans la maison familiale de Quiriez et son ambition ostentatoire, sa manière d'approcher la famille l'avaient non seulement intrigué mais agacé.

— Fais attention à lui, on ne sait pas trop ce qu'il manigance. Mais une chose est sûre, il a vraiment des idées derrière la tête et il veut se servir de l'association.

— Ça signifie que Léna ne s'en méfie pas assez ?

— Non, pas assez. Elle a eu besoin de gens comme lui pour l'association. Mais il n'est pas clair, ça se voit même comme le nez au milieu de la figure.

Geoffrey me donnait l'impression d'en savoir bien plus que ce qu'il disait. Il ne parlerait pas davantage, il avait franchi plusieurs fois la ligne rouge et me le montrait, par des plissements du front, des pincements de lèvres. Il lâcha seulement une précision qui me sidéra :

— Heitor connaît très bien les gens de Lourdon.

L'allusion désignait clairement Virgile Francesco.

— Il a fait semblant d'être frappé. Il n'a pas été agressé.

Geoffrey confirmait les dires de Léna. Les coups qu'Heitor avaient reçus étaient destinés à accréditer l'idée qu'il était menacé, victime d'un tabassage en règle pour ses dénonciations. Selon Geoffrey, le Portugais avait surtout dissimulé à Intégrité Sans Frontières les agissements du clan de Lourdon. Avait-il été payé par les hommes de Virgile Francesco ? Pour Geoffrey, il n'y avait aucun doute. Heitor agissait en service commandé, il retenait les dossiers, sous-évaluait les informations liées aux uns ou aux autres et surtout à l'usine d'alumine.

— Ce type est une raclure de premier plan, il est prêt à tout pour arriver à ses fins, lesquelles je ne sais pas, mais une chose est certaine, il vendrait père et mère. Ça se sent, et crois-moi, dans la famille, on est experts en la matière.

Geoffrey commençait à être ivre. Ces deux heures de discussion m'avaient épuisé comme si j'avais dû nager en eaux froides ou plonger dans la baie à l'entraînement l'hiver. Je ressentais profondément sa souffrance, une douleur intérieure née de cette famille de fous, où tout était caché et en même temps exposé au grand jour, comme si l'ostentatoire était un moyen d'exorciser le mal.

Il fallait sûrement beaucoup d'énergie pour résister à ces vagues insistantes, et tout simplement pour porter le nom maudit d'Ughetto, malgré l'impunité ou à cause d'elle. Léna, pour prix du sacerdoce, s'était investie dans le droit puis l'humanitaire, l'engagement messianique à dénoncer certains travers de la Côte, sans aller jusqu'au bout néanmoins. Son frère Geoffrey, lui, noyait sa peine dans le sport, les femmes et le whisky. C'était une autre rédemption et une manière d'effacer les traces.

Je regagnai la gare d'Orgens à pied puis attrapai l'un des trains de la Côte pour P., une ligne moins fréquentée l'hiver qu'en saison mais qui servait aux employés et aux ouvriers. Le wagon était surchauffé et sentait la sueur. Une succession de petites villes et de quartiers cossus se déployait le long du littoral, qui masquait l'arrière du décor, les réservoirs à main-d'œuvre, banlieues et cités-dortoirs, de la région. De temps à autre, entre deux immeubles, on distinguait la façade d'une maison de jeu, d'un casino ou d'un grand hôtel, et me revenaient alors en mémoire le canevas des manœuvres du blanchiment, les astuces de la corruption et ses pratiques sournoises, dont l'un des pires maux était que l'on finissait par s'habituer à elles, à l'instar des choses qui durent.

CHAPITRE 55

La Côte alignait ses succès et ses déboires, hôtels de luxe, casinos, quartiers pauvres en arrière-cour, affiches électorales à la gloire de Virgile Francesco, et les passagers du train semblaient s'en accommoder. Le décor était balisé, et ce mélange était visiblement jugé anodin.

Je somnolais et reprenais mes esprits puis replongeais dans un demi-sommeil, épuisé par la conversation de l'après-midi. Ma sympathie pour Geoffrey en était sortie renforcée. Je le considérais comme un frère et il le savait, lui qui disait que nous nous ressemblions, au-delà de nos surveillances de baigneurs plus ou moins en perdition, au-delà de nos rapports conflictuels avec nos pères respectifs. Geoffrey m'avait accordé toute sa confiance en se livrant et il n'avait pas eu besoin de me demander de me taire, le seul fait d'avouer ce qu'il avait sur le cœur m'avait suffi à comprendre qu'un pacte nous liait.

Léna était encore plus présente dans mes pensées, par ce que son frère en avait dit entre les lignes mais aussi par les révélations sur leur père. Elle m'avait menti, au moins par omission, et je lui pardonnais déjà, car l'amour pardonne tout, enfin presque tout. Elle avait joué sur les mots, elle continuait de jouer sur les mots, et toute la famille Ughetto me donnait cette impression, de masquer la vérité dans des tournures de phrases, des approximations. Je ne pouvais lui en vouloir, elle était la fille de son père et je l'aimais.

Le jour commençait à décliner et la mer devenait grise, couronnée de crêtes d'écume versatiles, éphémères auréoles se découpant dans le noir du ciel qui servaient de contrepoint aux fonds abîmés, qui noyaient ses fondations salies, polluées, à quelques encablures de la canalisation maudite de l'usine d'alumine et de ses monstres, les gorgones rouges. De l'autre côté, on apercevait les contreforts de l'arrière-pays, les montagnes plus ou moins magiques de Titin le père adopté, leurs sommets déjà enneigés qui renvoyaient à la blancheur des vagues, autres traces d'écume qui paraissaient tout autant en colère.

*

J'eus une étrange sensation en regagnant l'appartement. J'assistais au spectacle de la lente déchéance de notre amour et ne voulais me résigner pour autant, même si la fuite en avant représentait, une fois encore, l'unique voie. Je ne pouvais abandonner notre vie commune malgré une envie de remonter vers les hauteurs, un besoin irrépressible de tout quitter. Léna avait voulu dénoncer le ballet de la corruption sur la Côte, la sarabande hypocrite de la concussion, et voilà qu'elle était devenue, qu'elle le voulût ou non, un rouage dans l'engrenage de ce fléau. Je la trouvais cependant trop fine pour avoir pu ignorer ce travers dès le début. Ce que j'avais pris pour de la candeur aux prémices de notre relation, dès notre rencontre à Tozza, se muait en parfait cynisme. Malgré mes protestations intérieures, il était vain de croire à une somme d'erreurs puis à une rédemption. L'amour souvent nous protège du cynisme en érigeant une barrière de bonté qui peut confiner à l'aveuglement.

Lorsque je rejoignis Léna, elle était en train de se servir un verre de whisky, un geste que je ne lui connaissais pas, à croire que son frère lui avait téléphoné.

— Tu ne m'as pas tout dit sur ce qui se tramait autour de l'usine, le blanchiment, tous ces gens qui ont été payés pour se taire.

Je tentai la colère. Si elle était fondée, elle n'était pas bien jouée. Je forçai le trait, haussai le ton. Léna savait que cela sonnait faux, non pas que je sois incapable de me fâcher mais parce que je l'avais dans la peau. L'amour allume en même temps qu'il éteint les courroux.

— Tu ne m'as pas tout dit parce que ton association était impliquée !

Je tentai le tout pour le tout. Il m'était difficile de citer à nouveau le rôle de Raymond Ughetto et de remuer le couteau dans la plaie.

Léna demeura impassible. Depuis plusieurs jours, plus rien ne paraissait la faire sortir de ses gonds. Elle resta insensible à mes emportements.

— Et pourquoi devrais-je tout te dire ? On n'a pas passé de contrat, il me semble !

— Mais parce que je t'ai aidée ! Et parce que j'y croyais, à ton combat.

Elle marqua le coup, s'assit à la table de la terrasse sur laquelle soufflait une douce brise.

— Je ne pouvais pas tout te dire… Il y avait beaucoup trop de secrets.

— Tu as surtout voulu protéger certaines personnes.

Léna releva la tête, cette fois plutôt furieuse, et je poursuivis, comme ragaillardi par son attitude. Je ne supportais plus son silence.

— Tu as voulu protéger des gens peu recommandables, des arnaqueurs, des petits escrocs au service de la grande mafia, la mafia légale, celle qui sévit par ici, la clique des politiques, c'est toi-même qui les appelles ainsi.

— Non, je n'ai voulu protéger personne, et surtout pas celui que tu crois ! Il s'enfoncera tout seul !

— Il est déjà enfoncé, jusqu'au cou.

Elle releva la tête, les yeux écarquillés.

— Aie au moins du respect pour mon père.

— Je ne parle pas de ton père. Je parle d'Heitor !

La tension retomba aussitôt. Elle se recroquevilla sur elle-même.

— Oui, Heitor… bien sûr… Tu as raison…

Léna avait beau dire que nous n'avions pas passé de contrat, un pacte tacite nous liait désormais, un pacte de faits, d'accusations, le fruit de ses enquêtes, de mes rencontres aussi, de Marco à Brian en passant par Berta Bertolucci, et désormais Geoffrey. J'étais devenu malgré moi le témoin de maints agissements sur la Côte, et même, me disais-je, dans l'arrière-pays, avec les fêtes du docteur Petru. Léna fut soulagée, je visais Heitor et non son père, l'honneur de la famille était sauf. Je m'étais toujours méfié de cette volonté de faire le bien que proclamaient les membres d'Intégrité Sans Frontières, comme s'ils étaient détenteurs de la raison, porteurs de la juste cause. La tentation de la bonté est souvent dangereuse, avant d'être généreuse. J'étais certain que Léna, portée plutôt vers la compassion, pensait la même chose mais qu'elle préférait taire ses atermoiements pour une obscure motivation qui n'était pas celle de protéger son père, pour une fois.

— Oui, Heitor est une pourriture, il s'est servi de nous. Mais on n'a pas eu le choix.

— Bien sûr que si, vous aviez le choix ! On a toujours le choix.

— Je me faisais virer de l'association, Jo !

Je me sentais pour une fois maître de la situation. Si je ne souhaitais pas en abuser, je voulais en profiter pour sauver ce qui pouvait l'être encore : secouer Léna pour la sortir de sa torpeur.

— Heitor était véreux et en même temps il nous a apporté beaucoup d'informations, et sa caution d'océanographe.

— Arrête de le défendre, Léna ! Ses informations étaient bidon. Quant à la caution scientifique, à quoi ça sert si tout est faux.

— On a rapporté beaucoup d'argent grâce à tout ça, de quoi faire vivre l'association, de quoi la développer à Paris, Berlin et New York.

Je levai les bras au ciel. Je ne devais pas être très bon comédien.

— On y arrive ! L'argent, l'argent ! Au final, c'était vraiment ce qui vous motivait tous !

Léna se raidit. Elle était étonnée de mes remarques et je pouvais aller plus loin, conscient d'avoir déjà franchi plusieurs fois les limites qu'elle avait définies et que je connaissais par cœur. Sa beauté me troublait toujours autant, rehaussée par une tristesse inconsolable. Pour une fois, elle n'en jouait pas. Elle me désarmait encore et je ne pouvais tenir plus longtemps mon rôle de provocateur. Nous mettions tous les deux sans nous en rendre compte des barrières à la douleur du déchirement. Je savais que la guerre commençait aussi de cette manière, au creux du lit. Nous connaissions les périls de cette violence, la violence des origines, et nous l'évitions soigneusement.

— Et toi aussi, tu es payé pour faire le bien !

Sa réplique fit mouche, comme d'habitude.

— Oui, tu es payé pour aller te taper du noyé volontaire à deux pas de la plage, pour remorquer des voiliers de milliardaires à la dérive avec des nuls à la barre, à croire qu'ils le font exprès. Alors pourquoi nous, on ne serait pas payés, hein ? C'est parce qu'on travaille pour l'humanitaire ?

Elle n'avait pas tort. J'étais payé et plutôt bien pour m'occuper des touristes nantis de la Côte, pour les rassurer quant à leur avenir immédiat après un repas bien arrosé, dommages collatéraux de la restauration haut de gamme : hydrocution, choc cardiaque, accident de ski nautique, chute dans les escaliers menant à la plage. On nous appelait les anges gardiens de la baie, je préférais l'expression de « réparateurs des angoisses des nantis ». En un an, on pouvait espérer un maigre bilan, deux ou trois hurluberlus sauvés des eaux, mais aussi un bon rendement commercial en rassurant quatre millions de personnes. « Venez vous baigner, la bonté est là, la générosité de nos sauveteurs vous tirera de tous les mauvais pas. Venez vous baigner et dépenser beaucoup d'argent, venez caracoler et fanfaronner en toute sécurité, vous êtes sous bonne garde. »

Je n'avais aucune envie d'entrer dans une discussion sur le pourquoi et le comment de l'action d'ISF, sur ses errements, sur ses illusions aussi, tant le combat à mener était immense et les résultats escomptés dérisoires. J'avais réussi l'essentiel, tirer Léna de sa léthargie, une quasi-prostration, œuvre de son épuisant travail sur ses dossiers pendant des mois et résultat sans doute de l'implication de son père dans plusieurs d'entre eux, ainsi que de sa volonté à le dénoncer, tout en retenue. J'avais certes envie de sauver notre amour mais surtout le désir de la sortir de l'ornière dans laquelle l'histoire de sa famille l'avait plongée. Son enquête n'avait fait que l'enfoncer un peu plus dans les travers du clan.

Léna était soulagée du fait que je n'accuse pas cette fois son père. Tous les maux de la terre reposaient désormais sur les épaules d'Heitor, responsable des dérives d'ISF. Elle ne pouvait se battre sur tous les fronts.

— Oui, il a cherché à s'enrichir, et à mon avis ce n'est pas fini. Mais qu'est-ce qu'on peut y faire, à part dissoudre notre ONG ? Ce serait se tirer une balle dans le pied. Ce serait tout foutre en l'air, après tant d'années de vie commune. Ce serait comme… comme…

Dis-le, dis-le que nous avons mis notre vie commune en l'air, que tout s'est cassé la figure, non pas sur un coup de tête, non pas sur une tromperie, mais dans une lente plongée vers les fonds, et tu sais que cela m'anéantit et tu sais que tu n'y peux rien.

Léna s'arrêta net, consciente de s'être déplacée sur un terrain douloureux pour nous deux, qu'il ne fallait pas évoquer en ma présence une quelconque vie commune, fût-ce métaphorique.

— Tu ne m'as pas tout dit, Léna, sur les autres, sur ceux qui gravitent autour de ces affaires.

Je tenais le rôle à la fois d'un confident et d'un chef d'orchestre, donnant de la partition où bon lui semblait.

— Je ne te parlerai pas de mon père ni de Geoffrey.

— Parle-moi des autres.

— Heitor… il est à la solde du maire de Lourdon.

— On pouvait s'en douter.

— Je ne veux pas qu'on le dénonce, Jo.

— Mais… de quoi veux-tu qu'on l'accuse ?

J'espérai qu'elle cracherait enfin le morceau. Elle esquissa un sourire énigmatique puis se rembrunit, comme à son habitude, comme lorsqu'elle retombait dans des ténèbres insondables, des abysses plus profonds que le mitan de la rade.

— Tu le sais bien. Des choses qui se sont passées il y a longtemps…

Elle se leva de la chaise, me demanda de l'attendre au prétexte qu'elle voulait se couvrir et revint quelques instants plus tard sur la terrasse. J'entendis le feu crépiter dans la cheminée. Je m'aperçus bien vite que des dossiers y brûlaient… *Qu'as-tu fait ? Qu'est-ce que tu veux me cacher ?*

— Je préfère me débarrasser de certains dossiers, dit-elle en regardant la ligne des toits de tuiles rondes devant nous qui s'étendait jusqu'à la mer en une lancinante ondulation ocre.

Je ne pouvais que respecter ses choix, et elle le savait. Elle savait aussi que je ne lui demanderais pas ce que contenaient ces dossiers, résumés des enquêtes d'ISF, preuves de ses investigations ou secrets de famille. Je sentais aussi qu'elle souhaitait se confier, comme si elle devait se débarrasser d'un énorme fardeau.

— Tu devrais parler à Marco.

Sa remarque me glaça le sang. *Pourquoi évoques-tu Marco ? Que sais-tu de lui ?*

— Tu devrais lui parler, il a gardé beaucoup de choses pour lui.

— Comme toi, sans doute.

Elle ne prit pas ma réponse pour une remarque désagréable. Je ne pouvais que poursuivre dans mon rôle d'aiguillon. J'avais de nouveau peur de la perdre, je craignais qu'elle ne sauve la face par une autre fuite en avant, tout aussi folle.

— Je ne pense pas que Marco en sache beaucoup.

— Détrompe-toi.

Son aplomb me désarma. Elle avait soudainement retrouvé sa vivacité sur un terrain que je redoutais, celui de mes amitiés.

Elle s'assit à côté de moi sur le canapé tandis que feuilles de papier et cartons achevaient de se consumer dans la cheminée.

— Il a une partie des cartes en main. Il connaît beaucoup de monde.

— Merci, je le savais déjà. Je ne vois pas comment il pourrait être impliqué dans les affaires.

— Je ne dis pas qu'il est impliqué, je dis juste qu'il sait beaucoup de choses, sur les réseaux, les connexions, le blanchiment. Et même sur le scandale des boues rouges. Il a surtout des contacts avec une femme du Rocher, que tu as sûrement croisée à l'Hôtel du Cap. Il faut que tu le voies. Je ne l'accuse de rien mais il pourra te raconter beaucoup de choses. Sur certains de mes dossiers et sur les enquêtes d'ISF, il en sait autant, voire plus que nous.

Était-ce Marco qui avait envoyé les données sur l'usine des boues rouges à ISF ? Il ne me semblait pas avoir le bras assez long mais avec lui, son intelligence, son réseau, rien n'était impossible. Léna le connaissait assez pour le jauger.

— Il en sait beaucoup parce que c'est un homme de main. Il a travaillé comme toi pour le docteur Petru, au hameau de La Taglia. Pose-toi la question : où est le point commun ?

Il y en avait un certain nombre. Léna avait raison, Marco avait été sur tous les fronts.

— Tu ne peux pas accuser mon ami d'enfance de tous les maux. Il n'a rien à voir avec les boues rouges.

— Ton ami est fin et brillant. Il a flairé des affaires, il a profité aussi de cette saloperie de climat ambiant sur la Côte, de la corruption. Et peut-être qu'il n'a pas eu tort.

— C'est toi qui dis ça ?

— Marco a dû finir par s'y faire. Mais je ne crois pas, tout comme toi, qu'il soit véreux. S'il y a une piste à suivre, c'est celle de Petru. Et Marco peut t'aider à y voir clair.

— Mais… je ne cherche pas forcément à y voir plus clair ! Je ne suis pas membre d'ISF. Ce n'est pas moi qui ai voulu dénoncer tout ça !

— Je ne parle pas de l'usine d'alumine et du scandale des boues rouges, Jo, je parle de la mort de ton autre ami, Guillaume Lacoste.

Je marquai le coup, m'affalai sur le canapé. Elle avait désormais la main. Elle s'assit à côté de moi, sereine pour une fois, et se mit à parler posément, à déclamer un texte qui semblait soigneusement préparé.

— Bien sûr que tout est lié, Jo. Qu'est-ce que tu crois ? Entre ton arrière-pays et la Côte, *ma* Côte, comme tu dis lorsque tu hausses le ton, des milliers de fils se sont tissés. Ce sont de petits fiefs et rien n'est dû au hasard. Je ne dis pas que Marco est un truand, un salopard, je dis simplement qu'il est au courant de quelques tractations et qu'il a voulu rendre lui-même justice.

Justice de quoi ? Pourquoi me dis-tu ça ? Saurais-tu ce qu'il s'est passé en montagne ?

— Il n'était pas aux ordres de Petru, lui, contrairement à Albert-les-Bretelles, dont tu m'as si souvent parlé. J'ai bien remarqué que sa pendaison t'avait frappé, tu n'as pas parlé pendant deux jours, et je crois que sa mort finalement ne t'a pas perturbé. Mais au fond de toi, tu sais qu'on l'a forcé à se pendre, qu'on lui a tendu la corde ou qu'on a poussé le tabouret. J'ai été peinée que tu ne m'en parles pas.

Oui, c'était vrai, je ne lui avais rien dit. J'avais gardé mes suspicions, incapable de les formuler, par peur aussi de me tromper et surtout pour ne pas l'accabler davantage.

— Il faut que tu ailles voir Marco. Je pense qu'il te dira des choses, à toi, qu'il ne peut confier à personne d'autre.

Je voyais mal comment la mort de Guillaume Lacoste dix ans plus tôt et les scandales sur lesquels enquêtait Intégrité Sans Frontières étaient liés mais je compris que Léna était sincère, elle livrait là son vrai combat, débarrassé de toutes ses contingences, d'abord familiales, les ignominies de Raymond Ughetto qui restait malgré vents et marées son père, les combines du maire de Lourdon, la prévarication des responsables du parc national, le blanchiment par la pieuvre du Rocher et bien d'autres choses encore. Elle livrait sans doute aussi son ultime combat, soit parce qu'elle était à bout soit parce qu'elle voulait passer le flambeau, et le flambeau, c'était Marco, c'était moi, c'était Guillaume Lacoste, tombé dans une crevasse, tombé au champ d'honneur d'une autre bataille, que j'ignorais encore pour l'instant.

Léna inversait les rôles : maintenant, c'était elle et non moi qui prenait les rênes, c'était elle qui me montrait la route et non plus moi qui la mettais sur la piste.

IV

La vallée

CHAPITRE 56

Je rejoignis Marco le surlendemain, après une vacation de nuit au port, permanence qui m'octroyait un jour et demi de repos, jusqu'au mercredi. Il m'attendait à la gare de Brandasque dans sa Porsche, en fait un nouveau modèle, plus puissant, plus cher. « Ce sera la dernière, m'assura-t-il. Tu comprends, j'en ai un peu marre de ce côté m'as-tu-vu. »

Marco voulait m'emmener sur une voie qui n'était pas *a priori* la plus difficile de la vallée, la face du Mérou, mais qui comportait un aplomb de plusieurs dizaines de mètres, guère aisé à passer en solo. Oui, Marco voulait me parler, je le connaissais assez pour le pressentir, et il ne s'en cachait pas. « Viens, on monte dans la Brandasque, ça me ferait plaisir, ça fait longtemps qu'on n'a pas crapahuté. On va se faire une petite voie dans la journée. Tu te rappelles la voie "Macaroni al dente" que j'ai ouverte un jour, eh bien, c'est la même chose en un peu plus dur, mais on va y aller doucement, en technique, et après on redescendra tranquille. »

Il avait insisté à plusieurs reprises et j'avais eu cette crainte qui me hantait depuis des lustres : chuter, tomber dans le vide, rater la corde, regarder ma vie défiler en quelques dixièmes de seconde, me souvenir de la fin de Guillaume et voir, en haut, avant de m'écraser, la figure souriante d'un premier de cordée qui pouvait bien être Marco.

Je n'ai jamais su pourquoi je gardais en moi depuis si longtemps le souvenir imaginé du corps de Guillaume sombrant dans le néant, dans une crevasse d'éternité, sans doute par culpabilité, par admiration aussi pour ce grimpeur de l'impossible. Il me hantait et voilà qu'un autre cauchemar me poursuivait, sans doute moins grave mais que je prenais au sérieux. Marco avait-il senti que je ne lui faisais plus confiance ? J'étais tellement tenté, d'un autre côté, par la demande de Léna, écouter Marco, répondre à son invitation. Elle détenait les clés ou une partie des clés, certes, mais je me demandais aussi si les deux n'étaient pas de mèche. D'horribles sentiments me tenaillaient, malgré mon amour pour l'une et mon amitié pour l'autre, ou en raison des deux. Quel mystérieux trio formions-nous ? Je soupçonnais même Léna et Marco de se voir à mon insu. J'avais parfois l'impression d'avoir été ensorcelé, mon corps pollué, tant par les boues rouges que par les affaires de la Côte.

Marco portait une casquette rouge. « Si tu me perds dans le brouillard, tu la verras, Jo. Tu n'auras même pas besoin de crier. » *Pourquoi dis-tu ça ? Il n'y a pas le moindre début de brume à l'horizon.* Il portait un pantalon d'escalade dernier cri, des chaussons presque neufs. Il fallait une longue marche d'approche avant de se retrouver au pied de la voie, à deux mille mètres d'altitude, sur l'est de la vallée. La face, en partie équipée, était relativement propre, bien que peu fréquentée. Je ne me sentais pas vraiment capable de passer en tête mais, au bout d'une heure d'ascension, j'imposai ce choix à Marco, qui n'en fut que peu surpris, et on mit nos casques. Être en tête de cordée n'était pas franchement une solution, car Marco pouvait tirer à tout moment sur la corde pour me déséquilibrer s'il en avait envie. Je l'obligeai à sortir de la voie en prenant sur la droite, une version plus légère de l'ascension, par une succession de ressauts et de cheminées. Cette variante était plus sûre, moins exposée aux chutes de pierres, avec une roche propre et dure. Étrangement, je trouvais Marco moins alerte que d'habitude, peut-être alourdi de quatre ou cinq kilos. Je progressais plus vite que lui et prenais du temps pour bien l'assurer et poser les relais. Je le vis à deux ou trois reprises lever la tête vers moi. Craignait-il à son tour de disparaître dans l'air frais de la vallée, de rebondir sur les plaques de granit en contrebas, de jouer à la marionnette dans l'atmosphère ? Mes peurs, elles, étaient désormais apaisées, en raison sans doute de ce transfert. Peut-être que ses traits anxieux n'étaient-ils que le résultat de la fatigue. Peut-être étaient-ils aussi le fruit de mon imagination, cette propension à inventer qui me jouait des tours.

— Regarde, on voit Tozza !

Oui, on pouvait discerner mon hameau perdu de l'endroit où nous nous hissions, sur les pitons et prises. Une vire nous accueillit pour quelques instants de repos. Je redoutai ce moment car Marco se trouvait désormais à mes côtés, je craignais toujours une glissade, un mauvais coup, un geste de sa part. La confiance s'était rompue et cela devait se remarquer, c'est même la première chose que l'on remarque en grimpant, cela fait partie de l'assurance sur la vie que nous signons au pied du mur. Je m'accrochai en toute discrétion sur la plaque rocheuse, assez étroite mais suffisante pour s'arrimer, mes doigts se crispèrent dans une faille, mes phalanges se coincèrent presque.

— Ça va, Jo ?

Oui, ça va, tout va bien, ce que je vois c'est non seulement Tozza mais aussi, au loin, le massif du Mérache et sa face neigeuse cachant le glacier, la sépulture de Guillaume durant des années, enfoui dans sa crevasse.

— On repart, Marco. Il va commencer à faire froid.

— Je passe en premier.

— Tu es sûr ?

Son ton était soudainement autoritaire et je ne pus m'y opposer. J'y vis une nouvelle menace. J'avais honte de mes craintes. J'ajustai mon casque.

La roche devenait dégagée et notre allure était plutôt bonne. Marco avait retrouvé sa souplesse au bout d'une heure. Il se hissait parfois sur quelques doigts, se rétablissait. À un moment, alors que je cherchais à changer de main sur une prise, je fus en délicate position. Je relevai la tête, eus envie de crier « sec » pour que Marco m'assure un peu plus, voire me hisse. Il avait déjà effectué la manœuvre de lui-même et je me dis que mes craintes relevaient d'une peur irrationnelle qui grandissait avec l'altitude et avec la vue sur le massif du Mérache.

Marco atteignit le sommet de la voie un peu fatigué. La lumière crue du printemps magnifiait les cimes au loin, les pics enneigés. Les crêtes violettes plongeaient dans le néant. Il sortit quelques provisions et moi le Thermos de thé. Nous n'étions pas loin du vide et, par instinct, j'avais calé mes deux pieds sur un repli rocheux afin d'éviter tout effet de surprise. Le vallon de Maragne, où l'on avait retrouvé le corps pendu d'Albert-les-Bretelles, se situait juste derrière la rangée de crêtes d'en face.

Je me souvins alors d'un constat, que j'avais vérifié sur une carte d'état-major. Tozza, le glacier qui avait englouti le corps de Guillaume et le vallon où Albert s'était pendu formaient un parfait triangle, comme si quelqu'un avait voulu réunir les trois points, lier trois symboles, trois noms dont le mien, à moins que ce ne fût celui de Petru, le propriétaire de la ferme modèle de Tozza.

— Beau spectacle, non ? Et dire que Maragne est juste derrière cette ligne de sommets… Un bled abandonné où plus personne ne va, accroché à une paroi de montagne.

Marco lisait dans mes pensées. Que désirait-il signifier par là ? C'était lui qui avait voulu m'emmener sur ces hauteurs, loin de notre Dent du Chat, lui qui avait voulu me parler. Et pourquoi Léna m'avait-elle incité à le rejoindre ? Par intuition, elle aussi ?

Je sentis une légère pression sur la corde d'assurance, dont j'avais opportunément défait la boucle. Marco avait tiré dessus. J'observai son jeu. Il avait juste appuyé son pied sur la corde de huit millimètres et j'éprouvai à nouveau une certaine peur. Marco sourit. Il parut s'apercevoir de mon trouble.

— Ne t'inquiète pas, on est bien calés ici.

Tu ne me dis pas tout, Marco, même si j'éprouve encore de l'amitié pour toi, en souvenir sans doute ce que nous avons vécu en bas.

Je pris mon courage à deux mains.

— Pourquoi tu l'as tué ?

Marco fut à peine surpris par ma question.

— Tu parles de qui ?

Il sourit à nouveau et je ne sus s'il exprimait ainsi sa part de candeur ou son machiavélisme caché, les deux se mélangeant assez bien chez lui, comme souvent chez les surdoués. Il se leva. Je réajustai mon baudrier, m'assurai avec la corde mais cette fois j'empêchai Marco de bouger.

— On ne quittera pas cette voie tant que tu ne m'auras pas dit la vérité !

Je crus détecter un geste de violence chez lui. Il n'en était rien. Il maîtrisait tout, et sans doute l'heure des confidences ainsi que le choix de l'endroit.

— Dis-moi pourquoi tu as tué Albert-les-Bretelles. Sinon on reste ici !

Marco parut presque soulagé que je mentionne ce nom et pas un autre, attitude qui ne fit que m'intriguer. Il ne voyait nulle menace dans mes propos. J'étais aussi vulnérable que lui. Nous étions deux funambules sur un fil, liés au sort de l'autre. Il montra la barre rocheuse en face.

— Il est mort là-bas, à Maragne. Un hameau perdu.

— Ça va, ça, je le sais.

— Il m'a vu arriver dans le vallon, et je crois qu'il a deviné tout de suite.

Marco s'assit. Il m'avait fait venir jusqu'à cette paroi pour se confier, à quelques encablures du lieu du délit, me raconter ce qu'il avait sur le cœur. Oui, nous étions sur le même fil et je pressentais que j'allais être lié par le sceau du secret.

— Albert-les-Bretelles avait quelque chose de grave à se reprocher, ça se remarque dans les yeux, ça ne se discute pas. Il a compris que je ne lui avais pas donné rendez-vous pour parler des terres de Petru mais pour lui faire payer ses crimes.

Nous avions encore trois heures de luminosité et Marco accéléra le débit de son récit.

— Albert-les-Bretelles s'est approché de moi. Je lui ai donné un coup de poing en pleine gueule et il s'est laissé faire, ce qui m'a étonné vu la force et le caractère de ce salopard. Il allait au casse-pipe sans sourciller.

Je ne pouvais que confirmer la puissance de ce courtaud dont les colères atteignaient parfois la démence.

— Il a d'abord voulu réagir puis a baissé les bras. Il est vite tombé. J'ai frappé au plexus. Avec sa veste de montagne, ça n'a pas laissé de trace. Puis je l'ai monté sur un tabouret que j'avais dans la voiture, sous un arbre du hameau de Maragne. Tu sais que ce bled est déserté depuis longtemps, plus de vie, plus de berger, pire qu'à Tozza ou à La Taglia. Il a gémi, sonné. Je crois bien qu'il était conscient, qu'il se laissait faire, le chien. Je l'ai approché de la corde puis j'ai enlevé le tabouret. Ni vu ni connu. Il a expié ses fautes, et c'est bien ainsi.

Marco se garda bien d'indiquer la raison de sa vengeance. D'instinct, je la compris.

— Il est mort tout de suite, cet enfoiré d'Albert-les-Bretelles, lança Marco. Il n'a pas voulu reconnaître ses crimes.

— C'est lui qui a assassiné Guillaume ?

Il marqua un temps d'arrêt. Il était sonné par sa confession. L'air frais de la fin d'après-midi commençait à monter de la vallée, à la fois piquant et humide.

— Il l'a tué sur ordre. Guillaume Lacoste gênait, il gênait parce qu'il militait pour L'Autre Rocher. Rien à voir avec ces amateurs d'Intégrité Sans Frontières, excuse-moi mais c'est la vérité, des fils de bourgeois qui se préparent une carrière avec leur ONG. L'Autre Rocher, c'était du sérieux. Ils ont fait du bon boulot. Guillaume et ses compères menaçaient tout le système. Et ils préparaient d'autres actions spectaculaires.

J'écoutais Marco en me demandant pourquoi il voulait se livrer maintenant, si loin de la Côte, au-dessus de la vallée où nous avions grandi et fait les quatre cents coups, pourquoi il n'avait rien dit pendant tous ces mois où nous nous étions vus et revus à P. et ailleurs. Je ne pouvais détacher mes yeux de la barre de Maragne et plus loin, au nord-ouest, du massif du Mérache où avait péri Guillaume. Je me souvins des tracts qu'il avait lancés depuis la Dent du Chat.

— Guillaume voulait faire bouger les lignes. Il avait raison sur beaucoup de choses. On croit souvent que les grimpeurs ne sont pas capables de s'intéresser à ce qui se passe au niveau de la mer. On a tort. Guillaume, je l'ai connu avant toi. Chez Petru, non pas dans ton hameau perdu mais plus bas, à La Taglia, quand on travaillait l'été. C'est lui qui m'a appris à grimper, qui m'a sorti de mon trou. Il m'a redonné confiance, il m'a parlé de montagnes mais aussi de ce qui se passait sur la Côte. C'est grâce à lui que j'ai pu me lancer dans d'autres aventures.

— Oui, pour finir chez des courtiers sur le Rocher. Ce n'est peut-être pas ce qu'il aurait voulu…

— Je ne suis pas un militant, Jo. Guillaume, peut-être, et encore ! Il n'a jamais voulu faire carrière dans le monde associatif. Chacun sa voie. Je ne dis pas que j'ai voulu changer les choses de l'intérieur, non, ça ne me regarde pas tout ça, mais j'ai beaucoup appris, et j'ai eu envie de relancer l'ONG à laquelle appartenait Guillaume. Malheureusement, on nous a mis des bâtons dans les roues, et L'Autre Rocher a été accusé de recevoir de l'argent de l'étranger, ce qui n'était pas faux.

— Ce n'est pas un délit, en tout cas.

— Non, mais les gars de l'asso ont été salis par des insinuations et des rumeurs. J'ai fini par baisser les bras. Je leur ai fourni énormément d'infos, depuis la salle de jeu de l'hôtel puis la société de courtage.

Ainsi mes doutes étaient-ils fondés. Marco avait bien joué le rôle d'informateur, pour la bonne cause. Il voulait désormais se confesser et soulager sa conscience.

— Ça pourrait te coûter cher.

Il rit à nouveau et je le reconnaissais bien là, sa manière à lui de prendre des risques, en montagne ou sur la Côte, sur une paroi ou dans une salle de marché. Il n'avait pas froid aux yeux. Il ne craignait rien. Il me tendait aussi la main, il voulait que je lui accorde à nouveau ma confiance. Sans doute une virée à telle altitude n'était-elle pas le meilleur endroit pour cela.

— Me coûter cher ? Pas le moins du monde ! Personne n'est au courant, à part toi.

— Et Berta Bertolucci ?

Ma question le déstabilisa un peu. Il savait que je n'ignorais rien de leur relation.

— Elle est au centre de pas mal de choses mais elle reste intouchable. À cause de Virgile Francesco. En fait, c'est lui qui tire toutes les ficelles.

Marco regarda les nuages et expira profondément. Il reprit calmement :

— Guillaume dérangeait beaucoup de monde, dont Petru.

La mention de ce nom me laissa sans voix. Que venait faire le docteur Petru dans cette disparition ?

— Il a beaucoup de choses à se reprocher, lui aussi. Il a construit ses chalets dans le parc sans autorisation, avec l'aide de plusieurs de ses amis.

— Mais… on n'assassine pas quelqu'un pour ça ?

Mes muscles étaient tétanisés. Je m'inquiétais pour la suite du parcours, il nous faudrait atteindre deux ou trois relais avant d'arriver au sommet, par une voie qui comprenait quelques passages compliqués.

— Eh bien si ! On l'a fait assassiner, par l'entremise d'un salopard prêt à tout pour plaire au maître, et surtout pour ne pas retourner en prison. Petru a bien plus que des affaires de permis de construire sur le dos. Ça, ce n'est rien. Son entremise auprès des gros poissons pour le compte de Caltis, en revanche…

— L'usine des boues rouges…

— Eh oui ! C'est lui qui a fait le lien entre l'usine d'alumine, Virgile Francesco, Raymond Ughetto et… Berta.

Marco avait prononcé ce nom presque à regret, comme s'il avait voulu la protéger ou au contraire la faire plonger.

— Petru les a surtout aidés à blanchir. Ils se tiennent tous. Personne ne pourra jamais prouver qu'ils ont fait assassiner Guillaume, qu'ils l'ont balancé dans le vide. Le dossier, tu le sais bien, est déjà classé depuis longtemps.

— On peut le rouvrir !

— Il n'y a pas de preuve, Jo. C'est la loi du silence qui règne, jusque sur ces montagnes. Il serait peut-être temps que tu t'en rendes compte. Écoute, il n'y a aucun bruit, on n'entend pas même le torrent. Peut-être que si on allait un jour sur le versant du Mérache, on entendrait Guillaume Lacoste murmurer, on entendrait son chant, sa complainte. Il serait heureux de nous voir prendre la relève. Mort au champ d'honneur, trop tôt, comme d'habitude, à peine au début de son boulot. Pas de traces, pas de bruit, que du silence.

— On doit continuer ce qu'il a commencé.

— Beaucoup s'y sont cassé les dents. Même Léna. Ou alors elle a fermé les yeux.

Tu ne peux pas dire ça. Je faillis bondir mais je savais qu'il avait raison.

— Elle a pourtant essayé. Elle est tenue par son père, elle ne veut pas qu'il aille en prison. Elle aussi tombe sous la loi du secret.

— Et moi aussi, Jo. On n'a pas intérêt à rouvrir le dossier parce que c'est moi qui vais tomber sinon. On va savoir ce qu'il s'est passé à Maragne, que j'ai tué ce salopard d'Albert-les-Bretelles, et moi non plus, je n'ai pas envie d'aller en taule.

— Tu me fais donc une confiance aveugle…

— Je te devais la vérité, c'est tout. Guillaume était notre ami. Et personne ne saura jamais la vérité.

— C'est dommage pour la famille.

— Sa famille, elle sait à quoi s'en tenir. Un jour, on leur expliquera que Guillaume est parti pour une noble cause. Il a été vengé, et c'est le principal. Il a voulu changer tout ça. Il rêvait de balancer de nouveaux tracts depuis la Dent du Chat, et cette fois c'était du lourd, il donnait les noms. Il impliquait Petru, le maire de Lourdon, Raymond Ughetto. Personne n'aurait pu l'arrêter. Il expliquait aussi dans le tract les liens avec l'usine d'alumine.

— Mais… c'est impossible ! On ne parlait pas encore de l'affaire des boues rouges à l'époque.

— C'est vrai, personne n'en parlait, et la disparition de Guillaume a gelé ce scandale ambulant. Là, je dois dire, ils ont bien réussi leur coup.

Je me rappelai qu'Albert-les-Bretelles avait été un bon grimpeur. Je l'imaginai sans peine sur une face du Mérache, même au nord-est, au-dessus du glacier. Guillaume ne devait pas le connaître, il ne l'avait sûrement jamais croisé à La Taglia, ni à Tozza. Sur le carnet de notes retrouvé sur le glacier du Mérache, Guillaume évoquait un certain Jef Allavena. Je savais désormais de qui il s'agissait.

— Cet abruti a dû contacter Guillaume pour lui proposer une ascension. Il a dû lui promettre du fric ou je ne sais quoi. En tout cas, il avait pour ordre d'éliminer Guillaume.

— J'ai quand même du mal à croire que Guillaume gênait autant que ça. Pour quelques tracts !

— Tu te fous le doigt dans l'œil. Il faisait très peur à certains, dont Petru. Ils en avaient tous la trouille. Ces truands en costume de notables pensaient que les happenings et les opérations coups de poing de Guillaume allaient prendre de l'importance. Et ils n'avaient pas tort ! Connu dans le monde entier, Guillaume disposait de toutes les clés et pouvait rameuter la presse comme il le voulait. Mais surtout il avait compris comment Petru servait d'intermédiaire. Les réunions au chalet étaient destinées à mettre en relation les marlous de la Côte et les notables de l'arrière-pays. Pour ceux qui le souhaitaient, il y avait des filles. Petru tenait une partie de ce monde. On lui pardonnait ses frasques, on a fermé les yeux aussi sur ses permis de construire douteux en montagne. C'est ainsi que tout a commencé. On s'est servi de lui comme il s'est ensuite servi des autres.

— C'est énorme qu'il soit au cœur de tout ce dispositif.

— Il l'est et en même temps il n'est qu'un rouage. Petru a surtout permis aux gens de l'usine d'alumine de rencontrer certains des caïds de la politique de la Côte, dont Virgile Francesco, et bien sûr Raymond Ughetto.

J'observais la chaîne de montagnes au nord et le soleil qui tapait encore sur la barre de Maragne. À chaque fois que Marco prononçait le nom d'Ughetto, je ressentais un pincement au cœur, comme si Léna et son père étaient irrémédiablement associés dans une longue descente aux enfers.

— Guillaume a-t-il pu connaître Raymond Ughetto ?

— Non, je ne crois pas. Mais il a connu Berta Bertolucci.

Marco prononça ces mots à regret, comme s'il redoutait une liaison, ou du moins interprétai-je ainsi son hésitation. Quel secret unissait Marco à Berta ?

— Depuis la disparition de Guillaume, ou plutôt son meurtre, tout s'est accéléré. La corruption s'est généralisée, tout est devenu compliqué à détricoter, même le juge le plus honnête n'y reconnaîtrait pas ses petits. C'est un fatras incroyable. Il y a des services rendus, du blanchiment d'argent sale, de la prévarication, des abus de biens sociaux. Et tout le système se tient. Ça fait désormais partie de la vie normale. Ma boîte de courtage elle aussi y participe, à l'aise.

— Et tu prétends dénoncer le système…

— J'en vis, comme nous tous ! Ce qui ne veut pas dire fermer les yeux. Même Guillaume en profitait, finalement.

— Ça, ça m'étonnerait.

— Il avait des sponsors, des mécènes.

— Ils étaient propres sur eux, à ce que je sache !

— Pas tous. Bien longtemps avant mon embauche, ma société de courtage a multiplié les achats d'image, les mécénats de sportifs de haut niveau et chefs d'expéditions. Elle s'est intéressée à Guillaume, pour le récupérer bien sûr. La boîte devait assurer la connexion avec l'usine d'alumine, j'en mettrais ma main au feu. Mais Guillaume a disparu trop tôt. Dans tous les cas, certaines personnes et des entreprises sont mêlées à cet assassinat.

— Et c'est pourquoi tu as éliminé les traces.

Ma remarque surprit à nouveau Marco. Nous avions peu de temps désormais avant de nous remettre en route, c'était le moment ou jamais d'enfoncer le clou.

— Tu l'as vengé en faisant d'une pierre deux coups. Tu éliminais celui qui a tué ton ami de grimpe et tu envoyais un signal à certains, et même à certaines !

Marco ne chercha pas à esquiver. Comment le pouvait-il ? Cette ascension n'avait eu pour dessein que de livrer des aveux et soulager sa conscience. Lui et moi, nous n'avions d'autre choix que de nous faire confiance, en attente sur une vire ou encordés pour le meilleur et pour le pire, l'un et l'autre tour à tour en premier.

— En éliminant Albert-les-Bretelles, tu as dû rendre service en même temps.

Marco se raidit. Je prenais des risques car je ne pouvais prévoir ses réactions.

— Rien ne t'obligeait à l'amener à se pendre, si c'est la version que tu retiens.

Marco baissa la tête. Je le sentais rugir intérieurement, bien qu'il fût doué dans l'art de garder son calme.

— Si l'enquête penche pour le meurtre, on remontera la trace jusqu'à Petru. Tout le monde dans la vallée sait qu'Albert-les-Bretelles était l'homme à tout faire du docteur. On pensera qu'il en savait trop. Si l'enquête privilégie en revanche le suicide, on remontera là encore jusqu'à Petru, et ce sera l'occasion idéale pour décortiquer son système, ses rendez-vous soi-disant secrets, ses réunions de montagne où se retrouvait le gratin de la Côte.

— Je n'ai pas agi sur ordre, Jo. Pas cette fois…

Il en avait trop dit ou pas assez. Le vent commençait à souffler. Marco se leva.

— Allez, il faut repartir.

— Dis-moi la vérité, Marco. On ne peut pas en rester là. Tu me la dois.

Je me souvins alors du roman *Ascension* de Ludwig Hohl, le livre que Guillaume appréciait tant et qu'il m'avait offert lorsque j'étais berger à Tozza. L'histoire m'avait effrayé et tenu en haleine pendant longtemps. Le roman racontait la mort de deux alpinistes, l'un chutait d'un glacier, l'autre glissait bêtement dans un torrent, alors qu'il se croyait tiré d'affaire. Le duo n'avait pas fonctionné. Le premier traînait la patte et retardait l'expédition, sous le joug du péril, tandis que le second signait son arrêt de mort en décidant de partir seul de son côté.

Marco hésita puis reprit :

— Oui, j'avais des choses à me reprocher, mais je n'ai pas agi sur ordre. Je ne voulais pas que Guillaume soit donné en pâture aux corrompus. Ils l'ont traité comme un caillou sur une face à nettoyer. Guillaume n'a pas fini le travail. Je l'ai fait pour lui.

— Et les choses que tu as à te reprocher ?

— J'ai longtemps permis toutes ces opérations, du moins la partie en aval, c'est-à-dire... le blanchiment. Toutes ces transactions qui passent par quelques paradis fiscaux, les Bahamas, les îles Vierges, Jersey, le Liechtenstein, les Bermudes, et qui reviennent dare-dare, un jeu d'enfant. Je l'ai fait parce que ça m'a permis de comprendre et peut-être qu'un jour je reprendrai le flambeau de Guillaume. Voilà, Jo, je t'ai tout dit. Viens, il faut monter.

Tu es sûr que tu m'as tout dit ? Et Berta ? Et ta promotion soudaine ? Mais il avait raison, il fallait monter, il fallait que je fasse attention. Je pensais que cette confession allait me rassurer, que la confiance reviendrait, mais c'était encore pire qu'auparavant. Un homme m'avait avoué le meurtre d'un autre homme que je détestais tout comme lui, et j'étais le garant de ce secret. Je pouvais le dénoncer, en parler aux gendarmes de la Brandasque ou au commissariat de P., je pouvais l'expédier en prison, et peut-être que le bon docteur Petru, le sauveur des âmes perdues de la vallée, lui enverrait alors des oranges, de quoi payer aussi son avocat.

Oui, le bon docteur Petru qui nous avait donné notre chance et qui devait festoyer ce jour-là, soit en bas, dans la vallée, soit sur la Côte, avec ses amis-ennemis, les crapules qui le tenaient et que lui-même contrôlait. Toute cette toile était bien agencée. Un vernis d'oubli ou plutôt d'habituation avait déjà recouvert les affaires, les scandales, les disparitions. Quarante à cinquante mille personnes disparaissaient chaque année en France. Qui s'en souciait ? Des disparitions jugées inquiétantes pour une partie, normales pour d'autres, avec diverses raisons avancées par les enquêteurs, lorsqu'il y en a, arnaques à l'assurance, changements de vie, ras-le-bol, départs au bout du monde, une femme à rejoindre sous les tropiques, une affaire qui tourne mal. Alors pourquoi s'intéresser au sort de l'employé de ferme Albert-les-Bretelles, même s'il fut truand à ses heures, même s'il était toujours soupçonné de divers larcins ? La Côte et l'arrière-pays se nettoyaient par petites touches, on enlevait du tableau quelques personnages. Les caciques rectifiaient les photos de groupe comme le Politburo soviétique au temps de Staline, et la toile perdurait ainsi, elle se régénérait, elle se reproduisait. Et puis Marco rentrerait lui aussi dans le rang, son péché avoué et déjà à moitié pardonné, il continuerait son labeur sur d'autres tables de roulette, sur d'autres marchés des changes, et tout cela se ressemblait, le casino de l'hôtel et la finance internationale. Des millions de liens unissaient les différents piliers du système, les techniques du blanchiment s'amélioraient sans cesse, lequel se banalisait, et lorsqu'un paradis fiscal venait à résipiscence, lorsque la Suisse acceptait une enquête ou consentait à lever le secret bancaire, trois banques nouvelles se créaient par semaine pour ouvrir leurs coffres-forts virtuels à l'argent du blanchiment, et ce n'était même plus de l'argent sale, c'était de l'argent normal. J'imaginais les tracts de Guillaume, ses billets de Monopoly volant une nouvelle fois au-dessus de ces paradis fiscaux et de ces banques, de ces sociétés de courtage, j'imaginais Guillaume repartant à l'assaut du Rocher, de Lourdon et de P., inlassablement, comme un grimpeur qui s'entraînerait sur une paroi, il était assez obstiné pour ça.

Qui poursuivrait ses combats, qui s'exposerait aux menaces, aux chutes dans le vide, au néant ? Même Léna et ses collègues baissaient les bras. Et peut-être que la menace était plus insidieuse que cela encore. On pouvait s'habituer à ce bordel très organisé, on coupait les branches les plus pourries pour garder intact le tronc et les autres branches, et tout le monde récoltait sa part de fruits et de feuilles.

Oui, il fallait monter en haut de l'édifice pour s'en rendre compte et Marco le savait. Il avait grimpé les parois, saisi sa chance ou l'avait provoquée, pris la main tendue par Berta Bertolucci, sûrement aussi intelligente que lui, entre surdoués on se reconnaît. Et Marco le croupier était devenu Marco le tradeur, un agent du blanchiment parmi tant d'autres, par amour du risque, par amour du jeu, par amour des belles voitures ou par vengeance ou encore par amour tout court, nul ne le saura jamais, et sans doute pas lui-même, tant il jouait sur plusieurs tableaux à la fois, homme-orchestre de ses destinées forcément plurielles.

Marco me tendit la corde, me signifiant ainsi que je pouvais monter en premier. Il m'accordait sa confiance et il comprenait que je ne lui accorde pas la mienne. Cela peut paraître ridicule mais cette corde tendue voulait dire beaucoup de choses, que nous étions amis, même avec des craintes ou plutôt des réserves, que le scénario de la fin de Guillaume ne se reproduirait pas, puisque la messe était dite, et que le livre *Ascension* trouverait cette fois une issue heureuse.

CHAPITRE 57

Je montai en premier. La suite de la paroi était un peu plus tortueuse et je grimpai en tirant sur le coinceur. Marco suivait mais peinait plus que d'habitude. Il ne semblait pas au meilleur de sa forme et ce n'était pas du court terme, c'était du dur, du pérenne comme il disait. Je le sentais affaibli, de quoi, je ne savais pas, mais il était fatigué, sans doute de vivre, trop de tension, trop de destinées en une. Marco se laissait hisser de temps à autre, comme s'il attendait de l'aide. Je redoutais toujours un mauvais coup qui pourrait me faire chuter et rejoindre le bataillon des grimpeurs jetés dans le vide. Deux ou trois lignes dans la presse locale et un peu plus dans les revues d'alpinisme, *Vertical* et *Montagne & Alpinisme*, j'imaginais les titres : « Mort au paradis de la grimpe », « Il a glissé, attiré vers sa destinée, la mort en montagne », « Avant de mourir, il a découvert une voie, mais c'était un peu tard ». Guillaume m'avait dit un jour, lorsque son rival et ami américain Ron Basch n'avait pas survécu à une chute sur la paroi El Capitan dans le Yosemite, que penser à sa nécrologie vous dégoûtait de vivre. Pour épitaphe, je pouvais espérer au mieux une référence à la mort de Guillaume, duquel je n'arrivais pas à la cheville, mais au moins la presse nous mettrait-elle au même niveau, celui des disparitions soudaines. Marco ahanait et les hypothèses se bousculaient. Que se tramait-il dans la tête de l'enfant prodigue de la vallée, du fils d'artisan sculpteur devenu nanti, de l'alpiniste monté non en altitude mais en grade, promotion sur la voie la plus ardue de la société, celle de la corruption, du vice contrôlé, de l'arnaque quasi légalisée, de la finance illicite, de l'argent sale planétaire, on parlait de deux mille milliards de dollars. Pourquoi ne pas en profiter, avait dû se dire Marco, pourquoi se gêner, un peu plus un peu moins.

Je n'avais qu'une envie, c'était d'arriver vite au sommet par une voie que je ne connaissais pas, guidé par Marco, entre deux soupirs. « Tu auras une belle fissure pour le coinceur et ensuite une prise de seigneur, à gauche plus loin, vingt mètres, une cheminée », et j'acquiesçais, je cherchais les prises, je voulais gagner du temps sans trop me précipiter pour ne rien montrer de mes doutes, de mes craintes, cherchant à m'assurer au maximum, relais courts, pitonnage profond, mélancolie oubliée car la tristesse n'aide pas toujours.

Marco commit une ou deux erreurs qui n'étaient pas habituelles pour un grimpeur de son niveau, et une nouvelle fois j'hésitai à les attribuer à une malveillance de sa part. Il était usé par la densité de son existence, comme Jack London fut fatigué d'avoir embrassé des destinées multiples. Marco avait escaladé trop de voies dans la finance, s'était frotté à trop d'aspérités dans le monde du courtage et de la combine financière pour sortir indemne de son parcours fulgurant. Il nous restait un ou deux relais avant le sommet et je commençais à lui faire confiance. À moins que… Une autre idée me traversa l'esprit. Et si Marco, loin de vouloir attenter à mes jours, souhaitait attenter aux siens ? Et s'il voulait défaire le baudrier, se jeter dans le vide, en finir avec ses tourments, le poids de sa conscience ? Et moi qui resterais en vie, je serais accusé de son meurtre, ou d'une négligence, avec de fortes suspicions puisque mes connaissances, bonnes ou mauvaises, disparaissaient au fur et à mesure : Guillaume, Albert-les-Bretelles, Marco, et tout le monde savait dans la vallée que je ne m'entendais pas avec Albert, qu'on en était venus aux mains à Tozza, que j'avais failli l'expédier dans le vallon. Et je perdrais alors mon emploi de sauveteur en mer, de plongeur sous-marin au service des futurs noyés, de membre du Secours en mer qui ne secourait pas grand monde.

Je me retournai, craignant que Marco n'eût déjà enlevé son baudrier. Il était tête nue et s'était débarrassé de son casque.

— Mais tu es fou ? Remets ton casque ! On n'est pas sortis de la voie !

— Il est tombé, Jo !

Je n'en croyais rien, et Marco riait. Il riait d'un rire sonore qui rebondissait de versant en versant, il riait à en faire chuter les pierres, à en faire trembler la montagne et toutes les certitudes, même celle de l'amitié. Je me demandai alors si mon heure n'était pas venue, s'il n'avait pas choisi ce moment-là pour nous jeter ensemble hors du temps, pour une grimpe à l'envers, une descente vers l'opposé du sommet, pour un voyage d'éternité.

— Hisse-moi sur un mètre, je suis crevé.

L'appel de Marco tenait davantage de l'ordre que de la demande d'aide. À ce niveau de la paroi et à cette distance du relais, je risquais d'être déséquilibré et il avait dû le sentir. Je m'assurai doublement par une sangle déjà installée et réussis à tirer Marco, le temps qu'il se rétablisse sur une autre prise. Il restait vingt mètres, puis dix mètres… Je parvins au sommet en tremblant, à mon tour épuisé, davantage par la crainte que par la technicité de l'ascension. Marco s'extirpa de la voie, et je constatai qu'il paraissait étrangement plus frais qu'auparavant. À quel jeu s'était-il livré ?

— Si la voie n'avait pas déjà été ouverte, dit-il, on l'aurait baptisée la voie de l'amitié.

— Ou plutôt celle de la confession, rectifiai-je.

— Je suis content de t'avoir dit tout ça, tout à l'heure, de m'être confié. C'était un poids.

— Qui te dit que je vais garder le secret ?

Marco prit ma remarque très au sérieux.

— C'est entre tes mains. Pense à Guillaume.

Et à Léna, oui, je devais penser aussi à elle, empêcher que toute cette affaire l'emporte, elle et sa famille, le règlement de comptes, la mort de Guillaume, celle d'Albert-les-Bretelles. Je me dis que Guillaume, mort en montagne, disparu au fond d'une crevasse inconnue puis recraché par le glacier, était vengé, qu'il pouvait reposer en paix, que son combat serait reconnu un jour, qu'il aurait des héritiers.

Guillaume Lacoste nous avait doublement ouvert la voie, d'abord en montagne, avec son style, sa grâce, ses nouvelles techniques d'ange des cimes surnommé « le voltigeur des surplombs » ou « le grimpeur de l'absolu », puis sur le littoral avec sa manie de dénoncer les corruptions, de balancer des tracts, précurseur des associations contre ces fléaux et le blanchiment, dénonciateur du silence qui régnait sur la Côte.

Marco marchait en tête maintenant, sur le sentier raide qui permettait par un grand détour de revenir sur le haut plateau. Sa silhouette massive avait retrouvé sa souplesse et son agilité, sa manière de sauter de roche en roche, d'éviter les pierres bancales. Sans doute cachait-il bien son jeu, après m'avoir amené sur cette face uniquement pour se confesser, livrer à un ami sa part d'ombre, son omerta dans une réalité qui n'en était peut-être pas une, la vérité se noyant dans le brouillard des malversations, et nous quittions lentement le monde d'en haut, la montagne magique qui nous avait offert tant de rêves durant notre adolescence, nous quittions le mont rêvé pour revenir au pays des vivants, dans la vallée maudite, hantés par les plaies remontant de la Côte, tenus désormais par le sceau du secret.

Je regardais Marco descendre par le sentier, disparaître de temps à autre derrière un rocher, réapparaître lorsque je sortais à mon tour du raidillon, et nous aurions pu finir comme dans le livre de Ludwig Hohl, l'un fracassé sur les rochers, l'autre en contrebas, dans le lit d'un torrent paisible, loin de nos amours, loin de nos jouissances terrestres, morts par manque de confiance, par la crainte de l'autre, victimes d'un brouillard qui délitait les âmes à force de polluer les corps, le doute aux lèvres, l'amertume au creux de la main.

Je ressentis alors une fois de plus le besoin d'écrire cela un jour. Je m'installerais devant une table de travail, je dirais mes émotions face au destin, cette propension que nous avons à nous hisser vers les sommets puis à en redescendre, afin de transmettre à d'autres, d'en ramener la lumière, de donner à voir comme disait Éluard, donner à voir aux aveugles, aux bergers qui croient ne pas pouvoir descendre dans les vallées, même lorsque toutes les ampoules se sont éteintes, même lorsque l'amour se carapate, même lorsque l'on frôle la trahison en amitié. *Ascension* de Ludwig Hohl serait alors une désascension et les corps resteraient en vie et il n'y aurait pas de mort, pas de Guillaume jeté dans le vide, que des rédemptions, la redescente étant aussi une source d'inspiration, un retour vers les hommes, vers les hommes maudits et les hommes heureux, que la grande cuisine du monde mélangeait, dans un maelström que seuls l'amour et l'amitié permettaient de sauver, nous empêchant de basculer vers le désastre.

Le mien s'annonçait, inexorablement, le désastre d'une relation à l'agonie. Léna semblait vouloir s'affranchir de tout lien, de tout attachement. De jour en nuit, je tentais de toutes mes forces de renouer avec elle, je lui parlais longuement, l'écoutais, y compris dans ses digressions incohérentes et ses instants de folie ou de tristesse, comme si quelque chose s'était brisé en elle, comme si le sentiment n'avait plus prise, comme si l'amour avait été vaincu par un orage inconnu, des tempêtes levées du plus profond d'elle-même. Elle répondait d'une manière évasive, parfois avec agressivité, à croire que j'étais responsable de ses maux. Plus j'essayais de me rapprocher d'elle et plus je constatais que nous nous perdions. La femme qui était devant moi ne ressemblait plus à la Léna que j'avais connue dans l'arrière-pays.

Je devais écrire cela aussi, un jour plus ou moins proche.

Oui, j'écrirais un jour cela, je reviendrais alors dans le casoun de Tozza ou plutôt celui de Titin et je me souviendrais de comment tout a commencé, les livres de Cervantès, de Mann et de Goethe que je lisais à mes chèvres, et *Le Cantique des cantiques* aussi, je me souviendrais du fromage que je fabriquais, de tout ce qui était cristallisé dans ces concentrés de lait, de la folie des hommes, de la passion, du sauvetage des âmes à défaut des corps, et je me souviendrais des prémices d'un amour englouti.

CHAPITRE 58

Les aveux de Marco m'avaient troublé, tant pour les hommes qu'il impliquait, les acteurs du drame ou des drames, que pour la place qu'il m'accordait. J'étais désormais lié à lui comme dans une cordée, à la vie à la mort. J'étais son compagnon d'escalade ou de désescalade, de progression ou de chute.

La nuit, je me réveillais en pensant à ce pacte, le front en sueur, les mains moites, et me revenait en mémoire l'intrigue d'*Ascension*. De tout ce que j'avais pu découvrir dans la bibliothèque de la vallée puis lors de mon séjour dans le hameau de Tozza, de cette montagne de merveilles faite des livres de Cervantès, de Goethe et de Thomas Mann émergeait l'ouvrage de Ludwig Hohl où la réalité se dissolvait dans le rêve. Ce roman m'obsédait désormais. Les deux alpinistes étaient liés l'un à l'autre, dans leur destinée de survie puis funeste, et cela me renvoyait à Marco, à notre périple sur la paroi au-dessus de la vallée, le cœur dans le vide, le corps à l'accroche, les yeux fixés sur la ligne des crêtes du disparu, sur l'horizon du serment.

« Tu peux rester dans ma maison à Brandasque », m'avait dit Marco en redescendant avant de prendre sa Porsche pour rentrer vers le Rocher, où il voulait encore sévir quelques mois ou quelques années, jusqu'à ce qu'il soit épuisé, jusqu'à ce que la culpabilité qui le tenaillait depuis longtemps finisse par l'empêcher de vivre.

Sa maison donnait sur le torrent, en amont du village. Je connaissais par cœur son jardin en terrasse qui ouvrait sur une paroi de trente mètres de granit que nous avions souvent gravie, lorsque son père habitait encore la petite propriété et qu'il sculptait le bois d'olivier dans la grange transformée en atelier. Le petit salon sentait l'humidité, la chambre du haut présentait des signes de moisissure, et les deux volets en bois donnant sur la rivière à trente mètres en contrebas étaient vermoulus, ils menaçaient de se décrocher à chaque coup de vent. Les tuiles d'ardoise étaient déplacées et certaines devaient laisser passer la pluie. Le jardin aimait la friche, envahi par les mauvaises herbes. Je remarquai des figuiers chétifs, au tronc jauni, sans doute gagnés par les parasites.

Dans la chambre de Marco, des objets en bois me rappelaient notre enfance, lorsqu'il m'offrait des cadeaux de son sculpteur de père, ronds de serviettes à mes initiales et plateau en bois d'olivier alors que je n'avais ni serviette ni fromage. Malgré ses lézardes et le froid qui y pénétrait, j'aimais cette maison entre torrent et parois noires, presque verticales, qui la privaient de soleil dès le début de l'après-midi. Je décidai d'y rester quelques jours, et peut-être plus. À quoi bon insister auprès de Léna ? Après tout, c'était pour elle que je m'étais installé sur le littoral. Je voyais bien que tenter de renouer les liens du passé ne contribuait qu'à les distendre. Je l'appelai une dernière fois pour en avoir le cœur net. Je ne récoltai qu'une morne indifférence, un nouveau constat d'échec. Elle semblait n'éprouver aucune peine. Je ne pouvais m'appesantir davantage sur un amour fantôme, sur une déliquescence du sentiment que ne ravivaient même plus les souvenirs. Plus rien ne me rattachait à la Côte. Autant revenir sur mes terres, le temps de panser quelques plaies.

J'allais une nouvelle fois changer de vie, changer de peau, loin des miasmes de la Côte. Je téléphonerais au

Secours en mer, me ferais porter pâle, ce qui était acceptable en fin de saison, et je leur dirais que je les quitterais bientôt, que je fuirais ce port qui n'était pas de plaisance mais de toutes les engeances.

*

Je retournai dans la vallée des origines, ou du peu qu'il me restait, pour tenter d'oublier l'amour et cette Côte qui dansait sur un volcan. Je croiserais sûrement le Père-la-Goutte au buffet de la gare ou dans la rue principale de Village. Je verrais sans doute le fantôme de ma mère accroché à la montagne du nord, vers la frontière, en songeant qu'elle était mieux là-bas, par-delà les crêtes, à des heures de route, dans un plat pays qui lui convenait mieux, loin des bruits villageois, des rumeurs de vallon, des beuveries qui dégénéraient et des coups qui pleuvaient en rafales.

Le docteur Petru, lui, ne devait plus s'aventurer dans les ruelles de la commune, occupé sans doute par quelques festivités discrètes.

CHAPITRE 59

Je m'habituais à la solitude dans la maison de Marco et j'aimais l'humidité hivernale qui montait de la rivière vers les parois de calcaire et de granit. Les figuiers et les oliviers mélangeaient leurs odeurs et je me crus à plusieurs reprises dans la bergerie de Titin, à Cabanes-Vieilles, lui penché sur ses fromages, moi sur mes livres. Je m'installai sur une table de vieux bois dans le salon, y disposai des crayons et du papier, me mis à écrire tout ce qui me trottait dans la tête depuis si longtemps, les descentes vers la Côte et les ascensions, les bonheurs et les désescalades, l'amour et le désamour qui ne prenaient pas, la magie qui sourdait des mots et des mains de Léna, et sa mélancolie qui ne parvenait plus à rencontrer la mienne. J'écrivais chaque matin, après deux heures de travail dans le jardin froid à nettoyer les planches, tailler les arbres, préparer la récolte des olives noires et le spectacle de l'hiver.

Le Secours en mer m'avait octroyé un congé sans solde. Le sergent Magnan m'avait dit au téléphone que, de toute façon, il n'y avait pas de travail à la saison morte, ce qui n'avait rien à voir avec l'été et l'automne, des saisons pas mortes mais des morts, et il s'était esclaffé. Mon congé l'arrangeait, il pourrait souffler au commandant Perlot que ses postes étaient bien gérés, qu'il n'aurait pas trop de frais cet hiver. C'était bien ainsi et je m'occuperais dans la vallée d'autres morts, d'autres fantômes qui me hantaient.

*

Je passais mes après-midi à réparer les murets en pierre de la petite propriété en surplomb de la vallée. Je soufflais, portais les morceaux de roches, je colmatais les trous sur les contreforts des terrasses qui menaçaient de s'effondrer. J'étais ivre de fatigue le soir mais cette ivresse me lavait de tant de salissures, ici et en bas, au bout du flot du torrent. De temps à autre, je me rendais à Village pour me ravitailler, de préférence aux heures creuses, celles que je préférais depuis mon enfance, lorsque les volets étaient rabattus, les siestes rallongées, comme dans un long hivernage où les corps et les âmes se reposaient.

Les heures creuses, au fond, c'était un peu ce que j'avais toujours connu, un monde en demi-teinte, un monde de silence dans lequel les montagnes et les solitudes s'engouffraient. C'était aussi un instant d'espérance, là où les mélancolies se muent en certitudes et en lignes de force. Les heures creuses blanchissent aussi à l'aurore. Elles cautionnent l'ennui et justifient les élans de vie. Je retournais à ces moments de paix, après la frénésie de la Côte et l'ébullition due au sentiment, qui m'avaient tant manqué.

*

Je mis deux jours à finir le premier chapitre.

Les suivants ressemblèrent aux flots qui frappaient les rochers. Le troisième jour, plus rien ne semblait pouvoir m'arrêter, sauf la convocation des scènes d'hier, le remue-ménage dans ma tête, et alors le réel s'effaçait devant une brume sereine, comme celle qui saupoudrait au matin de gouttelettes les versants de ma haute vallée perdue, dans un spectacle de genèse. Je mélangeais l'arrière-pays et la Côte, les paysans des terrasses et les résidents du littoral, les amis disparus et les amours retrouvées. La brume descendait alors sur la vallée, au-dessus de mon toit, et s'invitait dans les pages.

Je songeais souvent à Titin, il me manquait terriblement. Combien de temps allait-il pouvoir tenir là-haut, au-dessus de Tozza, dans son hameau perdu, enclave au sein de l'enclave oubliée, que même les cartographes dédaignaient ? Combien de déluges, de tempêtes de montagne et d'incendies avant qu'il ne consentît à descendre une fois pour toutes ?

Pendant plusieurs semaines, le stylo guida ma main, avec le souvenir de Léna dans la tête, comme si les mots qui coulaient sous mes doigts devaient la faire réapparaître, comme si les scènes que je tentais d'assembler avaient le pouvoir de la voir renaître devant le perron de la maisonnée.

Je ne pouvais lever les yeux vers la montagne d'en face, ou du moins le vallon qui montait vers l'ouest, entre deux rangées de sommets, sans penser à elle, à notre première rencontre, à notre randonnée sur le mont Pentabren, à notre premier baiser, notre première étreinte, la course dans les pâturages en riant à gorge déployée. Nous étions bien et nous avions senti qu'une aurore se levait, qu'un autre silence nous attendait, où les mots ne signifiaient plus rien, bien longtemps après la caresse, celui où les corps n'avaient plus besoin de prétexte, de séduction, de charme, d'intonation pour se parler, celui où les regards se pénétraient comme un immense appel à la vie.

*

La nuit, je me réveillais tôt, lisais puis tentais de retrouver le sommeil dans le bruit apaisant du torrent. Je revoyais la scène avec Marco, j'essayais de me laver de tout cela, du serment, du secret, de tout ce qui nous liait désormais, et je l'entendais me répéter son histoire, le rendez-vous avec Albert-les-Bretelles au bout de la piste de Maragne, à deux heures de trajet de la vallée, entre les sommets de grès et les gouffres de spéléologue plus ou moins averti, les gouffres où l'on tombait, les gouffres qui morcelaient l'enclave et la transformaient en gruyère, comme si elle n'était pas assez vérolée, et Marco qui avait dû prétexter une nouvelle combine pour attirer cet idiot. Albert-les-Bretelles avait mordu à l'hameçon et Marco lui avait tendu la corde, il l'avait littéralement attrapé au lasso, sans traces de coups ni blessures. Le prisonnier s'était débattu, avait crié et seules les montagnes l'avaient entendu, sans doute aussi quelques chèvres perdues. Les bêtes auraient pu voir alors le combat désespéré d'un autre animal empêtré dans une corde, hurlant à la mort car il savait à quoi s'attendre, surtout face à Marco. Et Marco le justicier, l'autre ami de Guillaume qui désirait le venger, s'était approché, il avait lancé une autre corde autour du cou d'Albert-les-Bretelles, avait tiré un coup sec, encore et encore, comme on ramène un cheval au bercail à l'heure du grain, théorie de Pavlov, sauf que là, ce n'était pas le berger-palefrenier de quinze ans qui s'énervait de crête en crête pour rapatrier les montures, c'était l'affidé, l'homme de main, loup depuis longtemps, prédateur d'entre les prédateurs, qui connaissait déjà son sort et criait à l'hallali.

CHAPITRE 60

Ces cris me hantaient, traversaient mes nuits, résonnaient sur la falaise qui commençait au bout de la terrasse aux oliviers, derrière la maison de Marco. Je ne pouvais lui en vouloir, lui qui désirait rendre son honneur à un idéaliste et alpiniste assassiné. Qui était le prédateur ? Qui avait initié ce mouvement de balancier, celui de la vengeance éternelle ? J'avais beau remonter à la source, gravir les parois de la mémoire, de Tozza au Rocher, j'avais beau croiser dans mes nuits l'ombre du docteur Petru, je ne trouvais pas de réponse et les montagnes demeuraient silencieuses, les hommes, muets, et je me heurtais à des murs.

La vallée garderait ses secrets, et je me dis que c'était sans doute mieux ainsi.

*

Trois jours plus tard, je reçus un message de Léna. J'en eus le souffle coupé.

Aussitôt je m'empressai de ranger la maison, de nettoyer les assiettes restées depuis la veille dans l'évier, d'aérer la chambre au premier. Le temps était clair, mais des nuages s'amoncelaient au nord et le couvercle menaçait de s'abaisser, avec des promesses de neige sur les hauteurs, vers la Cime de l'Ange, Tozza et le Pentabren. Léna m'annonçait qu'elle était guérie d'un mal mystérieux, sans que je puisse en savoir davantage, et qu'elle me rejoindrait très vite. J'espérais qu'elle avait réussi à s'affranchir de l'emprise paternelle, à s'éloigner de cette famille destructrice, comme son frère Geoffrey qui avait refusé tout adoubement, renoncé à tout héritage. Je ne savais plus quelle était la meilleure des deux nouvelles, tant cette prise de distance me paraissait vitale pour Léna, une question de survie, une affaire de renaissance, et ce qui semblait être une résurrection prenait autant d'importance pour moi que son arrivée prochaine dans la vallée.

Le lendemain, j'allumai un feu dans la cheminée avec un mélange de bois d'olivier et de figuier qui parfuma le salon, volets grands ouverts sur les terrasses de la propriété et la vallée.

Je me rendis en début d'après-midi à la gare, à une heure de marche de là. Elle descendit du train de P. avec son vieux manteau que j'aimais tant et m'embrassa longuement, ce qui me surprit. Elle était vêtue de noir, élégante, et portait des lunettes de soleil alors que le ciel s'assombrissait. Elle inspecta les montagnes, comme si elle guettait la sortie de l'hiver. Je portai son sac de voyage et elle me prit par la main, souriante. Je ne l'avais pas vue aussi sereine depuis longtemps. Sa cure de solitude avait dû lui être salutaire, comme ma retraite dans le petit domaine de Marco m'avait éclairci les idées.

Elle ne renâcla pas à marcher jusqu'à la maison au-dessus de la rivière, loin de la route départementale qui traversait toute la vallée. Elle parlait peu, et c'était bien. Son visage avait changé et j'y retrouvais les traces d'insouciance et le rayonnement qui m'avaient tant marqué lors de notre rencontre, il y a bien longtemps déjà, dans le hameau de Tozza, qui me paraissait à des années-lumière désormais de ma nouvelle vie. La vallée était étroite et nous devions prêter attention aux rares voitures qui descendaient des hauteurs. Sur notre gauche, une échancrure apparut. Elle s'arrêta un instant, contempla les sommets qui dominaient les derniers pâturages, par-delà la ligne des conifères, vers deux mille mètres d'altitude. Un monde semblait séparer ces hauteurs de la Brandasque, et elle sourit, sans dire un mot, se rappelant certainement que nous nous étions rencontrés là-haut, dans une autre vie, alors que je n'avais pas encore perdu mon innocence. Beaucoup d'eau avait coulé sous les ponts depuis, des familles s'étaient disloquées, des courtiers s'étaient enrichis, des corrompus continuaient de prospérer, et notre amour n'avait pas tout à fait sombré. Elle était revenue, et sans doute espérait-elle un nouvel envol, loin des tribus, loin de la Côte, loin des salissures et des vilenies.

*

Il fallait prendre un sentier au-delà de la route, sous la falaise, et Léna montait d'un pas alerte. Je me dis alors qu'elle avait retrouvé sa vigueur et jeté aux orties son apathie. Elle marqua un temps d'arrêt à l'entrée de la petite propriété.

— C'est ça, la maison de Marco ?

Je crus un instant qu'elle n'aimait pas l'endroit, trop sauvage, avec sa bicoque rudimentaire posée à flanc de montagne, comme suspendue dans le vide. Elle ferma les yeux, huma l'air frais montant de la rivière, et je sentis le vent humide caresser les montagnes, je sentis les feuilles frissonner dans les oliviers, la solitude m'abandonner.

— Il y a beaucoup de travail à faire ici, vraiment…

Elle désigna d'un coup de menton la bêche posée contre le mur puis elle pénétra dans le salon. Je redoutais une critique de sa part, comme si j'avais honte de vivre là depuis quelques jours.

— Mais c'est très mignon ! Je ne comprends pas pourquoi Marco a préféré aller sur la Côte…

— Je m'en occupe comme je peux.
— J'aimerais bien t'aider.

Léna s'installa avec beaucoup d'aisance. Je fus surpris par la rapidité avec laquelle elle prit possession des lieux. Elle rangea quelques vêtements sur les étagères de ma chambre, sortit des livres de son sac. Je remarquai *Ascension* de Ludwig Hohl et j'eus comme un coup de chaud, à croire que depuis le début j'étais poursuivi par le destin, par des récits d'élévations, dans tous les sens du terme, et de désescalade. Après tout, nous nous étions rencontrés sous les sommets, lors d'une longue parenthèse de solitude, aux tournants de nos vies, entre oubli et rédemption, entre ignorance et prise de conscience.

J'eus l'impression d'un long cauchemar, qui m'avait mené de la montagne au Rocher et à la Côte, au Secours en mer et retour dans la vallée. Je comprenais qu'une bonne partie de ces affaires s'était tramée ici, ou plutôt au-dessus de la vallée, à Tozza, dans le chalet d'un praticien, un génial inventeur qui redoutait de perdre sa notoriété.

Je voyais défiler ces instants de vie tandis que Léna inspectait le jardin, auscultait les parois de la montagne, dans cette ligne de brisure entre les contreforts de la vallée et la falaise noire aux reflets violets, sous le regard bienveillant de la Cime de l'Ange, dans une osmose de frontières aux contours flous où tout se mélangeait, le réel et l'imaginaire, l'arrière-pays et les prémices de la Côte, comme dans le livre que j'étais en train d'écrire. Les flancs de granit suintaient d'humidité, recrachant les nappes captées par les hauteurs, et j'eus l'impression d'une grande retenue de la part de la nature, d'une bataille des éléments pour colmater le désir de fuite. Ce désir était inscrit dans ces murs de pierre et nous n'étions que des fétus de paille, des êtres de passage dans une vallée ou sur la Terre qui se berçaient d'illusions alors que le destin brillait à portée de main, que l'espoir se cristallisait autant dans l'air que dans la roche.

— Viens, on va s'y mettre.

Léna releva ses manches et s'empara de la bêche. Elle me désigna la faux posée un peu plus loin, la vieille faux que les mains de Marco avaient empoignée des milliers de fois, adolescent, et avant lui son père, et encore avant lui son grand-père ainsi que son arrière-grand-père, une faux au manche usé par le courage et la nécessité. Je n'avais pourtant qu'une envie, emmener Léna au premier étage, faire l'amour et regarder par la fenêtre aux volets de bois vert les hauteurs de Tozza, loin de la Brandasque, lui murmurer tout ce que je pensais au creux de l'oreille, comme avant, lui parler sans prononcer un mot, attendre qu'elle lise dans mes yeux, lire à mon tour sa réponse dans le souffle d'espérance qui s'échappait de ses lèvres, dans le creux de la vie, dans le nu de la vallée.

Je me contentai de partir au fond de la propriété pour bêcher et couper l'herbe folle qui envahissait tout, même le souvenir que Léna voulait raviver. Elle souhaitait que l'on se rappelât nos escapades là-haut, dans les pâturages tondus par les moutons et les chevaux. « Oui, on va tondre tout ça, Jonathan, on va s'occuper des planches de cette maison. Je te ferai à manger après, j'ai amené avec moi quelques provisions. Il me faudrait juste de l'huile d'olive et, s'il manque quelque chose, on fera des courses demain au marché. »

— On pourrait un jour s'installer dans un hameau perdu, là-haut, en amont de la vallée, dit-elle, me sortant de mon rêve.

— Oui, j'aimerais tant.

Un secret nous liait désormais, un secret lourd et léger à la fois et le monde n'en saurait rien. L'homme qui nous rapprochait par ce pacte nous hébergerait aussi, pour quelques jours, quelques semaines, peut-être plus, avec des promesses d'éternité. Le présent prenait soudain une densité singulière, loin des mélancolies passées ou à venir, des ascensions catastrophiques, des folles redescentes sur terre. Nous étions au cœur de l'amour et aussi dans le fief de la vendetta, sans que l'on puisse discerner de frontières entre les deux, sauf celles du silence.

L'arrière-pays et la Côte continueraient à se mélanger, pour le meilleur et pour le pire, et les mystères demeureraient, noyés dans une gangue de laisser-faire, de routine, dans la poursuite de nos bonheurs et malheurs quotidiens.

Elle enleva sa veste pour ne garder que son chandail malgré le froid ambiant et donna un coup de bêche dans la terre glacée. En prenant la faux, j'aperçus les livres qui dépassaient de son sac. J'aimais qu'elle évoquât ces auteurs qui m'avaient construit, qui m'avaient permis de voir la vallée autrement, de la quitter pour y revenir finalement, dans la plus profonde des solitudes et désormais dans le plus fort, le plus secret des espoirs, et je me dis que la montagne était fabuleusement magique, qu'elle regorgeait de surprises, de visions intimes, de sentiers infinis, de paroles d'espérance. Elle s'approcha de ma table de travail et contempla le manuscrit.

— Mais… ça ressemble à un livre !

Je venais de lui donner le matin même un titre, *L'Arrière-pays*.

— Oui, c'en est un, ou du moins j'essaie.

— Ça aide à supporter la solitude ?

Elle dit cela sans arrière-pensée, comme si elle voulait elle aussi accompagner cette solitude qu'elle avait déjà tant soignée ou m'inciter à poursuivre mon labeur, ce qui revenait au même.

— Ça me permet surtout de recoller les morceaux.

— Je veux bien en faire partie alors.

Elle feuilleta quelques pages, sourit, s'attarda sur maints passages, se retourna, m'adressa un baiser, se replongea dans les phrases que j'avais amassées. Elle me tendit le stylo plume. J'entendais déjà les ricanements de certains sur la Côte. « Et voilà un berger qui devient écrivain, un gardien de chèvres qui veut écrire sur le monde, un artisan du fromage qui entend lutter contre la pollution. » Je percevais ce concert de lamentations ou de clameurs qui atteindrait un jour ou l'autre les contreforts de la vallée, comme si nous étions condamnés à ne rien dire, à ne rien décrire, à ne rien décrypter, comme si le réenchantement du monde nous était interdit, et j'avoue encore aujourd'hui que cette crainte des regards narquois, cette anticipation de la moquerie, que j'avais subie sur la Côte, à la faculté ou sur le Rocher, représentaient le seul frein à mon désir de noircir la rame de papier qui trônait sur la table, ancre de mon bateau à la dérive qui ne demandait qu'à s'enivrer. La main de Léna qui caressa lentement mon épaule dissipa mes dernières appréhensions et son souffle dans mon cou devint le meilleur des vents largues.

Nous irions récolter des moissons de tendresse un peu plus tard.

Le ciel de l'arrière-pays oublié se couvrit et il commença à neiger. Je pris Léna par la main afin de rentrer dans la maison. Le feu illumina la cheminée de briques rouges à la première bûche et le visage de Léna prit une coloration encore plus douce, tournée vers la porte-fenêtre qui donnait sur le vallon de La Taglia, échancrure pleine de certitudes.

Les hauteurs déjà pâlissaient sous une poudre virginale, un baiser blanc de commencement du monde, loin des peurs originelles, et la pellicule descendait vers nous en un mouvement d'une rare beauté, virevoltant dans une sarabande transparente et biblique. Tous les chagrins anciens semblaient s'atténuer car le chagrin souvent se dissout dans la promesse de l'amour. Les confettis éphémères recouvraient les âmes vulnérables en une bénédiction candide, annonçant la fin des grandes solitudes.

C'était comme une lente symphonie du silence, harmonieuse, égalitaire, sauvage, une transhumance verticale qui répartissait ses plumes d'ange sur les sapins, les oliviers, les cabanons abandonnés, les petits torrents qui surgissaient de la montagne, les songes et les obsessions, les passions des hommes et leurs malédictions. Les traces de l'incendie disparaissaient ainsi que les blessures qui seraient bientôt oubliées. Les heures creuses commençaient à être bénies des dieux. Une tempête se préparait sans doute là-haut, qui balaierait les dernières traces de l'innocence, au-delà des vieilles chimères. L'écume de perles se transformait en une opacité salutaire.

Léna elle aussi observait, émerveillée, la danse des cristaux légers, leur descente sur les versants et tout l'arrière-pays, ce rêve blanchâtre qui s'invitait jusque dans les profondeurs et le silence. Je sentais que cette humeur du temps bouleversait déjà nos vies.

La pluie douce des flocons s'approcha de la vallée au ciel gris et recouvrit en un linceul prometteur les oliviers, lentement, comme pour mieux garder les secrets.

Photocomposition Nord Compo
Achevé d'imprimer en France
par La Nouvelle Imprimerie Laballery - 58500 Clamecy
pour le compte des éditions Calmann-Lévy
21, rue du Montparnasse 75006 Paris

N° d'impression : 007541
N° d'éditeur : 6587102/03
Dépôt légal : août 2020

Imprimé en France.